utb 4752

Eine Arbeitsgemeinschaft der Verlage

W. Bertelsmann Verlag · Bielefeld
Böhlau Verlag · Wien · Köln · Weimar
Verlag Barbara Budrich · Opladen · Toronto
facultas · Wien
Wilhelm Fink · Paderborn
A. Francke Verlag · Tübingen
Haupt Verlag · Bern
Verlag Julius Klinkhardt · Bad Heilbrunn
Mohr Siebeck · Tübingen
Ernst Reinhardt Verlag · München
Ferdinand Schöningh · Paderborn
Eugen Ulmer Verlag · Stuttgart
UVK Verlagsgesellschaft · Konstanz, mit UVK/Lucius · München
Vandenhoeck & Ruprecht · Göttingen
Waxmann · Münster · New York

■ LiLA

Linguistik fürs Lehramt

Hg. von Petra Gretsch und Gabriele Kniffka

Silvia Dahmen · Constanze Weth

Phonetik, Phonologie und Schrift

Ferdinand Schöningh

Die Autorinnen:

Silvia Dahmen ist Wissenschaftliche Mitarbeiterin am Englischen Seminar der Universität zu Köln. Sie beschäftigt sich in ihrer Forschung hauptsächlich mit den Ursachen von Ausspracheabweichungen bei Zweitsprachenlernenden des Deutschen und des Englischen mit dem Ziel der Entwicklung von wirksamen Unterrichtsmaterialien zum Aussprachetraining. Neben der universitären Lehre führt sie weltweit Lehrerfortbildungen zum Thema Aussprachetraining durch.

Constanze Weth ist Professorin für Mehrsprachigkeitsdidaktik an der Universität Luxemburg. Ihr Forschungsschwerpunkt liegt im Schrifterwerb des Deutschen und Französischen als Zweitsprache bzw. der Erst- und Zweitschriftsprache. Sie konzentriert sich dabei vor allem auf zwei Bereiche: die Transfereffekte zwischen Erst- und Zweitsprache bzw. Erst- und Zweitschriftsprache sowie die Schnittstelle von Grammatik und Orthographie.

Online-Angebote oder elektronische Ausgaben sind erhältlich unter **www.utb-shop.de**

Bibliografische Information der Deutschen Nationalbibliothek

Die Deutsche Nationalbibliothek verzeichnet diese Publikation in der Deutschen Nationalbibliografie; detaillierte bibliografische Daten sind im Internet über http://dnb.d-nb.de abrufbar.

Internet: www.schoeningh.de

Herstellung: Brill Deutschland GmbH, Paderborn
Einbandgestaltung: Atelier Reichert, Stuttgart

UTB-Band-Nr: 4752
ISBN 978-3-8252-4752-2

Vorwort der Herausgeberinnen

Die Reihe **LiLA – Linguistik fürs Lehramt** richtet sich an Studierende in Lehramts- und lehramtsaffinen Studiengängen, an angehende Lehrkräfte in der zweiten Ausbildungsphase sowie an Lehrkräfte, die ihre sprachwissenschaftlichen Kenntnisse auffrischen möchten. Die Reihe hat zum Ziel, fachwissenschaftliche und fachdidaktischen Aspekte auf gehobenem Niveau zu verbinden und den Zugang zum jeweiligen linguistischen Kernbereich aus praxisnahen Fragestellungen heraus zu eröffnen. Zum einen wird hier an die Erfahrungswelt von Lehramtsstudierenden, Referendar/innen und Lehrer/innen angeknüpft, zum anderen sind die Überlegungen unmittelbar auf die schulische Praxis anwendbar.

Ein weiteres konstituierendes Element dieser Reihe ist die konsequente Berücksichtigung des Bereichs Deutsch als Zweitsprache / Fremdsprache. Dieses Querschnittselement zieht sich durch alle Bände und ermöglicht jeweils motivierende Einblicke in erwerbs- und lerntheoretische Aspekte der Kernbereiche. Darüber hinaus beschränkt sich der jeweilige Gegenstandsbereich nicht auf das Deutsche, sondern richtet den Blick auch auf die großen Migrantensprachen wie Türkisch, Russisch oder Arabisch und auf die Schulfremdsprachen Englisch, Französisch, Spanisch in angemessenem Umfang, um der schulischen Realität der Mehrsprachigkeit gerecht zu werden. Im Kontrast mit anderen Sprachen können Muster der deutschen Sprache und Schrift klarer gesehen und besser verstanden werden.

Den Ausgangspunkt der Einführungen bilden fachdidaktische Fragestellungen, die zu einem praxisorientierten und systematischen Problemaufriss der jeweiligen Teildisziplin(en) führen. Neben den Schlüsselbegriffen der Disziplin bieten die Bände eine Vertiefung in schulrelevanten Kernbereichen und eine Auffächerung des Praxisfeldes mit Übungen. Die Bände richten sich an Personen ohne oder mit geringen Vorkenntnissen, ermöglichen aber auch die gezielte Auffrischung bzw. Aktualisierung von vorhandenem Wissen auf sprachkontrastiver Basis.

Wir wünschen uns, dass der Funke der Begeisterung für Fragen nach der Funktionsweise von Sprachen auch auf unsere Leser/innen überspringt und letztlich auch bei denen ankommt, die sich qua Bildungsplan mit sprachlichen Fragen zu beschäftigen haben: den Schülerinnen und Schülern. Wir möchten an dieser Stelle unserem Autorenteam danken, das unsere Entdeckerfreude bei der Erkundung von Gemeinsamkeiten und Unterschieden zwischen Sprachen oder auch zwischen Sprache und Schrift teilt und sich in Autoren-Tandems couragiert auf die Herausforderung eingelassen hat.

Petra Gretsch
Gabriele Kniffka

Inhalt

1. Grundlagen der Phonetik

Die Beschäftigung mit der lautlichen Seite von Sprachen kann aus zwei unterschiedlichen Perspektiven erfolgen. Die dazugehörigen Disziplinen sind die Phonetik und die Phonologie. Im Folgenden sollen diese beiden Bereiche voneinander abgegrenzt und ihre grundlegenden Aufgaben und Begriffe einander gegenübergestellt werden. Anschließend folgt eine Darstellung der wichtigsten Grundlagen der Phonetik.

1.1 Phonetik vs. Phonologie: Form und Funktionsperspektive

Die Begriffe Phonetik und Phonologie basieren beide auf dem griechischen Wort *phōnḗ* (φωνή = Stimme). Beide beschäftigen sich mit Sprachlauten und prosodischen Eigenschaften von Sprachen, jedoch aus unterschiedlichen Perspektiven:

- **Phonetik/Phonologie**

Die Phonetik beschäftigt sich mit der Ausdrucksseite (also der äußeren Form) von Lautäußerungen, die Phonologie mit der Inhaltsseite (also der Funktion und abstrakten Struktur) von Lautsystemen. Die Phonetik beschreibt also beispielsweise den Konsonanten [b] als stimmhaften bilabialen Plosiv und [p] als stimmlosen bilabialen Plosiv, während die Phonologie feststellt, dass diese Laute im deutschen Lautsystem eine Funktion haben, nämlich die Bedeutung von Wörtern zu verändern. Im Deutschen finden sich Wortpaare wie *Bass – Pass*, in denen der Austausch von [b] und [p] zu einer neuen Wortbedeutung führt. Entsprechend sind die beiden Laute im Deutschen Phoneme (Laute mit bedeutungsunterscheidender Funktion), also /b/ und /p/. Ob Sprachlaute Phoneme sind, ist für jede Sprache einzeln zu bestimmen. Im Arabischen sind die Laute [b] und [p] beispielsweise keine Phoneme, da es keine Wortpaare gibt, in denen durch ihren Austausch unterschiedliche Wortbedeutungen entstehen. In dieser Sprache sind die beiden Laute einfach nur Aussprachevarianten eines einzigen Phonems /p/.

Die Phonetik ist ein größtenteils naturwissenschaftliches Fach, das Berührungspunkte mit der Sprachwissenschaft aufweist. Für Phonetiker ist hauptsächlich die äußere Form von Lauten und prosodischen Einheiten interessant. Die Phonetik ist eine sehr exakte Wissenschaft, die zu jedem Zeitpunkt einer gesprochenen Äußerung genau messen kann, wo sich die Artikulatoren befinden, welche akustischen Eigenschaften der erzeugte Laut hat und wie er von anderen Sprechern wahrgenommen wird. Phonetiker beschäftigen sich mit allen messbaren Sprachlauten, ohne dabei unbedingt eine bestimmte Sprache zu untersuchen. Sie arbeiten empirisch, ausgehend von vorhandenen, messbaren Lautereignissen.

Das Sprachsignal lässt sich physikalisch zu jedem Zeitpunkt genau messen: Man kann die Lautstärke, die Art der Schallwelle (Klang oder Geräusch) und die Frequenzen von Lauten bestimmen. Man kann auch sehen, wie lange das Signal stabil bleibt und wo es sich verändert. Veränderungen des Signals deuten darauf hin, dass hier ein anderer Laut gebildet wird. Anhand solcher Messungen kann man das Signal in Segmente einteilen (auch wenn es tatsächlich stets Übergangsbereiche zwischen Segmenten gibt) und ihre physikalischen Eigenschaften beschreiben. Verwendet man gleichzeitig auch noch Messmethoden, die die Bewegungen der Artikulationsorgane aufzeichnen, kann man beschreiben, wie die Lautsegmente artikuliert werden, und so eine recht genaue Beschreibung von Sprachlauten anfertigen. Auch die Sprechmelodie (Intonation) ist als Verlauf der Tonhöhe während einer Äußerung messbar.

Die Phonologie ist Teil der Linguistik und nutzt die Erkenntnisse der Phonetik über die physiologischen und physikalischen Merkmale von Sprachlauten dazu, allgemeine Beschreibungsparameter für funktionale Sprachlaute (Phoneme) in Einzelsprachen zu ermitteln (z.B. Parameter wie „stimmhaft", „bilabial", „nasal"), Phonemsysteme von Sprachen zu erfassen, die Varianten von Phonemen zu beschreiben und die Regeln für ihre Kombinationsmöglichkeiten in einer Sprache zu beschreiben. Des Weiteren werden Prozesse, die beim Sprechen auftreten, in Regeln gefasst. Die Phonologie ist also eine theoretische Disziplin, die sich mit der funktionalen Seite der Lautebene befasst und dabei die Systeme einzelner Sprachen betrachtet.

Beispiel

Ein Linguist kommt nach Deutschland, ohne Deutsch jemals gehört zu haben, und ermittelt durch Messungen alle Laute, die in deutschen Äußerungen vorkommen. Die Daten stammen von Sprechern aus Hannover und München.
Der Linguist ermittelt, dass in den Sprecherdaten bei Wörtern wie „Rabe, Rauch, rund" manchmal ein Zäpfchen-R und manchmal ein Zungenspitz-R vorkommen.
Wird der Linguist nun berichten, dass das Deutsche zwei funktionale R-Laute besitzt, also dass Zungenspitz- und Zäpfchen-R zwei unterschiedliche Funktionen haben?

Die Antwort ist nein, denn auch wenn die beiden R-Laute artikulatorisch und akustisch völlig unterschiedlich sind, verändert sich die Bedeutung eines Wortes wie „Rabe" im Deutschen nicht, wenn man die beiden R-Laute füreinander austauscht. Sie haben also keine bedeutungsunterscheidende Funktion und müssen daher als zwei regionale Varianten eines einzigen funktionalen (bedeutungsunterscheidenden) R-Phonems beschrieben werden (vgl. Begriff „Allphone", S. 16).

Wir sehen also, dass Phonetik und Phonologie zwei Seiten einer Medaille sind: beide betrachten die lautliche Seite von Sprachen, aber aus unterschiedlichen Perspektiven und mit unterschiedlichen Zielen. Grundlegend sind die Unterscheidung bezüglich der Betrachtung äußerer bzw. formaler Eigenschaften (Phonetik) und die Beschreibung von Regeln und Funktionen von lautlichen Einheiten in Einzelsprachen (Phonologie). Abbildung 1.1 stellt die Aufgaben und Ziele von Phonetik und Phonologie einander gegenüber.

Phonetik	**Phonologie**
• Beschäftigt sich mit der Form von Sprachlauten (Phone) und prosodischen Einheiten (Intonationskonturen, Silben etc.)	• Beschäftigt sich mit der Funktion und Systematik von Sprachlauten (Phoneme) und prosodischen Einheiten
• Ist sprachübergreifend	• Ist einzelsprachlich
• Misst und beschreibt die artikulatorischen, akustischen und perzeptiven Eigenschaften von Sprachlauten	• Ermittelt und beschreibt die funktionalen Sprachlaute einer Sprache und ihre Varianten (Allophone) • Beschreibt die distinktiven Merkmale von Lauten in Einzelsprachen (z.B. Stimmhaftigkeit) • Beschreibt die Regeln und Beschränkungen bei der Kombination und Distribution phonologischer Einheiten (Phonotaktik) • Beschreibt regelhafte artikulatorische Prozesse (z.B. Assimilation), die beim Sprechen auftreten
• Ist eine angewandte Wissenschaft	• Ist eine theoretische Wissenschaft

Abb. 1.1: Aufgaben und Ziele von Phonetik und Phonologie im Vergleich

Zur Verdeutlichung der unterschiedlichen Perspektiven von Phonetik und Phonologie betrachten wir einmal den Unterschied zwischen phonetischen und phonologischen Beschreibungen von Lauten und Lautklassen.

■ Übung 1

Die gröbste Einteilung von Lauten in Klassen ist die Unterscheidung zwischen Konsonanten und Vokalen. Versuchen Sie, den Unterschied zwischen, bzw. die grundlegenden Eigenschaften von Vokalen und Konsonanten zu beschreiben. Betrachten Sie dann erst die folgenden Erläuterungen.

Schon die gröbste Unterteilung der Sprachlaute in Vokale und Konsonanten zeigt die formale Sichtweise der Phonetik im Vergleich zur funktionalen Sichtweise der Phonologie.

	Phonetik	**Phonologie**
Konsonanten	Laute, bei deren Bildung eine Behinderung des Luftstroms vorliegt, entweder in Form eines Verschlusses (z.B. [p, m]) oder einer Verengung (z.B. [f, s])	Laute, die üblicherweise in den Silbenrändern erscheinen; nur bei Reduktionssilben können Sonoranten (/m,n,ŋ, l/) den Silbenkern besetzen
Vokale	Laute, die ohne Behinderung des Luftstroms gebildet werden	Laute, die einen Silbenkern bilden

Abb. 1.2: Phonetische und phonologische Definition von Konsonanten und Vokalen

Die Phonetik beschreibt die artikulatorischen Eigenschaften, insbesondere die Form des Luftstroms während des Sprechens bei Vokalen und Konsonanten, die Phonologie bezieht sich auf die Funktionalität bei der Bildung einer Silbe, d.h., in welchen Positionen der Silbe Konsonanten und Vokale üblicherweise im Deutschen auftreten.

Mit dem Wissen über diese unterschiedlichen Definitionen zu Vokalen und Konsonanten können Sie nun die folgende Aufgabe lösen.

■ Übung 2

Der Laut /j/ wie in „**J**ahr" ist dem /i/ wie in „B**ie**ne" artikulatorisch sehr ähnlich und wird deshalb oft als „Halbvokal" bezeichnet. Wie können wir begründen, dass er dennoch zur Gruppe der Konsonanten zählt?

1.2 Linguistische Einheiten der Phonetik und Phonologie: Merkmal, Phon, Phonem und Allophon

Entsprechend den unterschiedlichen Betrachtungsweisen von Phonetik und Phonologie gibt es unterschiedliche linguistische Einheiten, die im Folgenden jeweils behandelt werden.

1.2.1 Phonetische vs. phonologische/phonemische Merkmale

Die kleinsten Einheiten überhaupt, in die wir Lautsprache aufspalten können, sind die Merkmale, aus denen sich Sprachlaute zusammensetzen. Die Phonetik betrachtet dabei ganz wertungsfrei die physikalischen und artikulatorischen Eigenschaften von Sprachlauten, die messbar sind, z.B. die Dauer eines Vokals oder die Stelle im Artikulationsapparat, an der zwei Artikulatoren sich berühren. Die Phonologie interessiert sich für diejenigen Merkmale, die in einer gegebenen Sprache distinktiv sind, also die Bedeutung von Wörtern unterscheiden können, wenn ein Merkmal durch ein anderes ersetzt wird. Im Deutschen können wir beispielsweise das Merkmal [stimmhaft] als distinktiv ansehen. Denn in Wortpaaren wie *fein – Wein* ist das einzige Merkmal, das die beiden Wörter unterscheidet, die Stimmbeteiligung im ersten Konsonanten. [f] und [v] sind beide labiodentale Frikative, aber [f] ist stimmlos und [v] ist stimmhaft. In der phonologischen Beschreibung von Sprachlauten werden nur diejenigen Merkmale verwendet, die in der gegebenen Sprache distinktiv sind. Unterschiedliche Sprachen verwenden unterschiedliche distinktive Merkmale, so hat nicht jede Sprache das distinktive/phonemische Merkmal [stimmhaft] für Konsonanten.

1.2.2 Phon vs. Phonem

Die Phonetik behandelt nur messbare, tatsächlich realisierte Laute. Solche Laute, die nicht klassifiziert oder in Bezug zu einem Sprachsystem betrachtet werden, nennen wir Phone. Diese können, wie oben erläutert, anhand ihrer physikalischen und artikulatorischen Merkmale beschrieben werden. Ein Phonetiker ermittelt beispielsweise einen „bilabial gebildeten Explosivlaut mit Stimmbeteiligung während der Verschlussphase“ zu Beginn der Äußerung [bal]. Den Phonologen interessiert hingegen, ob derselbe Laut [b] in einer bestimmten Sprache eine Funktion hat. Die Funktion von Lauten in Sprachen ist, die Bedeutung von Wörtern zu unterscheiden, sprich: Ergibt sich eine neue Wortbedeutung, wenn ich in einem vorhandenen Wort einen Laut durch einen anderen austausche? Im Beispiel [bal] überprüft also der Phonologe, ob es Wörter wie [val], [ʃal] oder [hal] gibt, die eine andere Bedeutung als [bal] haben. Im Deutschen finden wir die Wörter *Ball, Wall, Schall, Hall* und dürfen feststellen, dass die Laute [b, v, ʃ, h] in der Lage sind, die Bedeutung von Wörtern zu unterscheiden.

Damit sind sie im Deutschen bedeutungsunterscheidende Einheiten, funktionale Laute, und damit die Phoneme /b, v, ʃ, h/.

Phoneme sind abstrakte Einheiten, **Phone** sind konkret hörbare und messbare Einheiten. Phoneme werden in der strukturalistischen Phonologie als Bündel distinktiver Merkmale beschrieben, beispielsweise wird das Phonem /b/ als [stimmhaft, bilabial, Plosiv] beschrieben und diese Merkmale reichen, um es von allen anderen deutschen Phonemen zu unterscheiden. Man kann Phoneme mit den Notenzeichen auf einem Musikblatt vergleichen. Die Notenzeichen selbst sind nicht hörbar, sie sind keine Lautereignisse, sondern markieren die Töne innerhalb eines abstrakten Systems. Erst wenn die Töne gesungen oder auf einem Instrument gespielt werden, werden sie zu hör- und messbaren Lautereignissen, vergleichbar mit Phonen.

In der linguistischen Notation gemäß der International Phonetic Association (IPA) werden Phoneme durch Schrägstriche markiert, z.B. /b/, Phone durch eckige Klammern, z.B. [b]. Entsprechend setzen wir in diesem Buch Beispiele von Lautäußerungen in eckige Klammern und verwenden Schrägstriche, wenn es um die so genannte „Explizitlautung“ (Eisenberg 2005), also die ideallautliche, der Standardsprache zugeschriebene Lautung geht. Beispielsweise stellt /ˈhaːbən/ die ideallautliche Realisierung des Wortes *haben* dar, [ˈhaːbm̩] hingegen die normalerweise tatsächlich produzierte Form in der gesprochenen Sprache.

1.2.3 Allophone, Freie Variation und Komplementäre Distribution

Blicken wir noch einmal auf das Beispiel des Linguisten, der in Deutschland Sprachdaten erhebt und dabei feststellt, dass in seinen Daten aus Hannover und München zwei verschieden klingende R-Konsonanten vorkommen (Zäpfchen-R und Zungenspitz-R). Diese beiden R-Realisierungen sind natürlich keine unterschiedlichen Phoneme im Deutschen, denn es spielt für die Wortbedeutung keine Rolle, ob ich ein Wort wie *Rabe* mit Zäpfchen- oder mit Zungenspitz-R ausspreche. Die Aussprache hängt vielmehr von der regionalen Herkunft der Sprecher ab, also sind diese beiden R-Realisierungen regionale Varianten eines einzigen R-Phonems im Deutschen.

● Allophone

Varianten eines Phonems nennt man **Allophone.** Es gibt zwei Typen von Allophonen, ausgehend vom konditionierenden Kontext, der für die Realisierung der einen oder anderen Variante eines Phonems verantwortlich ist.

Das eben betrachtete Beispiel gehört zum Typ der sprecherspezifischen, regionalen oder freien Allophone. Welches Allophon des konsonantischen R realisiert wird, hängt also vom Sprecher ab. Dieser Typ von Allophonen zeichnet sich formal dadurch aus, dass die Allophone frei variieren (**freie Variation**).

● **Freie Variation**

Freie Variation liegt vor, wenn man in einem Wort an der gleichen Stelle das eine oder das andere Allophon einsetzen kann. Die Wortbedeutung ändert sich hierbei nicht (sonst lägen Phoneme vor).

Anders sieht es bei solchen Allophonen aus, bei denen der phonetische Kontext bestimmt, welche Variante eines Phonems realisiert wird. Bleiben wir erstmal beim R-Phonem. In einem Wort wie *Rohr* stellen wir fest, dass das Graphem <R/r> im Anlaut dieses Einsilbers als Konsonant [ʁ] realisiert wird, im Auslaut jedoch als Vokal [ɐ]. Bilden wir den Plural, also *Roh-re*, stellen wir fest, dass <r> als Konsonant realisiert wird, da es nun im Anlaut einer zweiten Silbe steht. Die Aussprache des Phonems /ʁ/ ist also abhängig von seiner Position innerhalb der Silbe: Im Anlaut wird es konsonantisch, im Auslaut vokalisch realisiert. Da der phonetische Kontext (in diesem Fall die Position in der Silbe) allein bestimmt, welches Allophon realisiert wird, ist dieser Typ der so genannten positionalen Allophone nicht füreinander austauschbar: Wo das eine Allophon auftritt, kann das andere niemals auftreten. Positionale Allophone sind also komplementär verteilt (**Komplementäre Distribution**).

■ **Übung 3**

Die Laute [ç] wie in *ich* und [χ] wie in *ach* sind im Deutschen komplementär verteilt. In welchen phonetischen Kontexten wird <ch> als [ç] bzw. [χ] realisiert? Betrachten Sie dazu die folgenden Wörter und ordnen Sie die Aussprache von <ch> den beiden Allophonen zu. Versuchen Sie, Regeln zu formulieren.

Licht, riecht, echt, Nächte, rächen, Bücher, Gerücht, Löcher, leicht, euch
Buch, Bucht, Loch, hoch, Nacht, nach, auch
Chemie, China
Mädchen, Beinchen, Pünktchen
Mönch, manche, Molch, Dolch, durch, fürchten

1.3 Segmentale und Suprasegmentale Ebene

Wenn von Phonetik und Phonologie als Lautlehre die Rede ist, entsteht oft der Eindruck, es ginge nur um einzelne Laute, also Vokale und Konsonanten. Phonetik und Phonologie umfassen aber sehr viel mehr als die Untersuchung und Beschreibung von Lautsegmenten. Neben der segmentalen Ebene, die sich mit den einzelnen Lauten befasst, existiert die so genannte suprasegmentale Ebene. Diese beinhaltet alles, was größer ist als der einzelne Laut, wie im Folgenden näher erläutert wird.

1.3.1 Silbenstruktur

Einzellaute formen zusammen Silben, die einfach sein können (z.B. Konsonant + Vokal, wie in /ba/) oder komplexe Konsonantenanhäufungen/Cluster enthalten, wie in dem einsilbigen Wort *krank*. Die Phonetik beschäftigt sich v.a. mit der Untersuchung von artikulatorischen Prozessen in Silben, z.B. damit, wie im Anlaut der Silbe /kʁaŋk/ der ursprünglich stimmhafte Laut /ʁ/ unter Einfluss des vorausgehenden stimmlosen /k/ ebenfalls teilweise stimmlos wird (Tipp: sprechen Sie das Wort laut aus und achten Sie auf das /ʁ/, das eher wie der deutsche Ach-Laut klingt!). Die Phonologie beschreibt die in einer Sprache geltenden Regeln und Einschränkungen für den Aufbau von Silben, z.B. wie viele Konsonanten minimal und maximal in An- und Auslaut kombiniert werden können, und welche Abfolgen erlaubt sind. Betrachten wir das Beispiel *krank* noch einmal, fällt auf, dass der Anlaut /kʁ-/ im Deutschen häufig zu finden ist, jedoch keine Silbe mit */ʁk-/ beginnt. Die Beschreibung phonologischer Regeln zur Silbenstruktur wird **Phonotaktik** genannt.

1.3.2 Betonung und Akzentuierung

Silben werden zu Wörtern zusammengesetzt. Innerhalb von Wörtern sind manche Silben prominenter, also auditiv hervorstechender, als andere Silben. In Sprachen wie Deutsch werden üblicherweise diejenigen Silben hervorgehoben, die den lexikalischen Gehalt, also den Inhalt eines Wortes enthalten, während Silben, die rein funktionale bzw. grammatische Informationen enthalten, eher reduziert und damit auditiv von den Inhaltssilben leichter unterscheidbar gesprochen werden. Das häufigste Betonungsmuster im Deutschen ist der Trochäus, also die Abfolge einer betonten und einer unbetonten Silbe (vgl. Kapitel 6.2.), aber es sind auch andere Muster möglich. Betrachten wir den Wortstamm LEHR: wir können Wortbildungs- und Flexionsendungen anhängen, z.B. LEHR-er-in-(n)en oder auch Präfixe bzw. Circumfixe anbringen (ge-LEHR-t, Ge-LEHR-te); die Inhaltssilbe bleibt jedoch weiter betont. Die auditive Prominenz entsteht im Deutschen v.a. dadurch, dass hervorgehobene Silben lauter und deutlicher gesprochen werden und länger sind, während Reduktionssilben meist kurz sind und reduzierte Vokale wie das Schwa (wie in *bitt<u>e</u>* /ˈbɪtə/) enthalten oder der Reduktionsvokal sogar komplett elidiert (getilgt) wird, wie in *haben* [ˈhaːbm̩]. In der Transkription wird die hauptbetonte Silbe durch den hochgestellten Strich dargestellt, also /ˈ/. Ein weiteres wichtiges Zusatzzeichen der IPA-Transkription ist der kleine vertikale Strich unter dem Konsonanten, hier [m̩], der markiert, dass das [m] durch den Verlust des Vokals in der Reduktionssilbe selbst zum silbentragenden Element wird.

Die Phonologie betrachtet in diesem Bereich die lexikalische Betonung in Wörtern und Sätzen, also die regelhafte Platzierung von Betonungen. Die Phonetik beschäftigt sich mit der tatsächlichen Realisierung von Betonungen in Äußerungen (post-lexikalisch), die ganz anders aussehen kann als die Betonungsmuster, die wir im mentalen Lexikon abspeichern. Ein Beispiel zur Verdeutlichung: Wie oben gesagt, werden im Deutschen üblicherweise die Inhaltssilben betont: GeLEHRT /gəˈleːɐt/. In einer kontrastiv betonten Äußerung wie „Ich habe GE-lehrt gesagt, nicht BE-lehrt!" wird die im mentalen Lexikon abgespeicherte (lexikalische) Betonung nicht realisiert (also produziert), sondern wegen des kontrastiven bzw. korrektiven Fokuskontexts aufgegeben und der Akzent liegt auf der ersten Silbe [ˈgeleːɐt].

■ Übung 4

Unterstreichen Sie die hauptbetonte Silbe in den folgenden Wörtern:
a. sprechen b. gesprochen c. Klavier d. Bücherei e. Steine f. Versuch g. Berufung

1.3.3 Rhythmus

Wörter werden in Äußerungen zu Phrasen und Sätzen zusammengesetzt. Zusätzlich zu Betonung und Akzentuierung in Wort und Satz werden die Abfolgen betonter und unbetonter Silben in Äußerungen durch den jeweiligen Rhythmus von Sprachen geregelt. Die Phonetik untersucht dabei die zeitliche Koordination von Akzenten und der segmentalen Ebene/Lautebene. Die Phonologie versucht, typische Muster und Regeln für die Abfolge betonter und unbetonter Silben zu beschreiben und Sprachen verschiedenen Rhythmustypen zuzuordnen. Das Deutsche wird hierbei der Klasse der so genannten akzentzählenden Sprachen zugeordnet, die sich vor allem durch eine starke Hervorhebung der betonten (lexikalischen) Silben auszeichnen, wobei der zeitliche Abstand zwischen betonten Silben ungefähr gleich bleibt und unbetonte (grammatische) Silben umso stärker reduziert werden, je nachdem wie viele von ihnen zwischen zwei betonten Silben vorkommen. Den akzentzählenden Sprachen stehen die so genannten silbenzählenden Sprachen gegenüber, denen z.B. das Italienische zugeordnet wird, und die sich durch eine eher gleich bleibende Dauer von Silben auszeichnen und damit nicht zur Reduktion von Silben neigen.

■ Übung 5

Unterstreichen Sie die betonten Silben in den folgenden beiden Sätzen. Sprechen Sie die beiden Sätze dann laut aus und klatschen Sie bei den Betonungen in die Hände. Welcher der beiden Sätze ist beim Sprechen länger?

1. Die Schüler haben gelernt.
2. Die Schülerinnen haben gelernt.

1.3.4 Intonation

Äußerungen werden in Sprachen wie Deutsch von bestimmten Sprechmelodien getragen, also der Variation der Tonhöhe während der Äußerung. Diese Tonhöhenvariation nennen wir Intonation. Im Deutschen verwenden wir die Intonation für unterschiedliche Funktionen, unter anderem für die Markierung von Satzmodus (Fragen, Aussagen, Aufforderungen) und für pragmatische Ziele, z.B. zum Ausdruck von Ironie. Sprachen wie Chinesisch oder Taiwanesisch werden hingegen zu den so genannten Tonsprachen gezählt. Diese Sprachen besitzen keine Satzintonation im eigentlichen Sinn, sondern verwenden Tonhöhenvariationen auf einzelnen Silben zur Unterscheidung von Wortbedeutungen.

Gerade im Bereich des Sprachenlehrens und -lernens ist der suprasegmentale Bereich von Sprachen, die Prosodie, sehr wichtig und sollte nicht zugunsten einer reinen Beschäftigung mit Einzellauten vernachlässigt werden. Denn bei Fremd- und Zweitsprachenlernenden sind es nachweislich die prosodischen Abweichungen, die dazu führen, dass Sprecher unverständlich klingen und als wenig kompetent eingeschätzt werden (vgl. Kapitel 3.3).

1.4 Grundlagen der Phonetik

Im folgenden Teilkapitel betrachten wir die einzelnen Bereiche der Phonetik (Artikulation, Akustik und Perzeption) zuerst im Überblick und befassen uns dann eingehend mit der artikulatorischen Phonetik, also mit den Artikulatoren und den artikulatorischen Parametern bei der Produktion von Vokalen und Konsonanten.

1.4.1 Phonetik und ihre Teilbereiche: Artikulation, Akustik, Perzeption

Die Phonetik wird unterteilt in drei Teilbereiche, die sich mit Produktion, Übertragung und Perzeption von lautsprachlichen Äußerungen befassen.

Die **artikulatorische Phonetik** untersucht, wie die Artikulatoren (Stimmlippen, Zunge, Gaumen, Lippen etc.) bewegt werden, um bestimmte Lautereignisse zu erzeugen. Hierzu stehen verschiedene Messmethoden zur Verfügung, die Bewegungen und Kontakte von Artikulatoren beim Sprechen aufzeichnen (z.B. Elektropalatograph, Laryngograph, Artikulograph). Eine typische artikulatorische Beschreibung eines [iː]-Phons wäre z.B.: „Ein langer, gespannter, ungerundeter Vorderzungenvokal".

Die **akustische Phonetik** misst die akustischen Eigenschaften von Lauten, also z.B. ihre Dauer in Millisekunden (ms), ihre spektralen Eigenschaften (Rauschen oder Klang), die Frequenzen in Hertz (Hz), ihre Intensität in Dezibel (dB), etc. Typische messmethodische Darstellungsformen sind das Sonagramm und das Oszillogramm. Eine typische akustische Beschreibung eines [iː]-Phons wäre z.B.: „Formantfrequenzen F1: ca. 150 Hz, F2: ca 2500 Hz, Dauer: ca. 50 ms".

Die **perzeptive oder auditive Phonetik** beschäftigt sich mit der Wahrnehmung von Lautereignissen durch Hörer. Fragestellungen dieser Teildisziplin sind unter anderem: In welchem Frequenzbereich können Menschen hören? Wo liegen die Frequenzbereiche einzelner Laute? Welchen Einfluss hat die

Struktur der Muttersprache auf die Wahrnehmung von Lautunterschieden? Üblicherweise erfolgen perzeptive Experimente mittels Lautimpulsen und Fragebögen bzw. Rückmeldungen der Hörer. Auch neurologische Messmethoden werden verwendet, z.B. um zu ermitteln, innerhalb welches Frequenzbereichs deutsche Muttersprachler einen Vokal als /i/ wahrnehmen und ab welchem Frequenzbereich ein Vokal als /e/ wahrgenommen wird.

Abbildung 1.3 fasst die Aufgaben und Ziele der verschiedenen phonetischen Disziplinen zusammen.

Phonetische Disziplin	Aufgaben und Ziele
Artikulatorische Phonetik	Beschreibung der artikulatorischen Eigenschaften von Lautäußerungen; z.B. Stimmbeteiligung, Artikulationsorte, Lippenrundung etc. Anatomie der Sprechorgane
Akustische Phonetik	Beschreibung der akustischen/spektralen Eigenschaften von Lautäußerungen; z.B. Schallformen, Stimmqualität, Frequenzen, Dauer, Lautheit, Tonhöhe, etc.
Perzeptive/auditive Phonetik	Beschreibung der Wahrnehmung von Lautäußerungen durch Sprecher; neuro-physiologische Vorgänge beim Hören

Abb. 1.3: Aufgaben und Ziele der phonetischen Teildisziplinen

Die Phonetik ist ein interdisziplinäres Fach, das auf verschiedene Disziplinen als Hilfswissenschaften zurückgreift:

- Biologie/Anatomie: Wissen über Aufbau und Funktionsweisen von Sprech-, Atem- und Hörorganen
- Physik/Akustik: Wissen über spektrale Eigenschaften von Lautereignissen und über Messmethoden
- Neurologie: Wissen über Vorgänge im Gehirn bei Lautproduktion und –rezeption

Die Phonetik hat auch zahlreiche Berührungspunkte mit den linguistischen Teildisziplinen:

- Phonologie: artikulatorisch basierte Beschreibung von Lauten und Lautklassen, z.B. „/b/ ist ein stimmhafter bilabialer Plosiv"
- Morphologie: Unterscheidung zwischen Reduktionssilben und lexikalischen Silben anhand ihrer segmentalen und prosodischen Eigenschaften, z.B. „Das Wort *haben* wird ideallautlich als /ˈhaːbən/ ausgesprochen, jedoch wird in

der gesprochenen Sprache nur die lexikalische/inhaltstragende Silbe voll artikuliert und die grammatische Silbe reduziert, sodass die Aussprache eher [ˈhaːbm̩] entspricht."

- Syntax: Beschreibung von Satzintonation und deren Funktion, v.a. im Bereich des Satzmodus, z.B. „Im Deutschen werden Entscheidungsfragen mit einer final-steigenden Intonation markiert."
- Semantik: z.B. distinktive Wortbetonung bei trennbaren und nicht-trennbaren Verben; z.B. UMfahren vs. umFAHren
- Pragmatik: z.B. Intonation zum Ausdruck von Ironie, Höflichkeit, Wut etc.

Die Phonetik ist also in Teilen eine Hilfswissenschaft der Linguistik und ist auf verschiedenen Ebenen mit ihr verknüpft.

1.4.2 Artikulatorische Phonetik

Wie entstehen Sprachlaute?

■ Übung 6

Artikulieren Sie langsam die Lautfolge [baːfaː]. Beschreiben Sie, was bei der Produktion von Sprachlauten in Ihrem Körper passiert. Welche Organe sind beteiligt, und was machen sie während des Sprechens?

„Alle lautsprachliche Kommunikation beruht auf der artikulatorischen Manipulation eines Luftstroms, die zu einem gehörsmäßig wahrnehmbaren – und differenzierbaren – akustischen Resultat in Form eines Klanges bzw. eines Geräusches führt." (Pompino-Marschall 2009)

Initiation – Luftstrom: Fast alle Sprachlaute werden mit ausströmender Luft gebildet. Dieser Luftstrom wird durch die Atmungsorgane erzeugt: Aus den Lungen strömt die verbrauchte Atemluft aus und bringt im Kehlkopf (Larynx) beim Durchströmen der Stimmritze (Glottis) die Stimmlippen zum Schwingen.

Es gibt auch Laute, die ohne Luftstrom produziert werden (so genannte nicht-pulmonische Konsonanten): Clicks, Implosive, Ejektive. Solche Laute kommen im Deutschen nicht vor.

Phonation – Stimmlippenschwingung: Im Kehlkopf befinden sich die Stimmlippen (im Volksmund auch Stimmbänder genannt). Die Öffnung zwischen den Stimmlippen wird Stimmritze oder Glottis genannt. Werden die Stimmlippen einander angenähert und Luft strömt zwischen ihnen hindurch, fangen sie an zu schwingen. Das Schwingen der Stimmlippen erzeugt Schallwellen, den sogenannten Rohschall, und damit Klang bzw. Stimme.

Je nach Stellung, Engegrad und muskulärer Anspannung der Stimmlippen ergeben sich unterschiedliche Stimmtöne, z.B. Falsettstimme, Knarrstimme, Flüsterstimme.

Bei der Flüsterstimme sind die Stimmlippen weit offen und werden nicht durch den Luftstrom zum Schwingen gebracht.

● Stimmlos und stimmhaft

Laute, die ohne Stimmlippenschwingung produziert werden, sind **stimmlos**. Ist die Glottis verengt und die Stimmlippen schwingen, sind die produzierten Laute **stimmhaft**.

■ Übung 7

Legen Sie einen Finger auf den spitzesten Punkt Ihres Kehlkopfs und artikulieren Sie erst /f/ wie in Fenster, dann /v/ wie in Wald. Bei welchem der Laute spüren Sie die Vibration der Stimmlippen?

Artikulation – Veränderung der Schallwellen durch die Artikulatoren: Die im Kehlkopf erzeugten Schallwellen „reiten" auf dem Luftstrom weiter hoch in den Mund- oder Nasenraum und strömen dort aus. Die Form der Schallwellen wird verändert durch Bewegung von Artikulatoren wie Zunge, Lippen und Gaumen: Je nach Stellung der Artikulatoren brechen sich die Schallwellen an unterschiedlichen Stellen im Artikulationstrakt. Je stärker der Artikulationstrakt an einer Stelle verengt ist, desto höher die Frequenz, mit der die Schallwellen an dieser Stelle reflektiert werden. Durch solchermaßen unterschiedlich verformte Schallwellen entstehen unterschiedlich wahrgenommene Lautereignisse, und damit unsere unterschiedlichen Sprachlaute.

■ Übung 8

Bringen Sie Ihre Artikulatoren in die Position für den Vokal /i:/ wie in „B**ie**ne". Halten Sie den Vokal für eine Weile. Bewegen Sie dann Ihre Zungenspitze während der Lautproduktion abwärts und hören Sie, wie sich der Klang verändert, je tiefer die Zungenspitze sich befindet (wodurch die Reflexion der Schallwellen sich im vorderen Bereich des Mundes verändert). Beschreiben Sie, was sich verändert.

Zur Verdeutlichung dieser Modifikation durch Engebildung im sog. Ansatzrohr (Bereich von den Stimmlippen bis zu den Mundlippen bzw. Nasenlöchern) kann man sich vorstellen, man ließe einen Gummiball durch eine gerade Röhre springen. Er prallt gleichmäßig von den Wänden ab und tritt am anderen Ende wieder aus. Legt man nun einen Holzklotz in die Röhre, wird der Gummiball an dieser Stelle schneller springen, da der Abstand zwischen den reflektierenden Wänden kleiner ist. Ebenso verhält es sich mit Schallwellen, die an Verengungen schneller reflektiert werden und damit hochfrequenter werden.

Aktive und passive Artikulatoren: Unser so genanntes Ansatzrohr, also unser Artikulationsapparat, besteht aus zahlreichen Artikulatoren, die in aktive und passive Artikulatoren unterteilt werden können. Mit Hilfe von beiden wird ein Verschluss oder eine Enge gebildet zwischen aktivem und passivem Artikulator und ein Laut entsteht.

Aktive Artikulatoren
- bewegen sich, bzw. verändern ihre Form
- sind vor allem im unteren Mundraum angesiedelt

Passive Artikulatoren
- bewegen sich nicht, sondern es nähert sich ihnen ein aktiver Artikulator an
- Die passiven Artikulatoren befinden sich vor allem im oberen Mundbereich

■ Übung 9

Überlegen Sie gemeinsam: welche aktiven und passiven Artikulatoren besitzen Sie?

Aktive Artikulatoren

Die Lippen (Labiae) können geöffnet oder geschlossen, gerundet oder gespreizt werden. Die Konsonanten /p, b, m/ werden beispielsweise durch einen vollständigen Verschluss der Lippen gebildet. Im Bereich der Vokale unterscheiden sich im Deutschen die Vokale /i:/ wie in *B**ie**ne* und /y:/ wie in *B**üh**ne* hauptsächlich durch die Spreizung der Lippen bei /i:/ und die Rundung der Lippen bei /y:/.

Die Zunge (Lingua) ist unser flexibelster Artikulator. Sie ist beweglich in horizontaler und vertikaler Position und besitzt verschiedene Abschnitte, die einzeln bewegt werden können. Die Zunge wird unterteilt in:
- Zungenspitze (Apex)
- Zungenblatt (Lamina)
- Zungenrücken (Dorsum)
- Zungenwurzel (Radix)

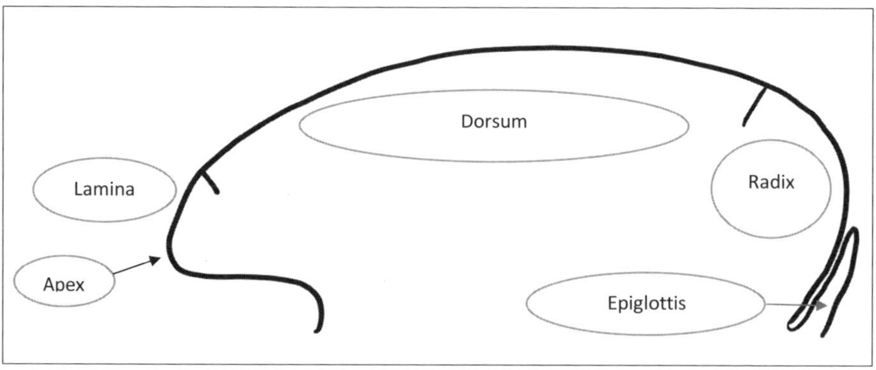

Abb. 1.4: Die Zunge

Der weiche Gaumen bzw. das Velum befindet sich im hinteren Bereich des Mundes. Wenn Sie (vorsichtig!) mit dem Finger Ihren Gaumen entlangfahren, fühlen Sie eine harte Knochenplatte, die weiter hinten im Mund aufhört. Dort wird der Gaumen weich. Das Velum kann abgesenkt werden, sodass der Mundraum im hinteren Bereich verschlossen wird und der Luftstrom nicht mehr durch den Mund-, sondern durch den Nasenraum strömt. Dies unterscheidet Orallaute (z.B. /z/ wie in ***S**onne*) von Nasallauten (z.B. /n/ wie in „**N**onne"). Sie können das unterschiedliche Ausströmen der Luft fühlen, wenn Sie eine Hand vor Mund und Nase halten und die eben genannten Laute /z/ (Luft strömt aus dem Mund) und /n/ (Luft strömt aus der Nase) hintereinander artikulieren.

Der Rachen (Pharynx) befindet sich an der Rückwand des Mundes, abwärts vom Zäpfchen. Er kann sich der Epiglottis (dem Kehldeckel) annähern. Im Deutschen gibt es keine pharyngalen, also mit dem Rachen gebildete, Laute.

Passive Artikulatoren

Die Zähne (Dentes) sind (hoffentlich!) nicht aktiv bewegbar, aber wir können die Zungenspitze zwischen sie schieben, wie bei den englischen th-Lauten. Ebenfalls kann die Unterlippe den oberen Zähnen angenähert werden, wodurch Laute wie /f/ („**f**ein") und /v/ („**W**ein") entstehen.

Direkt hinter der oberen Zahnreihe befindet sich eine Knochenbrücke, die **Zahndamm** oder Alveolen genannt wird. Sie können sie mit der Zungenspitze ertasten: Sie beginnt direkt hinter den Zähnen, dann biegt der Knochen nach oben hin ab und geht in den harten Gaumen über. Den Aveolen nähert sich üblicherweise die Zungenspitze oder das Zungenblatt an oder berührt sie, um Laute wie /t, d, n, s, z, l/ zu bilden.

Als **harten Gaumen** bzw. Palatum bezeichnen wir das Knochengewölbe im oberen Mundbereich, das zwischen den Alveolen und dem Velum sitzt. Um hier Laute zu bilden, wird der Zungenrücken hochgebogen. Im Deutschen bilden wir so die palatalen Laute /j/ wie in „**J**ahr" und /ç/ wie in „i**ch**".

Am hinteren Ende des Velums befindet sich die Uvula, **das Zäpfchen**. Auch dieses ist nicht aktiv bewegbar, auch wenn es weich ist. Es kann aber durch Annäherung des hinteren Zungenrückens zur Bildung von Lauten verwendet werden. Im Deutschen sind dies z.B. die Laute /ʁ/ wie in ***R**abe* und /χ/ wie in *a**ch***.

■ Übung 10

Betrachten Sie Abbildung 1.3 und informieren sich über die Lage der Artikulatoren. Fühlen Sie mit der Zunge und/oder einem Finger bei sich selber, wo sich Ihre Artikulatoren befinden.

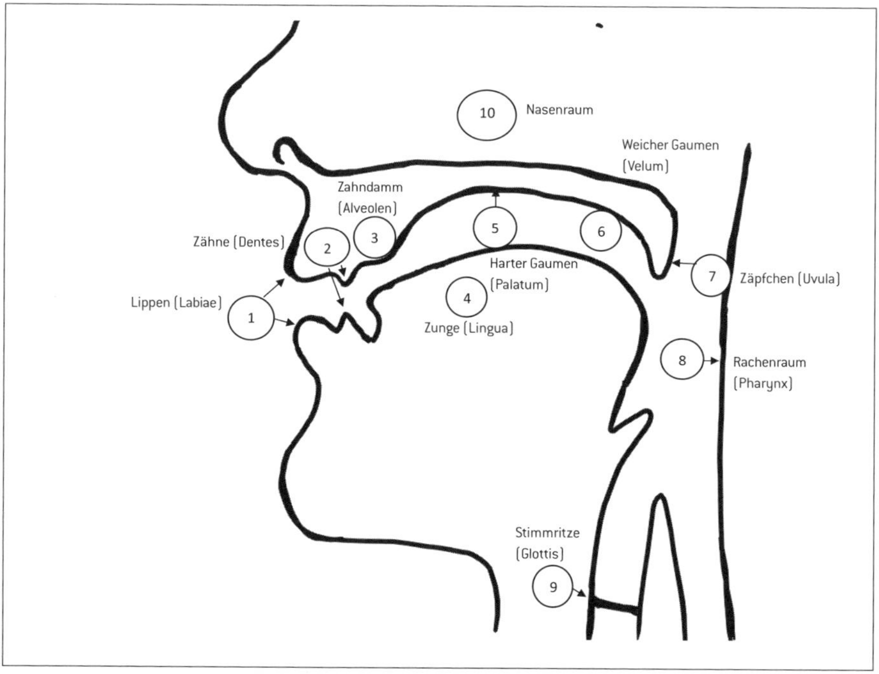

Abb. 1.5: Die Artikulatoren und ihre Lage

1.4.3 Segmentale Phonetik: Konsonanten und Vokale

Grundsätzlich wird unterschieden zwischen Konsonanten und Vokalen.

Konsonanten und Vokale

Bei **Konsonanten** wird der Luftstrom supraglottal (oberhalb der Glottis) durch eine Verengung oder einen Verschluss behindert, bei **Vokalen** entweicht die Luft durch das zentrale offene Ansatzrohr, ohne nennenswert behindert zu werden. Während Vokale immer stimmhaft sind, ist bei vielen Konsonanten die Stimmbeteiligung bedeutungsunterscheidend.

Klassifizierung von Konsonanten

Für deutsche Konsonanten reichen drei artikulatorische Parameter aus, um alle Konsonantenphoneme eindeutig zu beschreiben:

1. Stimmbeteiligung: stimmhaft oder stimmlos ODER Sprechspannung: lenis oder fortis
2. Artikulationsort: an welcher Stelle im Artikulationstrakt wird der Konsonant gebildet?

3. Artikulationsart: wie wird der Konsonant gebildet?

Rein artikulatorisch betrachtet, kann jeder Laut stimmlos produziert werden, selbst Vokale sind (wenn man sie flüstert) stimmlos. Entscheidend für die Klassifizierung von Lauten nach Sonorität ist, ob die Stimmhaftigkeit inhärent ist oder nicht. Simpler ausgedrückt: Gibt es in den Sprachen der Welt in einer Lautklasse stimmhafte und stimmlose Phoneme, oder nur stimmhafte? Aus dieser Betrachtung ergibt sich eine Aufteilung von Konsonanten in zwei Oberklassen, nämlich einerseits die der **Sonoranten** und andererseits in die der **Obstruenten** (wir folgen hier der Definition von Chomsky und Halle 1968[1]). Da Vokale stets stimmhaft sind, gehören sie zu den Sonoranten.

Bezeichnung	Beschreibung	Lautklassen
Sonoranten	Lautklassen, die inhärent stimmhaft sind, also nur als stimmhafte Phoneme in den Sprachen der Welt existieren.	Vokale Approximanten Liquide Nasale
Obstruenten	Lautklassen, die sowohl stimmhafte als auch stimmlose Phoneme haben.	Frikative Affrikaten Plosive

Abb. 1.6: Sonoranten und Obstruenten

Ist die Glottis geöffnet, schwingen die Stimmlippen nicht und die produzierten Laute sind **stimmlos** (z.B. /f, s, k/). Ist die Glottis verengt, schwingen die Stimmlippen und die produzierten Laute sind **stimmhaft** (z.B. /v, z, g/). Der Parameter [+/- stimmhaft] wird häufig in der Phonologie zur Beschreibung von Konsonanten verwendet. Im Deutschen ist die Stimmbeteiligung bei Konsonanten jedoch eigentlich nicht das hauptsächliche distinktive Merkmal. Die Plosive /p, t, k/ und /b, d, g/ werden als stimmlose und stimmhafte Plosive bezeichnet, tatsächlich unterscheiden sich die beiden Reihen im Deutschen jedoch nicht durchgehend durch Stimmbeteiligung. Die „stimmhaften" Plosive /b, d, g/ weisen tatsächlich in den meisten Fällen keine Stimmbeteiligung während des Verschlusses auf, sondern sind ebenso stimmlos wie /p, t, k/. Das hauptsächliche distinktive Merkmal ist die Aspiration, ein Luftstoß, der unmittelbar auf die Lösung des Verschlusses im Mundraum folgt. Wenn Sie laut „pa, ta, ka" sagen und dabei die Hand direkt vor den Mund halten, können Sie den Luftstoß spü-

1 Ladefoged (1975) definiert Obstruenten als solche Laute, bei denen durch eine Obstruktion der Luftstrom behindert wird, während bei Sonoranten der Luftstrom ohne Verwirbelungen austritt. Diese Definition ist aber problematisch bei der Betrachtung von Nasalkonsonanten, die einerseits im Mundraum einen Vollverschluss aufweisen, während andererseits die Luft unverwirbelt durch den Nasenraum ausströmt.

ren. Die „stimmhaften" Plosive /b, d, g/ hingegen sind nicht aspiriert. Deutsche Muttersprachler nehmen unaspirierte Plosive daher üblicherweise als stimmhaft wahr. Sie können dies überprüfen, wenn Sie die Aussprache der Wörter *Tat* und *Staat* vergleichen. Plosive sind nur dann aspiriert, wenn sie alleine im Anlaut einer Silbe stehen, wie bei dem Wort *Tat* [tʰaːt]. Geht ihnen ein Frikativ voraus, entfällt die Aspiration. Sprechen Sie die eben genannten Wörter laut aus. Welchen Laut hören Sie tatsächlich an zweiter Stelle im Wort *Staat*? Die meisten deutschen Sprecher meinen, den Laut [d] zu vernehmen, doch tatsächlich ist es einfach das unaspirierte [t]. Andere Sprachen wie Französisch und Italienisch besitzen eine echte Stimmbeteiligungsdistinktion bei Konsonanten, auch bei den Plosiven. Aspiration tritt in diesen Sprachen entsprechend üblicherweise nicht auf.

Wegen dieser Ungenauigkeit der Bezeichnung „stimmhaft/stimmlos" bietet sich für die Klassifikation der deutschen Konsonanten das Begriffspaar **fortis** und **lenis** an. Diese Begriffe beziehen sich auf die Spannung der Artikulatoren bei der Artikulation. Als Fortiskonsonanten oder Fortes bezeichnet man stark gespannte, mit mehr Druck artikulierte Konsonanten (z.B. /k, s, p/); Fortisplosive sind üblicherweise aspiriert. Leniskonsonanten oder Lenes sind entsprechend solche mit weniger Druck und Spannung.

Die Bezeichnungen „stimmhaft" und „stimmlos" können auch im Deutschen durchaus für die Beschreibung der Konsonanten verwendet werden, wenn die Begriffe „fortis/lenis" vermieden werden sollen. Es sollte aber stets bedacht werden, dass die Bezeichnung eigentlich nicht akkurat ist. Ein Kompromiss ist die Bezeichnung „phonologisch stimmlos/stimmhaft", um zu verdeutlichen, dass es sich nur um eine phonologische Klassifikation, nicht aber die phonetische Realität handelt.

Bei der Produktion von Konsonanten wird der Luftstrom durch eine Obstruktion im Mundraum behindert. Diese werden gebildet, indem sich je zwei Artikulatoren (ein aktiver und ein passiver) einander annähern oder berühren. Durch die beteiligten Artikulatoren bestimmt sich der **Artikulationsort** bzw. die Artikulationsstelle. Die Bezeichnung der Artikulationsorte setzt sich aus den Namen des beteiligten aktiven und passiven Artikulators zusammen.

Beispiele

- *labio-dental*: Verengung zwischen Unterlippe und Oberzähnen wie beim engl. /f, v/
- *dorso-palatal*: Annäherung zwischen Zungenrücken und hartem Gaumen wie für /j/

In der Praxis ist es jedoch häufig ausreichend, abkürzende Termini wie *bilabial* für *labio-labial* oder *retroflex* für *apiko-palatal* zu verwenden. In vielen Fällen ist der untere Artikulator mit der Festlegung des oberen vorhersagbar, so dass das Präfix weggelassen werden kann. Abbildung 1.5 listet sämtliche möglichen Artikulationsorte auf.

Bezeichnung	Beschreibung	Lautsymbole
Bilabial/labio-labial	mit beiden Lippen	p, b, m
labio-dental	zwischen Oberzähnen und Unterlippe	f, v
(apiko-)**dental**	die Zungenspitze ist zwischen den Zähnen	θ, ð (z.B. Englisch <th>)
(apiko-)**alveolar**	die Zungenspitze nähert sich den Alveolen	t, d, s, z, n, l
(apiko-)**postalveolar**	Zungenspitze befindet sich hinter den Alveolen	ʃ, ʒ
retroflex/apiko-palatal	die Zungenspitze biegt sich nach hinten zum Palatum und nähert sich ihm mit der Unterseite	ɽ (gibt es im Deutschen nicht
(dorso-)**palatal**	der mittlere Zungenrücken nähert sich dem harten Gaumen	ç, j
(dorso-)**velar**	der Zungenrücken nähert sich dem weichen Gaumen	k, g, ŋ
(dorso-)**uvular**	der Zungenrücken nähert sich dem Zäpfchen	ʁ, χ
(radico-)**pharyngal**	die Zungenwurzel nähert sich der Rachenwand	ħ (gibt es im Deutschen nicht)
glottal	in der Stimmritze	h, ʔ

Abb. 1.7: Artikulationsorte

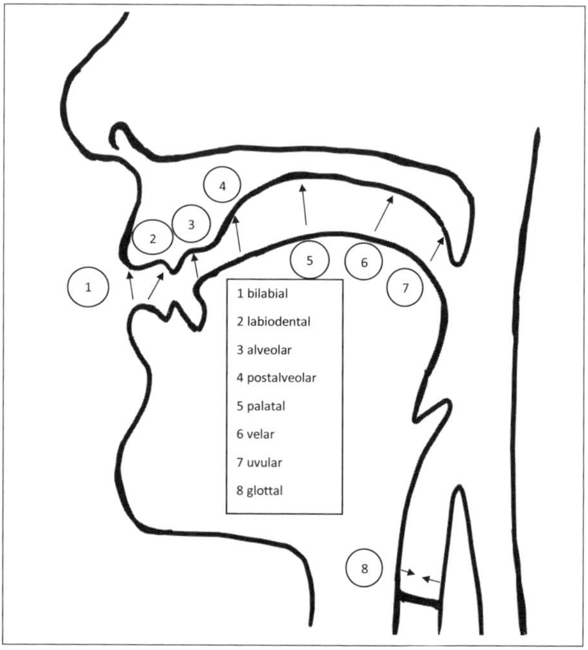

Abb. 1.8: Artikulationsorte der deutschen Konsonanten

Der Luftstrom kann auf ganz unterschiedliche Weise durch Mund- oder Nasenraum geleitet werden. Die grundlegendste Unterscheidung liegt im Vorhandensein eines Verschlusses versus einer Verengung. Bei Konsonanten mit Verschluss im Artikulationstrakt wird weiter unterschieden nach den Wegen, auf denen die Luft nach draußen gelangt (z.B. durch die Nase, oder seitlich über die Zungenränder). Bei Verengungen ist zu unterscheiden zwischen solchen, die Reibung verursachen oder weit genug sind, dass die Luft ohne Reibung durchströmen kann. Abbildung 1.9 stellt die **Artikulationsarten** und ihre Beschreibungen dar.

Bezeichnung	**Beschreibung**	**Lautsymbole**
Verschlusslaute		
Plosiv	vollständiger Verschluss durch Berührung zweier Artikulatoren im Mundraum, der plötzlich gelöst wird. Die Luft strömt durch den Mundraum (d.h., das Velum ist angehoben)	p, b, t, d, k, g, ʔ

Bezeichnung	Beschreibung	Lautsymbole
Affrikate	Bildung eines Vollverschlusses (wie Plosiv), aber ohne Aufsprengung, sondern mit leichter Lösung des Verschlusses, sodass die Luft „rauszischt“	pf, ts, tʃ
Nasal	zwei Artikulatoren bilden im Mundraum einen Vollverschluss, das Velum ist abgesenkt und die Luft entweicht durch den Nasenraum	m,n,ŋ
Engelaute		
Frikativ	zwei Artikulatoren bilden im Mundraum eine Enge, an der durch den Luftstrom Verwirbelungen entstehen, die als Reibegeräusch hörbar werden	f, v, s, z, ʃ, ʒ, ç, ʁ, χ, h
Approximant	ein Artikulator nähert sich einem anderen, ohne einen Verschluss oder eine reibungserzeugende Enge zu bilden, ähnlich wie bei den Vokalen	j
Liquide: Vibranten und Laterale		
Trill	ein Artikulator schlägt wiederholt gegen einen anderen	R, r (im Deutschen nur in Dialekten)
Tap/Flap	ein Artikulator schlägt ein einziges Mal gegen einen anderen	Gibt es im Deutschen nicht
Lateral	Die Luft entweicht über die Seitenränder der Zunge, bei zentralem Verschluss und seitlicher Engebildung	l

Abb. 1.9: Artikulationsarten

Die Tabelle in Abbildung 1.10 listet die **deutschen Konsonanten** und ihre IPA-Transkriptionssymbole auf. In dieser Darstellung können Sie die drei Parameter zur Beschreibung der Konsonanten ablesen: Die Kopfzeile ordnet die Konsonanten von links nach rechts nach ihrem Artikulationsort von vorne bzw. außen (bilabial) bis hinten bzw. innen (glottal) an. Die Klassifikation nach Artikulationsart erfolgt in der linken Spalte. Das phonologische Merkmal [+/-

stimmhaft] erkennen Sie daran, ob das Symbol links (phonologisch stimmlos) oder rechts (phonologisch stimmhaft) in einem Kästchen steht.

	Bilabial	Labio-dental	Alveolar	Postal-veolar	Palatal	Velar	Uvular	Glottal
Plosiv	p b		t d			k g		
Nasal	m		n			ŋ		
Frikativ		f v	s z	ʃ ʒ	ç		χ ʁ	h
(Affrikate)	(pf)		(ts)	(tʃ)				
Approxi-mant					j			
Lateral			l					

Abb. 1.10: IPA-Tabelle der deutschen Konsonanten

■ Übung 11

Beschreiben Sie die folgenden Konsonanten anhand der drei üblichen Parameter nach dem Beispiel: /b/ stimmhafter bilabialer Plosiv, lenis

/ŋ/
/ʁ/
/z/
/χ/

■ Übung 12

Nun einmal umgekehrt: Welcher Konsonant ist gemeint? Finden Sie das richtige Symbol.

stimmhafter alveolarer Nasal, lenis
stimmloser postalveolarer Frikativ, fortis
stimmhafter velarer Plosiv, lenis
stimmhafter palataler Approximant, lenis

Klassifizierung von Vokalen

Vokale sind – wie schon erwähnt – Laute, die ohne geräuscherzeugende Verengungen oder Verschlüsse im Artikulationstrakt erzeugt werden. Daher scheidet der „Artikulationsort“ als Beschreibungsparameter aus. Vokale sind Sonoranten, und damit generell stimmhaft, weshalb auch Stimmhaftigkeit kein Kriterium für eine Klassifikation sein kann. Es gibt zwei Arten der Vokalartikulation: Oral und nasal. Bei Oralvokalen strömt die Luft durch den Mundraum, bei Nasalvokalen durch die Nase aus (bei abgesenktem Velum). Das Standarddeutsche besitzt nur Oralvokale.

Der Klang eines Vokals wird durch die Form des Ansatzrohrs, also des Artikulationsapparates bestimmt. Je nachdem, wie die Zunge im Mund geformt wird, ob sie sich vorne, in der Mitte oder hinten hebt oder senkt, und je nach Lippenstellung, werden die Schallwellen unterschiedlich reflektiert und unterschiedliche Lautereignisse entstehen. Als zusätzlicher Parameter kann im Deutschen auch die Vokaldauer bzw. -länge genannt werden, die in Minimalpaaren wie *Staat* – *Stadt* bedeutungsunterscheidend ist. Die meisten Vokalpaare, die üblicherweise als Lang- und Kurzvariante eines Vokals bezeichnet werden, unterscheiden sich neben der Länge zusätzlich durch die Gespanntheit der Vokale (siehe unten). Dies gilt für Vokale wie in den Wortpaaren *Miete* – *Mitte* oder *Ofen* – *offen*.

Vokale können durch die in Abbildung 1.11 dargestellten Parameter beschrieben werden.

Parameter	Beschreibung	Stufen
Länge	Ist der Vokal lang oder kurz?	lang – kurz
Lippenrundung	Wie sind die Lippen geformt?	gerundet – ungerundet
horizontale Position der Zunge	Welcher Teil der Zunge wird angehoben/gesenkt?	vorne – zentral – hinten
Öffnungsgrad des Vokaltrakts	Wie hoch wird der besagte Zungenteil gehoben? Je höher die Zunge, desto geschlossener der Vokaltrakt	geschlossen mittelgeschlossen mitteloffen geschlossen

Abb. 1.11: Beschreibungsparameter für Vokale

Ein Vokal wird als gespannt bezeichnet, wenn bei seiner Artikulation die Zungenmuskulatur relativ stark angespannt ist (gespannt – ungespannt). Zu den **gespannten Vokalen** gehören damit u.a. /iː, yː, eː, øː, uː, oː/, zu den **ungespannten Vokalen** u.a. /ɪ ʏ ɛ œ ʊ ɔ/.

In den Sprachen der Welt ist eine tendenzielle Korrelation der Parameter gespannt – lang und ungespannt – kurz zu beobachten. Diese liegt auch im Deutschen vor, allerdings kommen in Fremd- und Lehnwörtern auch kurze, gespannte Vokale vor, beispielsweise in *Phonologie* /fonoloˈgiː/. Vergleichen Sie einmal den ersten Vokal in *Phonologie* mit denen in *Vogel* /ˈfoːgəl/ und *von* /vɔn/.

Das Vokaltrapez in Abbildung 1.12 zeigt die deutschen Vokale und ihre (leicht schematisierte) Positionierung im Mundraum. Die horizontale Position der Zunge sowie der Öffnungsgrad sind an den Kanten des Trapezes abzulesen. Langvokale sind durch das Längensymbol /ː/ markiert. Die Lippenrundung ist nur bei den Vorderzungenvokalen zu unterscheiden, da alle Hinterzungenvokale des Standarddeutschen gerundet und alle Zentralvokale ungerundet sind. Bei den Vorderzungenvokalen ist jeweils der links von einem Punkt stehende Vokal ungerundet, der rechts stehende gerundet.

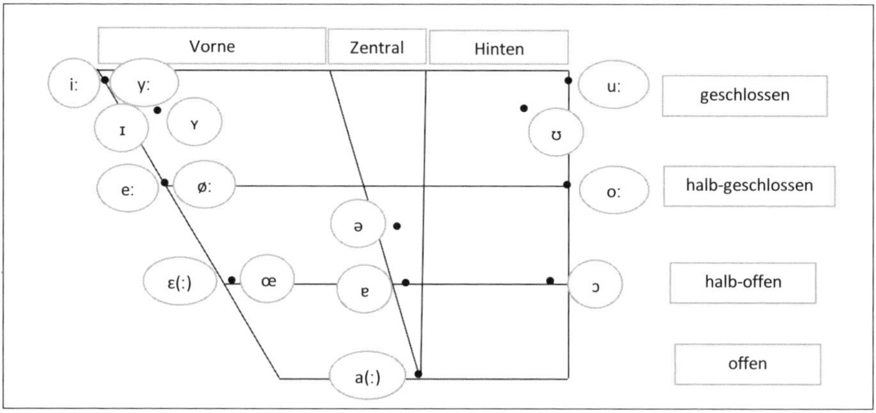

Abb. 1.12: Die deutschen Vokale und ihre Position im Mundraum

■ Übung 13

Beschreiben Sie die folgenden Vokalphoneme anhand der üblichen vier Parameter nach dem Beispiel: /iː/ langer ungerundeter geschlossener Vorderzungenvokal

/ʊ/
/yː/
/a/
/ɔ/

■ Übung 14

Und nun umgekehrt: Welcher Vokal ist gemeint? Finden Sie das richtige Symbol.

langer ungerundeter halb-geschlossener Vorderzungenvokal
kurzer gerundeter halb-offener Vorderzungenvokal
kurzer ungerundeter halb-offener bis halb-geschlossener Zentralvokal
langer ungerundeter offener Zentralvokal

Diphthonge

● Diphtong

Ein Diphthong („Zweifachlaut") ist eine Abfolge von zwei Vokalqualitäten, die zusammen die Länge eines langen Vokals haben und zu einer Silbe gehören. Beispiele: /aɪ, aʊ, ɔʏ/. Die Zunge bewegt sich dabei aus der Ausgangsposition des ersten Lautes in Richtung der Position des zweiten Lautes, wobei diese jedoch normalerweise nicht erreicht wird. Ein Diphthong ist ein einziges Phonem, nicht – wie die Transkription suggeriert – eine Abfolge zweier Vokale. Artikulatorisch ist ein Diphthong ein Langvokal, während dem eine Zungenbewegung erfolgt. Das Gegenteil sind Monophthonge („Einfachlaute").

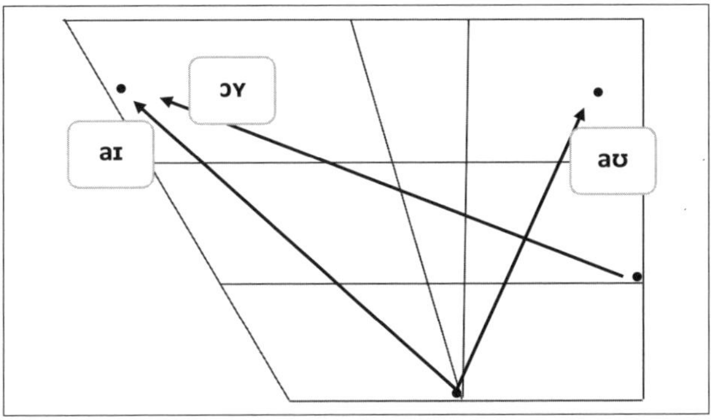

Abb. 1.13.: Diphthonge des Deutschen

Neben den **primären Diphthongen**, wie wir sie in Wörtern wie *Bein, Baum, Bäume* /baɪn, baʊm, ˈbɔʏmə/ finden, existieren im Deutschen zahlreiche so genannte **sekundäre Diphthonge**. Diese entstehen durch die Vokalisierung des R-Phonems im Silbenauslaut, wie wir sie in Wörtern wie *Uhr, Ohr, leer* /ʔuːɐ, ʔoːɐ, leːɐ/ antreffen. Das vokalisierte R [ɐ] bildet mit dem vorangehenden Vokal einen Diphthong, der aber wieder in einen Monopthong und einen Konsonanten aufgelöst wird, sobald das R-Phonem nicht mehr im Silbenauslaut steht, z.B. wenn an das Wort eine Endung angehängt wird und sich die Silbengrenzen verschieben: *Uhren, Ohren, leere* /ˈʔuːʁən, ˈʔoːʁən, ˈleːʁə/.

■ Übung 15

Welche Schreibweisen kennen Sie für die primären Diphthonge /aɪ, aʊ, ɔʏ/?

1.4.4 IPA-Symbole und Transkription

Die Lautschrift der International Phonetic Association ist das verbreitetste System zur Transkription gesprochener Sprache. Jedem Symbol entspricht genau ein Laut, sodass hier keine morphologischen oder syntaktischen Informationen verschriftet werden, sondern die reine Aussprache von Wörtern und Äußerungen. Bei der Transkription von Wörtern werden folgende Schritte durchlaufen:

Schritt 1: Segmentieren in Konsonanten und Vokale

Zuerst werden die Lautsegmente identifiziert, aus denen das Wort besteht. Ein Wort wie *Schuh* weist zwar orthographisch fünf Buchstaben auf, besteht aber nur aus zwei Lautsegmenten /ʃuː/. Das Dehnungs-h in der Schrift findet sich in der Transkription als so genanntes diakritisches Längenzeichen /ː/ wieder. Es gehört zu dem jeweiligen Lautsymbol.

Schritt2: Zuordnung der Laute zu IPA-Symbolen

Sind die einzelnen Laute identifiziert, werden ihnen die passenden IPA-Symbole zugeordnet. Sie können hierzu die Tabellen in Abbildung 1.15 und 1.16 verwenden. Darin werden die Lautsymbole durch Beispielwörter veranschaulicht, in denen die entsprechenden Grapheme unterstrichen sind.

Schritt 3: Transkription

Die IPA-Symbole werden anschließend in ihrer Abfolge hintereinander notiert. Für eine ideallautliche Transkription, also die Lautung ohne irgendwelche Reduktionen oder ähnliche beim Sprechen auftretenden Prozesse, verwenden wir Schrägstriche (/…/). Dies wird phonemische Transkription genannt und stellt die so genannte Explizitlautung (vgl. Kapitel 6.2) dar. Für die phonetische Transkription, also die Notation tatsächlicher gesprochener Sprache, verwenden wir die eckigen Klammern ([…]). Diese Transkription bezieht sich auf das, was in normaler gesprochener Sprache zu hören ist, inklusive Reduktionen und artikulatorischer Variationen.

Konsonanten	labial	labiodental	alveolar	postalveolar	palatal	velar	uvular	glottal
Plosive stl. sth.	 **p** **b** *Paar* *Bar*		 **t** **d** *Torf* *Dorf*			 **k** **g** *Kuss* *Guss*		 (ʔ) *_Aus-* *weis*
Frikative stl. sth.		 **f** **v** *fein* *Wein*	 **s** **z** *weiße* *weise*	 ʃ ʒ *Tasche* *Etage*	 **ç** *China*		 χ ʁ *Nacht* *Rad*	 **h** *Hose*

Konsonanten	**labial**	**labiodental**	**alveolar**	**postalveolar**	**palatal**	**velar**	**uvular**	**glottal**
Nasale	**m** *Meer*		**n** *Nudel*			ŋ *Menge*		
Lateral			**l** *lieb*					
Approximant					**j** *Jahr*			

Abb. 1.14: Übersicht der IPA-Symbole für Konsonanten und ihre Aussprache

Vokale	**vorn**		**zentral**	**hinten**
lang & gespannt	i: *Miete* e: *beten*	y: *Hüte* ø: *Höhle*		u: *Ruhm* o: *bog*
lang & ungespannt	ɛ: bäten			
lang			a: *Staat*	
kurz & ungespannt	ɪ *Mitte* ɛ *Betten*	ʏ *Hütte* œ *Hölle*		ʊ *Rum* ɔ *Bock*
kurz			a *Stadt*	
reduziert			ə *bitte* [ɐ] *bitter*	
		rund		rund

Abb. 1.15: Übersicht der IPA-Symbole für Vokale und ihre Aussprache

Diphthonge

aɪ	*Bein, Main*
ɔʏ	*Scheune, Häuser*
aʊ	*Haus*

Abb. 1.16: Übersicht der IPA-Symbole für Diphthonge und ihre Aussprache

■ Übung 16

Transkribieren Sie mit Hilfe der IPA-Tabellen folgende Wörter phonemisch:

a) *Bahn* b) *Schule* c) *Schrank* d) *Schüler* e) *Miete* f) *schütteln*
g) *Teil* h) *Maus* i) *Läuse*

Literatur

Bose, I. et al (2016). Einführung in die Sprechwissenschaft. Phonetik, Rjetorik, Sprechkunst (2. Auflage). Tübingen: Narr Francke Attempo. *Stark auf die Praxis ausgerichtete Einführung in die Grundlagen der Phonetik und phonologische Regeln des Deutschen.*

Mangold, M. (2015). Duden-das Aussprachewörterbuch. Bd. 6. Berlin: Duden. *Referenzwerk zur deutschen Standardaussprache und Betonung, mit Darstellung des deutschen Lautsystems.*

Pompino-Marschall, B. (2009). Einführung in die Phonetik (3. Auflage). Berlin: Walter de Gruyter GmbH & Co. KG. *Studienbuch zur Einführung in die grundlegenden Teilgebiete und Begrifflichkeiten der Phonetik.*

Rues, B. et al (2014). Transkription des Deutschen. Ein Studienbuch (4. Auflage). Tübingen: Narr Francke. *Übersichtliche Einführung zur IPA-Transkription mit praktischen Übungen und Lösungsteil.*

2. Grundlagen der Phonologie

Während die Phonetik sich rein mit der äußeren Form von Sprachlauten beschäftigt, ohne dabei unbedingt eine gegebene Sprache im Zusammenhang zu betrachten, geht es in der Phonologie um Sprachen als Systeme und um Relationen von Sprachlauten innerhalb eines gegebenen Systems. Dabei sind zwei Ebenen zu betrachten: erstens die syntagmatische Ebene, also die lineare Anordnung von Lauten, zweitens die paradigmatische Ebene, die für einzelne Positionen auf der syntagmatischen Ebene regelt, welche linguistischen Einheiten an dieser Position auftreten können. In Bezug auf die Phonologie betrachten wir also folgende Relationen.

- **Syntagmatische Relationen:**

Hier geht es darum, welche Sprachlaute in welchen Positionen innerhalb der Silbe vorkommen und welche Kombinationen von Sprachlauten in einer Sprache überhaupt erlaubt sind. Den Bereich, der sich mit diesen Relationen beschäftigt, nennen wir PHONOTAKTIK.

- **Paradigmatische Relationen:**

Hier wird die Frage gestellt, welche Laute im Syntagma an der gleichen Stelle füreinander austauschbar sind. Diese Betrachtung ist die Grundlage für die Bestimmung von Phonemen und Allophonen.

Zunächst geht es aber um die Ermittlung der distinktiven lautlichen Einheiten, der Phoneme.

2.1 Phoneme, Opposition und Minimalpaaranalyse

Phonologische Einheiten haben in einer Sprache dann eine Funktion, wenn sie zueinander in Opposition stehen. Zwei phonologische Einheiten stehen in Opposition zueinander, wenn durch ihren Austausch an der gleichen Position in einem Syntagma unterschiedliche Wortbedeutungen entstehen.

Beispiel

mein	Bein	fein	Wein	kein	dein
/**m**aɪn	**b**aɪn	**f**aɪn	**v**aɪn	**k**aɪn	**d**aɪn/

● Phoneme

Phonologische Einheiten, die in Opposition stehen, nennt man Phoneme. Daher nennt man Phoneme auch funktionale Sprachlaute bzw. kleinste bedeutungsunterscheidende Einheiten.

2.1.1 Ermittlung von Phonemen

Phoneme werden ermittelt durch Minimalpaaranalyse.

Minimalpaare

Ein Minimalpaar bilden zwei sinntragende Wörter einer Sprache, die aus der gleichen Anzahl von phonologischen Einheiten/Segmenten bestehen und sich nur in einem Segment in der gleichen syntagmatischen Position voneinander unterscheiden.

Um zu ermitteln, ob zwei in einer Sprache auftretenden Phone unterschiedlichen Phonemen angehören, müssen wir Minimalpaare für die beiden Phone finden.

Beispiel: Sind [n] und [m] im Deutschen Phoneme?

Für [n] und [m] lassen sich im Deutschen in allen möglichen Positionen innerhalb von Wörtern Minimalpaare finden:

Initial: mein [maɪn] – nein [naɪn] → Opposition /m/:/n/

Medial: Kämme [kɛmə] – kenne [kɛnə] → Opposition /m/:/n/

Final: Keim [kaɪm] – kein [kaɪn] → Opposition /m/:/n/

Fazit: [m] und [n] kontrastieren in allen Positionen, sind also Phoneme /m/ und /n/. Um Phonemstatus zu erlangen, reicht aber die Opposition in (mindestens) einer Position aus.

■ Übung 17

Welche Wortpaare bilden phonologische Minimalpaare? Transkribieren Sie die Wörter und kreuzen Sie an, welche Wortpaare Minimalpaare sind.

a) *schief – Schiff* b) *Muskel – Muschel* c) *kam – kann* d) *Schrank – stank*
e) *Maus – mies* f) *Engel – Enkel* g) Tag– Tal h) *Mahl – lahm*

■ Übung 18

Finden Sie Minimalpaare für folgende Laute.

a) /m/ – /k/ b) /s/ – /z/ c) /o:/ – /ɔ/

2.1.2 Ermittlung distinktiver/phonologischer Merkmale

Die Phonologie beschäftigt sich mit den funktionalen Lauten einer Sprache, also mit deren Phonemen. Phoneme sind, strukturell betrachtet, Bündel von (artikulatorischen) Merkmalen, z.B. beschreibt das Phonem /i/ denjenigen Vokal, der in einer gegebenen Sprache am weitesten vorne im Mund, mit der stärksten Verengung des Mundraums und mit gespreizten Lippen produziert wird. ABER: die konkrete Realisierung dieser Merkmalsbündel ist abhängig vom Sprecher, von der Sprache und von der Sprechsituation, d.h.: Ein Phonem ist nur eine abstrakte Kategorie, die unterschiedlich realisiert werden kann. So klingt ein /i/ bei Sprechern aus unterschiedlichen Regionen ganz unterschiedlich. Ebenso haben Sprachen unterschiedlich große Variationsbreiten bei der Produktion von ihrem jeweiligen /i/ – das französische durchschnittliche /i/ wird beispielsweise mit viel stärkerer Verengung, also höher im Mund gesprochen als das deutsche /i/. Zuletzt kann auch die Aussprache von /i/ von der Sprechsituation abhängen (spreche ich schnell oder langsam, deutlich oder nachlässig, vielleicht sogar mit zum Schmollen vorgeschobenen Lippen?).

Sprachspezifische distinktive Merkmale

Jede Sprache hat unterschiedliche Merkmale, die distinktiv (also bedeutungsunterscheidend) sind. Welche Merkmale in einer Sprache distinktiv sind, kann wiederum durch Minimalpaaranalyse ermittelt werden.

Beispiel: Stimmhaftigkeit als distinktives Merkmal

Die Frikative [f] und [v] unterscheiden sich im Deutschen nur durch das Merkmal Stimmhaftigkeit:

[f] ist [-stimmhaft]
[v] ist [+ stimmhaft]

Minimalpaare wie *fein* – *Wein* zeigen uns, dass es die Phoneme /f/ und /v/ im Deutschen gibt. Gleiches gilt für /s/ und /z/ in Paaren wie z.B. *fließen* – *Fliesen*, die sich auch nur durch Stimmhaftigkeit unterscheiden.
Damit ist das Merkmal [+/- stimmhaft] im Deutschen ein bedeutungsunterscheidendes Merkmal. Solche Merkmale nennt man auch **distinktiv** oder **phonemisch**.

Für die Beschreibung der Phoneme einer Sprache sind nur die artikulatorischen Eigenschaften relevant, die in dieser Sprache distinktiv sind.

■ Übung 19

In welchem Merkmal unterscheiden sich die folgenden Konsonantenpaare? Tragen Sie die richtige Nummer ein.

1. Stimmhaftigkeit 2. Ort der Artikulation 3. Art der Artikulation

a) /p/ – /k/ ____ b) /s/ – /z/ ____
c) /x/ – /f/ ____ d) /n/ – /l/ ____

■ Übung 20

In welchem Merkmal unterscheiden sich die folgenden Vokalpaare? Tragen Sie die richtige Nummer ein.

1. Länge 2. Lippenrundung 3. Zungenhöhe 4. Horizontale Lage (welcher Teil der Zunge)

a) /o:/ – /ø:/____ d) /Y/ – /œ/ ____
b) /i:/ – /y:/ ____ e) /a:/ – /a/ ____
c) /u:/ – /o:/ ____

2.2 Silbenphonologie

Die Silbe stellt keine segmentale Einheit dar, da sie meist aus mehreren Segmenten, also Sprachlauten, besteht. Silben sind nur innerhalb der rhythmischen Gliederung in zusammenhängenden Äußerungen erfassbar, sie sind prosodische, also suprasegmentale Einheiten. Deutsche Silben setzen sich üblicherweise zusammen aus einer Abfolge von Artikulationsbewegungen von einem konsonantischen Verschluss zu einer vokalischen Öffnung und gegebenenfalls einer weiteren Schließbewegung, wenn die Silbe auf einen Konsonant endet. Akustisch betrachtet ist ein Anstieg der Klangfülle (Sonorität) vom Beginn der Silbe bis zum Gipfel im Silbenkern festzustellen, dann ein Abfall der Sonorität bis zum Endrand der Silbe.

Die Silbengrenze wird in der Transkription durch einen Punkt markiert, wie z.B. in *Ende* /ʔɛn.də/.

2.2.1 Hierarchischer Aufbau der Silbe: Onset, Nukleus und Koda

Silben sind keine Ketten aus linear angeordneten Segmenten, sondern in sich hierarchisch strukturiert (vgl. Maas 2006:115). Zur inneren Struktur der Silbe existieren unterschiedliche Modelle, die teilweise einen gespaltenen Silbenkern (Nukleus) aufweisen. Wir verwenden hier ein einfaches hierarchisches Modell, das die Silbe in drei Positionen unterteilt. Der linke Silbenrand wird **Onset** oder Anlaut genannt, während der rechte Silbenrand als **Koda** oder Auslaut bezeichnet wird. Der Kern, der den wichtigsten Bestandteil von Silben darstellt, wird **Nukleus** genannt. Nukleus und Koda bilden zusammen den **Reim**. Wörter reimen sich, wenn sie den gleichen Nukleus und Auslaut haben, wie in *Bein, Wein, sein.*

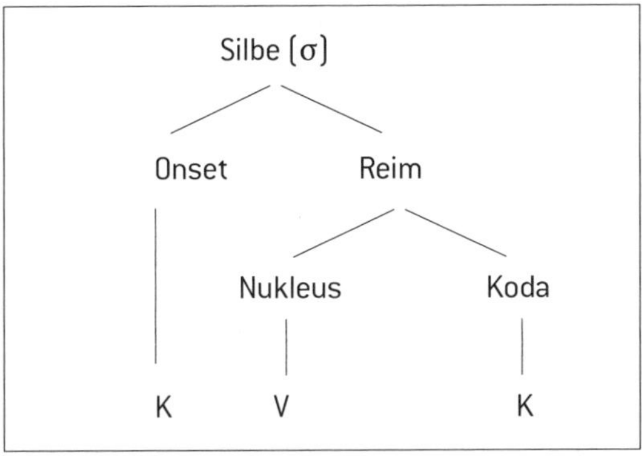

Abb. 2.1: Hierarchischer Aufbau der Silbe, nach Maas 2006

Jede Sprache besitzt Regeln dafür, welche Laute in welcher Anzahl und in welchen Kombinationen in den einzelnen Silbenpositionen auftreten dürfen. Diese Regeln bilden die so genannte Silbenphonotaktik. Deutsch besitzt eine sehr komplexe Silbenstruktur, d.h., die Silbenränder bieten vielfältige Möglichkeiten zur Kombination von Konsonanten. Diese komplexe Struktur steht im Gegensatz zu den sehr eingeschränkten Kombinationsmöglichkeiten in Sprachen wie Japanisch, wo eine Silbe maximal aus einem Konsonanten und einem Vokal besteht. Weiter ist zu beachten, dass andere Sprachen auch andere Regeln bezüglich der Besetzung des Silbenkerns haben können, beispielsweise können im Tashlhiyt Berber auch Frikative und Plosive Silbenkerne bilden, während im Deutschen dort nur Sonoranten erlaubt sind. Wir stellen hier also nur die für standarddeutsche Silben geltenden Regeln dar, diese sind aber nicht universell für alle Sprachen gültig.

Ein leeres **Onset**, also ein unbesetzter Anlaut, liegt vor, wenn die Silbe mit dem vokalischen Silbenkern beginnt und ist im Deutschen nur in unbetonten Silben zulässig, z.B. in dem Wort <Seen> /ˈzeː.ən/, in dem die zweite Silbe unbetont ist. Eine Silbe mit leerem Onset heißt **nackte Silbe**. Im Deutschen muss in betonten Silben das Onset gefüllt sein. Beginnt eine betonte Silbe mit Vokal, muss der glottale Plosiv [ʔ] – auch „Knacklaut" genannt – eingefügt werden: *Ende* /ʔɛn.də/. Eine Silbe mit gefülltem Onset, also konsonantischem Anfang heißt **bedeckte Silbe**. Im Onset können in deutschen Silben bis zu drei Konsonanten stehen, allerdings gibt es hier nur wenige mögliche Kombinationen. Diese sind: [ʃtʁ-, ʃpʁ-, pfl-, tsv-], wie in *Straße, Sprache, Pflaume, Zwiebel.* Komplexe Onsets mit zwei Konsonanten gibt es in erheblich größerer Zahl, und einfache Onsets mit nur einem Konsonanten sind für fast alle deutschen Konsonanten möglich (Ausnahme: der velare Nasal /ŋ/, der nur in der Silbenkoda auftritt, wie in *Ring* /ʁɪŋ/).

Im Silbenkern, dem **Nukleus**, befindet sich stets das sonorste (klangvollste) Element der Silbe. Üblicherweise ist dies ein Vokal, wie das /a/ in *Fall* /fal/. Wird aber in unbetonten Reduktionssilben der Vokal getilgt (Schwa-Elision), kann ein anderer Sonorant silbisch werden, also den Nukleus bilden, z.B. in *Mandel* /ˈman.dl̩/. Das Silbischwerden des /l/ wird durch den kleinen vertikalen Strich unter dem IPA-Symbol markiert. Generell können im Nukleus nur Sonoranten auftreten.

Silbenkodas können unbesetzt sein, wie in *Vieh* /fiː/ (offene Silbe) oder mit einem bis vier[2] Konsonanten besetzt sein, wie in *schimpfst* [ʃɪmpfst] (geschlossene Silbe). Für betonte und unbetonte Silben gelten hier unterschiedliche Beschränkungen hinsichtlich der Vokallänge. Für betonte Silben gilt: Steht im Nukleus ein kurzer Vokal, muss die Koda besetzt sein, bei Langvokal kann die Silbe offen oder geschlossen sein. Unbetonte Silben können unabhängig von der Vokallänge offen oder geschlossen sein.

■ Übung 21

Nackt, bedeckt, offen, geschlossen:
Beschreiben Sie für die folgenden Wörter ihre Silben mit den Fachbegriffen.
Beispiel: gehen = bedeckte, offene Silbe + nackte, geschlossene Silbe

a) *Strumpf* b) *stehe* c) *Schuh* d) *beachten*

Bei zweisilbigen Wörtern mit Kurzvokal in der Stammsilbe wie *Kasse, kommen, wollen* ist der mittlere Konsonant gleichzeitig Koda der ersten Silbe und Onset der zweiten Silbe. Man spricht dann von **ambisyllabischen Konsonanten**, auch ambisyllabische Silbengelenke genannt. In der hierarchischen Darstellung der Wörten *wollten* und *wollen* ist klar zu sehen, dass der Konsonant /l/ in *wollen* mit zwei Silbenpositionen assoziiert ist, während er in *wollten* nur der Koda der ersten Silbe zugeordnet ist.

2 Manche Darstellungen geben eine maximale Anzahl von fünf Konsonanten an. Die Zahl hängt davon ab, ob [pf, ts, tʃ] als Affrikaten, also jeweils ein einzelnes Phonem, oder als Kombination zweier Konsonantenphoneme angesehen werden.

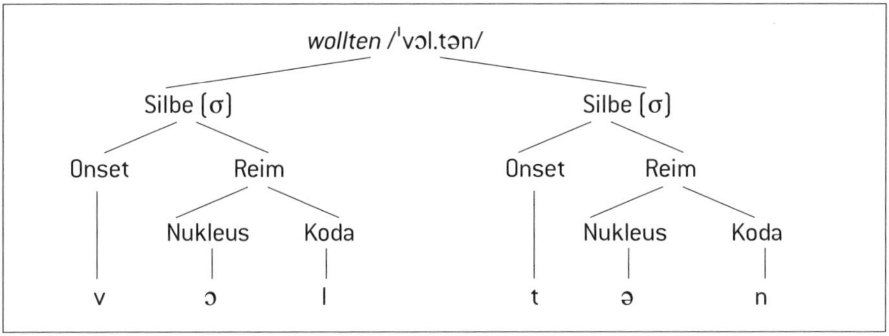

Abb. 2.2: Hierarchische Darstellung eines trochäischen Wortes mit klarer Silbengrenze

Im obigen Beispiel ist die Silbengrenze klar. Im Beispiel *wollen* wird in der Transkription die geteilte Silbengrenze üblicherweise durch einen Punkt unter dem mit zwei Silbenpositionen assoziierten Segment markiert.

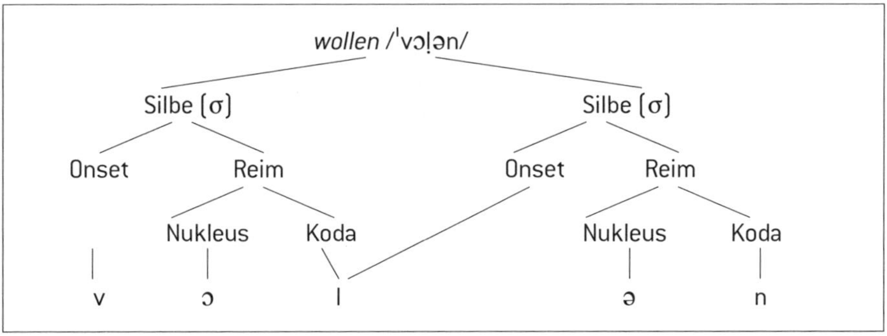

Abb. 2.3: Hierarchischer Aufbau eines trochäischen Wortes mit ambisyllabischem Konsonanten

2.2.2 Prosodischer Aufbau der Silbe: Sonoritätsprinzip und Sonoritätshierarchie

Die phonotaktischen Regeln zur Verteilung von Konsonanten auf die Silbenränder (Onset und Koda) und von Vokalen und – bei Vokaltilgung – anderen Sonoranten auf den Silbenkern basieren auf dem Prinzip eines Anstiegs der Klangfülle bzw. Sonorität vom linken Silbenrand bis zum Gipfel im Silbenkern, gefolgt von einem Abstieg der Sonorität zum rechten Silbenrand hin. Jede Silbe enthält also eine berggipfelartige Sonoritätskurve. Dieses Prinzip der steigenden und fallenden Sonorität ist im Deutschen dafür verantwortlich, dass wir Kombinationen wie /kn-/ in Silbenonsets finden (*Knie* /kniː/), nicht aber */nk-/ (**nkie* /nkiː/).

● Sonoritätsprinzip

In jeder Silbe nimmt die Sonorität zum Silbenkern hin zu und zu den Silbenrändern hin ab.

Die verschiedenen Lautklassen (in Hinsicht auf die Art der Artikulation) können hierarchisch nach ihrem Sonoritätsgrad angeordnet werden wie in Abbildung 2.4. Dabei bilden die stimmlosen Plosive /p, t, k/ und die offenen Vokale wie /a/ die Extrempunkte des Spektrums von der geringsten zur höchsten Sonorität.

Sonoritätshierarchie

↓	**Kurzversion**	**Langversion**	**Beispiele**
	Obstruenten	/stimmlose Plosive und Affrikaten	/p, t, k, pf, ts, tʃ/
		/stimmhafte Plosive und Affrikaten	/b, d, g, ʒ/
		/stimmlose Frikative	/f, s, ʃ, ç, χ, h[3]/
		stimmhafte Frikative	/v, z, ʒ, ʁ/
	Nasale	Nasale	/m, n, ŋ[4]/
	Liquide	Laterale	/l/
	Approximanten	Approximanten	/j/[5]
	Vokale	geschlossene Vokale	/i, ɪ, y, ʏ, u, ʊ/
		halboffene Vokale	/e, ɛ, ø, œ, ɔ/
		offene Vokale	/a, ɐ/

Abb. 2.4: Sonoritätshierarchie

Wenn wir nun die Einschränkungen für das Auftreten des Approximanten /j/ im Deutschen beachten, können wir das unten stehende Schema für den Großteil der deutschen Silben verwenden, hier für die Wörter *Preis, Knie, Schrank, klug, Jahr, lallt, Pfiff.*

---

3 /h/ kann nur im Silbenonset auftreten.

4 /ŋ/ kann nur in Silbenkodas auftreten.

5 /j/ kann nur im Silbenonset auftreten.

Plosiv/ Affrikat	Frika-tiv	Nasal	Liquid	App-rox.	Vokal	Liquid	Nasal	Frika-tiv	Plosiv/ Affrikat
p	ʁ				aɪ			s	
k		n			iː				
	ʃʁ				a		ŋ		k
k			l		uː				k
				j	aːɐ				
			l		a	l			t
pf					ɪ			f	

Abb. 2.5: Flexionsendungen wie *-st* in *(du) trinkst* oder *-s* wie in *(des) Schranks* gelten als außerhalb der Silbe stehende Elemente, sodass sie das Sonoritätsprinzip nicht verletzen. Trotzdem gibt es im Deutschen auch Silben, die nicht dem obigen Schema entsprechen.

■ Übung 22

Wenden Sie das obige Schema auf die Wörter *Pfeil, plump, Frist, Schlumpf* an. Verwenden Sie als Hilfe für die Transkription die IPA-Übersicht auf Seite 36/37.

■ Übung 23

Welche dieser Einsilber entsprechen nicht dem Sonoritätsprinzip?

a) *Freund* b) *stank* c) *Mumps* d) *Spruch* e) *flink* f) *Fuchs*

2.2.3 Silbenstrukturabhängige Allophonie: Auslautverhärtung und R-Vokalisierung

Das Deutsche weist für die Klasse der Obstruenten (Plosive und Frikative) eine Besonderheit in der Koda-Position von Silben auf. In dieser Position treten keine stimmhaften Obstruenten auf, sprich: keine deutsche Silbe hat in der Koda [b, d, g, v, z] oder [ʁ][6]. Die Phoneme /b, d, g, v, z/ unterliegen in der Koda dem regelhaften Prozess der **Auslautverhärtung**, /ʁ/ hingegen der so genannten **R-Vokalisierung**.

Die Phoneme /b, d, g, v, z/ verlieren im Silbenauslaut (Koda) ihre Stimmhaftigkeit bzw. ihre Eigenschaft, Leniskonsonanten zu sein. Dieser Prozess wird als

[6] [ʁ] wird nach Kurzvokalen von vielen Sprechern als Konsonant artikuliert, z.B. in Wörtern wie <Wirt, Garten, Ort>, der Einfachheit halber beziehen wir uns hier aber auf eine allgemein anwendbare Regel, die für alle Vorkommen von /ʁ/ in Silbenkodas gültig ist.

Verhärtung bezeichnet. Im Silbenauslaut werden die genannten Phoneme als positionale Allophone [p, t, k, f, s] realisiert.

● **Regel der Auslautverhärtung**

In der Koda gilt: /b, d, g, v, z/ → [p, t, k, f, s]

Lob	[loːp]	aber *loben*	[ˈloːbən]
Lied	[liːt]	aber *Lieder*	[ˈliːdɐ]
Tag	[taːk]	aber *Tage*	[ˈtaːgə]
Motiv	[moˈtiːf]	aber *Motive*	[moˈtiːvə]
Haus	[haʊs]	aber *Häuser*	[ˈhɔʏzɐ]

Im Gegensatz zu den anderen stimmhaften Obstruenten wird /ʁ/ in der Koda nicht verhärtet, sondern zu dem Zentralvokal [ɐ] vokalisiert:

● **Regel der R-Vokalisierung**

In der Koda gilt: /ʁ/ → [ɐ]

Uhr	[ʔuːɐ]	aber *Uhren*	[ˈʔuːʁən]
Tor	[toːɐ]	aber *Tore*	[ˈtoːʁə]

2.3 Wortphonologie: Betonung, Akzentuierung und phonologischer Fuß

Sobald ein Wort aus mehr als einer Silbe besteht, wird die Verteilung prosodischer Prominenz bedeutsam. Prominenz bedeutet das auditive, also hörbare Hervortreten einer Silbe. In diesem Kapitel betrachten wir die phonetischen Merkmale von Silbenprominenz, einige artikulatorische Prozesse, die sich bei der Aussprache von Wörtern ereignen, und die wichtigsten Regeln der deutschen Betonung in einfachen und komplexen Wörtern. Abschließend betrachten wir die Einheit des phonologischen Fußes und seiner möglichen Formen.

2.3.1 Stufen und Merkmale von Prominenz bei Silben

Das Deutsche besitzt ein komplexes Betonungssystem mit verschiedenen Stufen: Silben können unbetont, nebenbetont oder hauptbetont sein. Diesen drei funktionalen lexikalischen Stufen entsprechen auf der Äußerungsebene die Akzentuierungsstufen *kein Akzent*, *Druckakzent* und *Tonakzent* (siehe Abbildung 2.5). Auf der Satzebene wird zusätzlich noch der so genannte Satzakzent berücksichtigt, der auch Nuklearakzent genannt wird. Dieser Begriff bezeichnet den letzten Tonakzent in einem Satz, der innerhalb des Satzes als prominentestes Element wahrgenommen wird (Grice & Baumann 2007).

Phonologisch Betonungsstufen	**Phonetisch Akzenttypen**
unbetont	kein Akzent
Nebenbetonung	Druckakzent
Hauptbetonung	Tonakzent
Satzakzent/Nuklearakzent	Tonakzent

Abb. 2.5: Phonologische und phonetische Abstufung von Silbenprominenz

Den Akzenttypen bei deutschen Silben lassen sich phonetische Merkmale zuordnen, die in Abbildung 2.6 zusammengefasst werden.

Akzenttyp	**Phonetische Merkmale**
kein Akzent	Diese Silben werden recht leise gesprochen, sie enthalten meist reduzierte Vokale wie [ə], die auch komplett getilgt werden können, wie in der zweiten Silbe von *haben* [ˈhaːbm̩].
Druckakzent	Diese Silben sind lauter und länger als unakzentuierte Silben, und sie unterliegen keinen Reduktionsprozessen, wie die zweite Silbe in *Stuhlbein* [ˈʃtuːlˌbaɪn]. Die Nebenbetonung wird durch den tiefgestellten vertikalen Strich vor der Silbe markiert.
Tonakzent	Diese Silben besitzen die gleichen Merkmale wie solche mit Druckakzent, zusätzlich findet auf ihnen eine Tonhöhenbewegung statt, d.h., sie werden mit höherem oder tieferem Stimmton gesprochen als die umgebenden Silben, wodurch sie für Hörer besonders hervorgehoben, also prominent, erscheinen. Ein Beispiel ist die erste Silbe im Wort Ente [ˈʔɛntə]. Der Hauptakzent wird durch den hochgestellten vertikalen Strich markiert.

Abb. 2.6: Phonetische Merkmale der deutschen Akzenttypen

2.3.2 Besonderheiten unbetonter Silben: Vokalreduktion, Schwa-Elision und Nasalassimilation

Die deutsche Sprache legt großen Wert auf eine deutliche auditive Unterscheidbarkeit zwischen betonten und unbetonten Silben. Die grundlegendste Regel für die Betonung von Wörtern ist die so genannte Stammbetonung, d.h., üblicherweise wird der Teil eines Wortes betont, der den lexikalischen Inhalt des Wortes trägt, während die Wortbestandteile, die grammatische Informationen tragen, unbetont sind. Dies erleichtert das schnelle Herausfiltern von Wortbedeutungen beim Hören von Äußerungen. Der große Unterschied in der Lautheit bei betonten und unbetonten Silben ist nur eines der Mittel, die zur besseren Unterscheidbarkeit beitragen. Zusätzlich werden unbetonte Silben in ihrer Länge und der Vokalqualität reduziert.

Vokalreduktion: Während die Vokale in betonten Silben sorgfältig und deutlich artikuliert werden, tendieren Vokale in unbetonten Silben dazu, mit geringerer Genauigkeit bei der Artikulation produziert zu werden. Dies bedeutet, dass die Zunge sich meist nicht bis zum angepeilten Artikulationsort bewegt, sondern die Artikulationsbewegung nur angedeutet wird. Die Bewegungen der Zunge spielen sich also eher im Zentrum des Mundraums ab, statt die äußeren Bereiche wie für /i/, /u/ oder /a/ zu berühren. Der am stärksten zentralisierte, und damit reduzierte, Vokal ist das Schwa /ə/. Dieses finden wir in den meisten grammatischen Silben des Deutschen. Aber auch andere Vokale werden zentralisierter ausgesprochen, wenn sie in unbetonten Silben auftreten.

Schwa-Elision: Eine weitere häufige Reduktionserscheinung in unbetonten Silben ist die Elision (also Tilgung) des Schwa. Diese tritt auf, wenn dem Schwa ein Nasal oder Lateral folgt, wie z.B. in den Wörtern *hatten* oder *Mantel*. Explizitlautlich werden diese Wörter als /ˈhatən/ bzw. /ˈmantəl/ realisiert, tatsächlich werden sie beim normalen Sprechen zu [ˈhatn̩] bzw. [ˈmantl̩] reduziert. Durch die Tilgung des Vokals wird der Nasal oder Lateral silbisch, d.h., er übernimmt die Rolle des Silbenkerns. In der Transkription wird dies, wie schon erwähnt, durch eine kleine vertikale Linie unter dem jeweiligen Konsonantensymbol dargestellt.

Nasal-Assimilation: Wenn durch Schwa-Elision zwei Konsonanten in Kontakt kommen, die nicht am gleichen Artikulationsort gebildet werden, kommt es zur so genannten Assimilation. Dies betrifft hauptsächlich den alveolaren Nasal /n/. Betrachten wir einmal das Wort <haben>: explizitlautlich sprechen wir es wie /ˈhaːbən/ aus, in normaler, nicht hyperartikulierter Sprechweise wird jedoch das Schwa getilgt, was zu der Form [ˈhaːbn̩] führen würde. In dieser Form sind das bilabiale /b/ und das alveolare /n/ direkt benachbart. Wir müssten also, um diese Kombination zu artikulieren, erst einen Verschluss mit beiden Lippen produzieren (/b/) und diesen dann aufsprengen, um den alveolaren Verschluss des /n/ hörbar zu machen. Dies ist artikulatorisch betrachtet nicht sehr ökonomisch. Daher lassen wir den bilabialen Verschluss bestehen und gehen nur von der oralen Artikulation des /b/ zur nasalen Artikulation des /n/ über, und zwar durch Absenken des Velums, wodurch die Luft durch die Nase ausströmt. Das Resultat ist ein bilabialer Nasal, sprich /m/, wodurch unser Beispielwort wie [ˈhaːbm̩] klingt.

Der Begriff Assimilation bedeutet übersetzt „Angleichung". Im Fall der Nasalassimilation gleicht sich der alveolare Nasal /n/ bezüglich seines Artikulationsortes an einen direkt vorausgehenden Konsonanten an, bzw. der vorausgehende Konsonant überträgt seinen Artikulationsort auf /n/ (progressive Assimilation). Dies geschieht regelmäßig in Silben, die auf [-ən] enden und in denen

Schwa-Elision stattfindet. Die Tabelle in Abbildung 2.7 listet alle möglichen Assimilationen des /n/ nach Schwa-Elision auf. Ist der benachbarte Konsonant ebenfalls alveolar, verändert sich der Artikulationsort des /n/ natürlich nicht. Der Vollständigkeit halber werden die Schriftsilben <-den> und <ten> und <-nen> in der Tabelle auch aufgelistet (Schriftsilben vgl. Kapitel 6.2).

Artikulationsort des Nachbar-Konsonants	**Silbe <orthographisch> /phonemisch/ (Explizitlautung)**		**Reduktionsform [phonetisch]**	**Beispielwort <orthographisch> [phonetisch]**	
bilabial	<-ben>	/-bən/	[-bm̩]	<haben>	[ˈhaːbm̩]
	<-pen>	/-pən/	[-pm̩]	<Happen>	[ˈhapm̩]
	<-men>	/-mən/	[-mm̩]	<kommen>	[kɔmm̩]
alveolar	<-den>	/-dən/	[-dn̩]	<Laden>	[ˈlaːdn̩]
	<-ten>	/-tən/	[-tn̩]	<Latten>	[ˈlatn̩]
	<-nen>	/-nən/	[-nn̩]	<kennen>	[kɛnn̩]
velar	<-gen>	/-gən/	[-gŋ̩]	<Lagen>	[ˈlaːgŋ̩]
	<-ken>	/-kən/	[-kŋ̩]	<Laken>	[ˈlaːkŋ̩]
	<-ngen>	/-ŋən/	[-ŋŋ̩]	<singen>	[zɪŋŋ̩]
labiodental	<-ven>	/-vən/	[-vɱ̩[4]]	<Larven>	[ˈlaɐvɱ̩]
	<-fen>	/-fən/	[-fɱ̩]]	<laufen>	[ˈlaʊfɱ̩]

Abb. 2.7: Übersicht zu möglichen Nasalassimilationen [7]

2.3.3 Regeln der Wortbetonung im Deutschen: Haupt- und Nebenbetonung in einfachen und komplexen Wörtern

Grundsätzlich kann jede Silbe akzentuiert werden, z.B. bei Kontrastbetonung „Ich habe seh**en** gesagt, nicht Seh**er**" – dies gilt aber nur für die Ebene konkreter Äußerungen (in strukturalistischer Terminologie die so genannte Ebene der *Parole*). Auf phonologischer Ebene (strukturalistisch: *Langue*) hat aber jedes Wort klar festgelegte Regeln, welche Silben in Wörtern betont werden und wel-

[7] Das Symbol [ɱ] steht für einen labiodentalen Nasal. Dieser Nasal, der mit den Oberzähnen auf der Unterlippe artikuliert wird, tritt im Deutschen nur als positionales Allophon von /n/ in direktem Kontakt mit den labiodentalen Frikativen /f/ und /v/ auf. Ein Beispiel für regressive (also antizipatorische) Assimilation von /n/ zu [ɱ] ist die Aussprache von <Senf> [zɛɱf].

che nicht. Diese Regeln betrachten wir zuerst in ihren grundlegenden Zügen, dann im Überblick.

Jedes Wort besitzt genau eine **Hauptbetonung**. Alle anderen gegebenenfalls vorliegenden Betonungen sind Nebenbetonungen. Handelt es sich um ein Einzellexem, liegt die Hauptbetonung meist auf dem Wortstamm (auch wenn mehrere Affixe angebracht werden):

__LEHR__er – __LEHR__erin – __LEHR__erinnen – ge__LEHRt.__

Besteht ein Wort aus mehreren Lexemen (Kompositum), trägt üblicherweise das Bestimmungswort die Hauptbetonung:

__ZIM__mer – __LEHR__erZIMmer

Nicht alle deutschen Wörter folgen dem Prinzip der Stammbetonung, z.B. *Polizei, Bücherei, ungenau, Urlaub.* Abbildung 2.8 gibt einen Überblick über die verschiedenen Regeln und Ausnahmen bei der Wortbetonung.

Wie weiter oben schon erwähnt wurde, werden Hauptbetonungen durch Tonakzente, **Nebenbetonungen** durch Druckakzente markiert. Wenn Sie die Wörter *Lehrer* und *Zimmer* jeweils isoliert aussprechen, produzieren Sie bei beiden Wörtern jeweils auf der ersten Silbe einen Tonakzent. Verbinden Sie die beiden zum Kompositum *Lehrerzimmer*, werden Sie feststellen, dass sich der Tonakzent auf *Zimmer* in einen Druckakzent verwandelt. Dies liegt daran, dass *Lehrer* im Kompositum das Bestimmungswort ist und daher die Hauptbetonung trägt, wodurch die Betonung in *Zimmer* zur Nebenbetonung degradiert wird.

Die Betonung von Wörtern ist Bestandteil ihrer Aussprache. Daher werden Haupt- und Nebenbetonungen in der IPA-Transkription notiert. **Betonungszeichen** werden vor der entsprechenden betonten Silbe gesetzt, also vor ihrem kompletten Anfangsrand (Onset). Hauptbetonungen werden durch eine hochgestellte vertikale Linie markiert /ˈ/, Nebenbetonungen durch eine tiefgestellte vertikale Linie /ˌ/. Unser Beispielwort <Lehrerzimmer> wird entsprechend als /ˈleːʁɐˌtsɪmɐ/ transkribiert. Hier sind noch ein paar weitere Beispiele:

Buchbestellung	/ˈbuːχbəˌʃtɛlʊŋ/
Geburtstag	/gəˈbuːɐtsˌtaːk/
Liebeskummer	/ˈliːbəsˌkʊmɐ/

■ Übung 24

Transkribieren Sie die folgenden Komposita. Markieren Sie dabei auch Haupt- und Nebenbetonungen.

a) *Freudenfest* b) *Klausurergebnis* c) *Autoreifen*

Eine der grundlegendsten Regeln der deutschen Wortbetonung ist, dass die meisten ursprünglich deutschen Wörter trochäisch sind, z.B. *Nase, Lampe,*

Hase. Auch werden einsilbige Wörter in ihrer Pluralform trochäisch, z.B. *Uhren, Stühle, Bücher.* Weitere Regeln sind in Abbildung 2.8 zusammengefasst.

Regel	Beispiele
1) Der Wortstamm wird betont...	
a. in einfachen (also nicht zusammengesetzten oder mit Präfix versehenen) Wörtern	*lesen, Leben, Blume*
b. in Wörtern mit gebundenem und nicht-selbstständigem Präfix (z.B. ge-, ver-, zer-)	*gelesen, verarbeitet, zerstören*
c. in untrennbaren Verben und Ableitungen daraus	*wiederholen, unterbinden, Wiederholung*
2) Das Präfix wird betont...	
a. in trennbaren Verben und Ableitungen daraus	*wiederholen, aufstehen, Aufstand*
b. in Wörtern mit den Präfixen un- und ur-	*ungenau, Urlaub*
3) Das letzte Suffix wird betont...	
a. in Wörtern, die auf -ei enden (aber keine Komposita mit dem Grundwort „Ei" sind)	*Bücherei, Polizei, Bäckerei*
b. in Fremdwörtern, die auf -ion, -ant, -enz, -anz, -ie, -ik etc. enden	*Station, Informant, Intelligenz, Bilanz, Chemie, Musik*
c. in Buchstabenwörtern	*ABC, HIV, ZDF*
4) In Komposita...	
a. wird die erste Konstituente hauptbetont, wenn sie die zweite Konstituente näher bestimmt (Determinativkomposita)	*Möbelhaus, Teetasse*
b. wird die zweite Konstituente hauptbetont, wenn die Konstituenten inhaltlich gleichwertig sind (Kopulativkomposita)	*blaurot, schwarzweiß*

Abb. 2.8: Wortbetonungsregeln des Standarddeutschen

2.3.4 Phonologischer Fuß

Silben sind die kleinsten rhythmischen Einheiten der Sprache. Die nächsthöhere rhythmische Einheit heißt **Phonologischer Fuß.** Sie besteht aus genau einer betonten Silbe in Kombination mit einer oder mehreren unbetonten Silben, die zusammen festgelegte Betonungsmuster ergeben. Sprachen bevorzugen häufig eine bestimmte Fußstruktur für ihre Wörter. Im Deutschen finden wir beispielsweise die Tendenz, dass Wörter aus einer Abfolge von einer betonten und einer unbetonten Silbe bestehen. Dieses Betonungsmuster wird, wie schon erwähnt, **Trochäus** genannt und trifft auf Wörter wie *Auge, Nase, Lampe, Tasche, lesen, gehen* etc. zu. Einsilbige Wörter werden durch das Anhängen von Flexionsendungen wiederum trochäisch: *Stühle, Beine, blaue, rote* etc.

Folgende Fußstrukturen sind im Deutschen vertreten (die Betonungsstruktur ist durch dicke Punkte für betonte und kleine Punkte für unbetonte Silben visualisiert):

Trochäus:	betont, unbetont	•·	→ *Tasche, Lampe*
Iambus:	unbetont, betont	·•	→ *Klavier, Physik*
Daktylus:	betont, unbetont, unbetont	•··	→ *Ananas, Lehrerin*
Anapäst:	unbetont, unbetont, betont	··•	→ *Krokodil, Polizei*
Amphibrach:	unbetont, betont, unbetont	·•·	→*Melone, Banane*

■ Übung 25

Kreuzen Sie den richtigen Fuß an.

Trochäus	Iambus	Daktylus	Anapäst	Amphibrach
Kamera				
Transkription				
Vokale				
Ofen				
Chemie				
Iambus				
Bäckerei				
Figur				
Zitrone				

Der phonologische Fuß (φ) steht hierarchisch über der Ebene der Silben (σ), aus denen er sich zusammensetzt. Entsprechend wird in der Baumstruktur der Fuß als höchster Knoten angesetzt (siehe Abbildung 2.9).

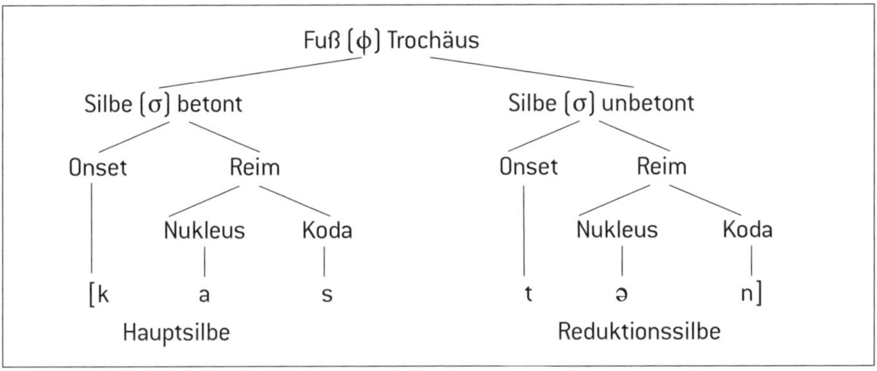

Abb. 2.9: Hierarchische Struktur des Wortes *Kasten*

■ Übung 26

Stellen Sie die folgenden Wörter hierarchisch (als Baumstruktur) dar.

a) *Mandel* b) *Planet* c) *Melone* d) *Bäckerei*

2.4 Satzphonologie

Wir begeben uns nun auf die Satzebene und betrachten die wichtigsten Regeln für die Platzierung des Satzakzents, für dessen Verschiebung bei Sätzen mit Fokus auf einem bestimmten Wort, für die Betonung innerhalb von Phrasen, für die Intonation verschiedener Satzarten und zuletzt die Regeln des deutschen Rhythmus.

2.4.1 Satzakzent

Im vorigen Kapitel haben wir festgestellt, dass jedes deutsche Wort, egal ob einfach oder zusammengesetzt, immer nur genau eine Hauptbetonung enthält. Das Gleiche gilt für Sätze: auch hier gibt es genau ein Element, das prominenter ist als alle anderen betonten Elemente. Diese Hauptprominenz im Satz heißt **Satzakzent** oder auch Nuklearakzent. Phonetisch betrachtet handelt es sich um den letzten Tonakzent im Satz. Nach dem Satzakzent können nur noch unbetonte oder durch Druckakzent betonte Silben vorkommen.

Wir betrachten nun zuerst die Platzierung des Satzakzents in neutralen, also nicht fokussierten Aussagen. Hier sind einige Beispielsätze, in denen das Wort, das den Satzakzent trägt, durch Großbuchstaben markiert ist.

a. *Andrea isst sehr gerne PIZza.*
b. *Erik isst gerne Pizza mit THUNfisch.*
c. *Peter lehnt Pizza generell AB.*

Wir sehen, dass jeweils das letzte Element im Satz den Satzakzent trägt. Doch dies ist nicht immer der Fall:
d. *Lisa hat gestern Pizza mit THUNfisch gegessen.*

In Satz d. trägt nicht das infinite Verb den Satzakzent, sondern das letzte Nomen. Die Regel für die Platzierung des Satzakzents in neutralen Sätzen können wir wie folgt aufstellen:

● Regel für die Platzierung des Satzakzents

In neutralen Sätzen erhält das letzte Element den Satzakzent, es sei denn, es handelt sich um ein infinites Verb.

Diese Regel gilt für einfache Sätze. In Satzgefügen, die mehrere finite (also flektierte) Verben enthalten, besitzt jeder Teilsatz seinen eigenen Satzakzent.

2.4.2 Fokus

Liegt für einen Satz eine Fokuskondition vor, kann der Satzakzent auf ein anderes Element verschoben werden. Trotzdem bleibt der Satzakzent der letzte Tonakzent im Satz; liegt er also am Anfang des Satzes, werden alle Betonungen nachfolgender Wörter zu Nebenakzenten degradiert. Diesen Prozess nennt man Deakzentuierung. **Fokusakzentuierung** wird im Deutschen für unterschiedliche Funktionen eingesetzt:

Korrektiver Fokus: Wenn wir eine zuvor geäußerte Aussage korrigieren, verschieben wir den Hauptakzent des Satzes auf das Element, das korrigiert wird.

Beispiele

Anna hat sich gestern ein Fahrrad gekauft.
Nein, PƐtra hat sich gestern ein Fahrrad gekauft.
Nein, Anna hat MARkus gestern ein Fahrrad gekauft.
Nein, Anna hat sich VORgestern ein Fahrrad gekauft.
Nein, Anna hat sich gestern ein AUto gekauft.
Nein, Anna hat sich gestern ein Fahrrad geLIƐhen.

Enger Fokus bei Antworten auf fokussierte Fragen: Wenn wir nach einer bestimmten Information gefragt werden, heben wir in unserer Antwort die erfragte Information hervor.

Beispiel

Wer hat sich gestern ein Fahrrad gekauft? – ANna hat sich gestern ein Fahrrad gekauft.

Emphatischer bzw. affektiver Fokus: In emphatischen bzw. affektiv geprägten Äußerungen werden Elemente akzentuiert, die üblicherweise nicht akzentuiert werden, wie zum Beispiel Funktionswörter wie Artikel und Konjunktionen. Diese Art von Fokusakzent zeichnet sich durch starke Tonhöhenbewegungen auf den Akzentsilben aus und ist besonders bei emotionaler Sprechweise zu finden.

Beispiele

Das IST aber auch ein lieber Kerl.
Das ist DER Knaller schlechthin.
Ich habe geputzt UND gekocht UND abgespült, und was hast DU gemacht?

2.4.3 Betonung in Phrasen und Informationsstruktur

Neben den verschiedenen Fokuskonditionen ist die Betonung von Phrasen (also Wortgruppen innerhalb von Sätzen) abhängig vom Status der vorhandenen Informationen. Informationen, die vorher schon einmal erwähnt wurden, werden als gegebene Informationen bezeichnet, während alle im Kontext noch nicht aufgetretenen Informationen neu sind. Neue Informationen sind kommunikativ wichtiger und werden daher hervorgehoben, gegebene Informationen werden deakzentuiert. Betrachten wir einige Beispiele, um dies klarer zu machen.

Beispiel

a. *Herr Müller betritt das WOHNzimmer. Das FENSter des Wohnzimmers ist geöffnet.*

In Beispiel a. liegt der Satzakzent im ersten Satz auf Wohnzimmer. Im folgenden Satz ist die Information *Wohnzimmer* nicht mehr neu, sondern gegeben und wird deshalb nicht wieder betont. Die Information *Fenster* ist hingegen neu und wird entsprechend betont.

Beispiele

b. *Frau Busch hat eine KLEIne Tochter und eine GROße Tochter.*
c. *Frau Busch hat eine kleine TOCHter und einen kleinen SOHN.*

Die Beispiele b. und c. zeigen, dass in koordinierten Nominalphrasen (Artikel + Adjektiv + Nomen) diejenigen Wörter betont werden, in denen sich die Phrasen unterscheiden. In b. ist dies das Adjektiv, denn das Nomen ist in beiden Phrasen gleich. In c. ist das Adjektiv gleich und die Phrasen unterscheiden sich durch die Nomen *Tochter* und *Sohn*, die entsprechend durch Betonung hervorgehoben werden.

2.4.4 Intonation

Der Begriff Intonation bezeichnet die Sprechmelodie, also den Tonhöhenverlauf während einer Äußerung. Die Funktionen von Intonation sind hauptsächlich syntaktischer und pragmatischer Natur. Die syntaktischen Funktionen betrachten wir im Folgenden genauer. Unter pragmatischen Funktionen sind beispielsweise Variationen der Sprechmelodie zum Ausdruck von Ironie, Freude oder Höflichkeit zu verstehen.

Durch Intonation gliedern wir einerseits Sätze in Phrasen, wie zum Beispiel bei Auflistungen, die wir durch mehrere jeweils leicht steigende Intonationskonturen und gegebenenfalls auch Pausen auditiv strukturieren:

Beispiel

Ich habe ein Auto ↗, ein Fahrrad ↗, ein Skateboard ↗ und ein Tandem ↘.

Andererseits ist Intonation auch Bestandteil der Markierung von Satzmodus, z.B. Fragen und Aussagen. Abbildung 2.10 fasst die wichtigsten Intonationskonturen und ihre syntaktischen Funktionen im Deutschen zusammen. Es handelt sich hierbei um standarddeutsche Intonation, die in den verschiedenen Regionen Deutschlands jedoch stark variiert.

Funktion	Beschreibung der Kontur	Beispiel
Aussagesatz	Fallende Kontur: Die Tonhöhe bleibt bis zum Satzakzent relativ konstant mittelhoch und fällt dann zum Ende stark ab.	 *Peter hat ein HAUS.*
Entscheidungs-frage	Steigende Kontur: Die Tonhöhe ist bis zum Satzakzent relativ konstant tief und steigt dann steil an.	 *Hat Peter ein HAUS?*
W-Frage	Steigend-fallende Kontur: Die Tonhöhe steigt auf dem Verb an und fällt dann wieder ab.	 *Wo WOHNT Peter?*
Entweder-oder-Frage	Hutkontur: die Tonhöhe steigt auf dem Element vor „oder" an, bleibt dann konstant hoch und fällt auf dem Element nach „oder"ab.	 In MÜNchen oder in KÖLN?

Abb. 2.10: Funktionen und Formen deutscher Intonationskonturen

2.4.5 Rhythmus

Der Begriff Rhythmus bezeichnet die regelhafte Abfolge betonter und unbetonter Silben in Äußerungen. Hierbei gibt es grundsätzlich zwei Typen von Sprachrhythmus, die sich jedoch in zahlreiche Abstufungen und Untertypen aufteilen lassen. Der eine Typus orientiert sich an der Silbe als grundlegender rhythmischer Einheit. In solchen Sprachen, zu denen beispielsweise Italienisch und Französisch gehören, wird Wert auf eine ausgeglichene Silbenlänge gelegt, das heißt, alle Silben sind tendenziell gleich lang. Bei diesem Rhythmustyp, der auch als **silbenzählend** bezeichnet wird, sind Reduktionsprozesse in unbetonten Silben unüblich. Deutsch gehört einem anderen Rhythmustyp an, der oft als **akzentzählend** bezeichnet wird. Hier steht die Akzentgruppe als rhythmische Einheit im Vordergrund, und die Akzentgruppen sind tendenziell gleich lang, unabhängig von der Anzahl der beteiligten Silben. Dies betrachten wir nun im Detail.

In deutschen Äußerungen fallen Akzente in tendenziell gleichen zeitlichen Abständen. Wir visualisieren die Akzente durch Kreuze (x), die gleichbleibenden zeitlichen Abstände durch gleiche räumliche Abstände:

x	x	x

Die Akzente können aber nicht auf beliebige Silben fallen, sondern nur auf solche, die auch auf der Wortebene betont sind. Dabei handelt es sich im Normalfall um inhaltstragende Silben, während grammatische Silben und Funktionswörter wie Artikel oder Präpositionen nicht betont werden. In einem Satz wie *Die Lehrer haben gearbeitet* finden sich drei Inhaltswörter: *Lehrer, haben, gearbeitet.* In diesen Wörtern ist jeweils diejenige Silbe betont, die den Inhalt des Wortes trägt (Wortstamm), nämlich: *LEH-, HA-, -AR-*. Auf diese Silben fallen in der Gesamtäußerung unsere oben visualisierten Akzente, während alle unbetonten Silben zwischen diesen fest an die Akzente angedockten Inhaltssilben untergebracht werden müssen:

x	x	x
die LEHrer	HAben	geARbeitet

Nehmen wir nun einmal an, dass wir nicht die männliche Form *Lehrer*, sondern die weibliche Form *Lehrerinnen* im gegebenen Satz verwenden wollen. Wir müssen in diesem Fall der Äußerung zwei Silben hinzufügen, nämlich *-in* und *-(n)en*:

x	x	x
die LEHrerinnen	HAben	geARbeitet

In der visuellen Darstellung sehen wir, dass sich die Länge der Gesamtäußerung nicht verändert, da die beiden zusätzlichen Silben zwischen die beiden Akzentsilben gequetscht werden. Ähnlich funktioniert es in der gesprochenen Sprache:

Beide Sätze bleiben in ihrer Dauer gleich lang, da die zusätzlich im zweiten Satz eingefügten Silben einfach zeitlich verkürzt, also schneller gesprochen werden, wodurch die nächste Inhaltssilbe HA- pünktlich zum nächsten Akzentschlag fallen kann. Die zeitliche Dauer deutscher Sätze hängt also, im Gegensatz zu silbenzählenden Sprachen, nicht von der Anzahl geäußerter Silben ab, sondern von der Anzahl der vorkommenden Inhaltssilben, die wiederum die Anzahl der Akzente bestimmt.

Literatur

Hall, T.A. (2011). Phonologie: eine Einführung (2. Auflage). Berlin: Walter de Gruyter. *Standardwerk zur Phonologie, das auch sprachübergreifend arbeitet und Gemeinsamkeiten und Unterschiede phonologischer Systeme berücksichtigt.*

Maas, U. (2006). Phonologie. Einführung in die funktionale Phonetik des Deutschen (2. Auflage). Göttingen: Vandenhoeck & Ruprecht. *Sehr verständliche Darstellung der deutschen Phonetik und Phonologie, die insbesondere gängige Diskussionen in der Forschung aufgreift und kommentiert.*

Noack, Ch. (2010). Phonologie (Kurze Einführung in die germanistische Linguistik). Heidelberg: Winter. *Besonders für Anfänger geeignete Einführung in phonologische Grundlagen, mit Bezug zum Schriftspracherwerb.*

Wiese, R. (2011). Phonetik und Phonologie. Paderborn: Fink. *Gute Einführung in die Phonetik und Phonologie, insbesondere die Darstellungen zur Silbenphonologie.*

3. Lautspracherwerb

In diesem Kapitel beschäftigen wir uns mit dem Erwerb der deutschen Lautsprache. Die Erwerbssituation, also ob eine Sprache die erste erworbene Sprache (Erstsprache) ist, ob zwei Sprachen gleichzeitig im Kindesalter erworben werden (Bilingualismus) oder ob es sich um eine später erworbene weitere Sprache (Zweit- oder Fremdsprache) handelt, hat einen starken Einfluss auf die Kompetenz in der oder den betreffenden Sprachen. Die verschiedenen Erwerbssituationen werden im Folgenden kurz beschrieben.

Als **Erstspracherwerb** bezeichnen wir die natürliche und ungesteuerte Aneignung der Sprache, die in der Umgebung eines Kindes gesprochen wird. Der erstsprachliche Erwerb der Lautsprache erfolgt in Phasen, die chronologisch ablaufen und vor allem von der motorischen Entwicklung (also der sich entwickelnden Kontrolle des Kindes über seinen Artikulationsapparat) beeinflusst werden. Nicht immer verläuft der Lautspracherwerb ungestört, beispielsweise wenn sensorische Beeinträchtigungen wie Gehörlosigkeit, motorische, anatomische oder kognitive Beeinträchtigungen vorliegen. Die Phasen des erstsprachlichen Lautspracherwerbs sowie die wichtigsten möglichen Beeinträchtigungen und Sprechstörungen werden in Kapitel 3.1. und 3.2.4 behandelt.

Beim **bilingualen Erstspracherwerb** handelt es sich um die natürliche und ungesteuerte Aneignung zweier in der Umgebung gesprochener Sprachen. Voraussetzung ist, dass beide Sprachen als permanenter Input vorliegen und der Kontakt mit beiden Sprachen innerhalb der ersten zwei bis drei Lebensjahre, also im Zeitfenster des natürlichen Erstspracherwerbs, stattfindet. Typische Szenarien des bilingualen Erwerbs sind die Aufteilung der Sprachen auf zwei Elternteile oder die Unterteilung in eine Familiensprache und eine Umgebungssprache. Im ersten Fall spricht beispielsweise die Mutter stets Deutsch mit dem Kind, der Vater hingegen ausschließlich Französisch. Im zweiten Fall könnte die Sprache innerhalb der Familie Französisch sein, während das Kind außerhalb der Familie Deutsch als Umgebungssprache vorfindet.

Findet der Kontakt mit der zweiten Sprache erst im Alter von drei bis fünf Jahren statt, sprechen wir von **frühem Zweitspracherwerb**. Auch dieser läuft noch natürlich ab, also ohne dass der Erwerb durch Anleitung und explizite Übungen unterstützt werden muss, da das Kind sich immer noch in der Phase des Erstspracherwerbs befindet.

In der Spracherwerbsforschung unterscheidet man zwischen Fremd – und Zweitsprache, obwohl oft das Kürzel L2 für beide Begriffe verwendet wird. Die Unterscheidung zwischen Fremd- und Zweitsprache wird auf Basis verschiedener Parameter definiert, hauptsächlich der kommunikativen Funktion der L2, dem Lernort und dem Grad der Steuerung des Lernens durch institutionelle Vorgaben.

Der Unterschied zwischen **Zweit- und Fremdsprache** besteht unter anderem darin, ob die L2 ein unverzichtbares Kommunikationsmittel in einer bestimmten Gesellschaft ist (Edmondson und House 2006: 9). Wenn die L2 die Kommunikationssprache für Lerner ist, ohne die sie in der betreffenden Gesellschaft im Alltag nicht zurechtkommen können, handelt es sich um Zweitsprache und Zweitspracherwerb. Eine Fremdsprache wird hingegen nur in bestimmten Situationen verwendet, beispielsweise im Fremdsprachenunterricht oder zur Verständigung während eines Urlaubsaufenthalts.

Bezüglich des Lernortes gilt eine L2 als Zweitsprache, wenn der Erwerb innerhalb der Zielkultur stattfindet (wenn also Deutsch in Deutschland oder anderen deutschsprachigen Regionen erworben wird) und als Fremdsprache, wenn der Erwerb außerhalb der Zielkultur geschieht, beispielsweise an einer Schule in Spanien (Henrici und Vollmer 2001: 8).

Der engere Kontext der Sprachaneignung wird häufig mit den Parametern „institutionell gesteuertes Lernen" (für die Fremdsprache) und „natürlicher ungesteuerter Erwerb" (für die Zweitsprache) beschrieben[8]. Eine Fremdsprache wird üblicherweise in einer Institution (Schule, Sprachlernzentrum, privater Sprachkurs) außerhalb des Sprachverwendungsraums gelernt und dabei von einer Lehrperson vermittelt. Der Kontakt mit der Sprache ist ebenso wie ihre Verwendung auf wenige Stunden pro Woche beschränkt und findet meist nur mit anderen Sprachlernern innerhalb des Klassenraums statt. Kontakt mit Muttersprachlern kommt im alltäglichen Leben eher selten vor, weswegen der Sprachinput durch kompetente Sprecher gering ist. Der Zweitspracherwerb hingegen findet normalerweise im Zielland statt, was zu täglichem Kontakt mit Muttersprachlern in lebensbezogenen Situationen und damit zu großem Sprachinput und -output führt. Für den Lautspracherwerb spielen ein hoher Kontakt mit Muttersprachlern und die Unterstützung durch Wahrnehmungs- und Aussprechübungen eine wichtige Rolle.

3.1 Lautspracherwerb in der Erstsprache: Grundprinzipien

Betrachten wir nun den Erwerb des erstsprachlichen Lautsystems. Dieser ist umfassend erforscht und für viele Sprachen beschrieben. Wir gehen im Folgenden auf den ungestörten Spracherwerb ein, bei dem alle gesundheitlichen, anatomischen und Umgebungsvoraussetzungen erfüllt sind.

[8] Diese Szenarien sind eher schematisch zu verstehen, da es auch Mischformen gibt, in denen gleichzeitig gesteuertes Lernen und ungesteuerter Erwerb stattfinden, beispielsweise wenn eine Familie in ein anderes Land zieht und in der Schule bzw. im Sprachkurs gesteuertes Lernen und im Alltag ungesteuerter Erwerb abläuft.

Schon direkt nach der Geburt geben Babys erste Laute von sich. Diese sind aber noch keine Sprachlaute, auch wenn sie in zunehmendem Maße kommunikative Funktion haben. Sprachlaute im tatsächlichen Wortsinn sind nur solche Laute, die sinntragende Wörter einer Sprache repräsentieren und die Bedeutung von Wörtern unterscheiden sollen (Phoneme). Es kommt also vor, dass Babys Laute produzieren, die in der Sprache der Umgebung als Sprachlaute vorkommen, z.B. [b]. Zuerst handelt es sich aber nur um Artikulationsbewegungen, die das Baby zufällig oder in Imitation der Sprechbewegungen von Bezugspersonen durchführt, ohne eine Wortbedeutung erzeugen zu wollen. Die häufigsten ersten Silbenproduktionen, nämlich [mama] und [papa] werden von Eltern gerne als Bezeichnungen für die Personen „Mama" und „Papa" interpretiert, tatsächlich produziert das Kind jedoch nur Schließ- und Öffnungsbewegungen, ohne diese gezielt als sinntragende Wörter einzusetzen.

Die Erstspracherwerbsforschung beschreibt vier Phasen der Lautsprachentwicklung vom ersten Schrei bis zum Auftreten der ersten tatsächlichen Sprachlaute, wobei die dritte Phase, das Verstummen, nicht bei allen Kindern belegt ist.

● Die vier Phasen der Lautsprachentwicklung

1. Frühste Phase/Gurren: Lautproduktion in Rückenlage, v.a. gutturale Laute
2. Lallphase: Experimentieren mit dem Sprechapparat, Produktion aller physisch möglichen Laute, ohne erkennbare Reihenfolge im Auftreten. Allerdings zeigen Untersuchungen, dass bestimmte Laute (nämlich die der Umgebungssprache) schon häufiger auftreten als andere. Produktion erster Silben.
3. Verstummen: Manche Kinder verstummen für eine gewisse Zeit. Bei diesen Kindern scheint in dieser Phase die Ausdifferenzierung des zielsprachlichen Systems (also eines Phonemsystems) vor sich zu gehen.
4. Spracherwerb: Verwendung von Sprachlauten

3.1.1 Früheste Phase

Schon bei der Geburt sind Kinder in der Lage, sprachliche von nichtsprachlichen Lauten zu unterscheiden. Erkennbar ist dies daran, dass sie auf sprachliche Laute anders reagieren als auf Umgebungsgeräusche. Die Stimme der Mutter erkennen sie innerhalb weniger Wochen und reagieren auf sie. Die Fähigkeit, Sprachlaute auditiv zu unterscheiden, ist bereits nach einem Monat nachweisbar, beispielsweise durch Saugexperimente, bei denen die Frequenz von Saugbewegungen gemessen wird, während die kleinen Probanden mit gleichbleibenden Silben beschallt werden. Babys ändern die Saugfrequenz (saugen schneller), wenn sie einem neuen Stimulus ausgesetzt sind, beispielsweise wenn nach einer langen Reihe von [ba]-Silben die Silbe [pa] vorgespielt wird. Dies zeigt, dass der Unterschied zwischen [b] und [p] offenbar wahrgenommen wird. Ebenso ist erwiesen, dass die Perzeption von Vokalen schon kurz nach der

Geburt durch die im Mutterleib wahrgenommene Umgebungssprache beeinflusst ist. So reagieren schwedische und amerikanisch-englische Babys eindeutig stärker auf Vokale, die nur in ihrer jeweiligen Muttersprache vorkommen, als auf solche einer anderen Sprache (Moon, Lagercrantz & Kuhl 2013). Dies bedeutet aber noch nicht, dass eine Fähigkeit zur Unterscheidung von bedeutungstragenden Wörtern in dieser Phase vorliegt, sondern nur die Fähigkeit, akustische Signale als gleich oder unterschiedlich wahrzunehmen.

In dieser Phase produzieren Babys noch nicht viele unterschiedlich klingende Laute. Dies liegt vor allem daran, dass der Kehlkopf in den ersten Lebenswochen noch weit oben im Hals sitzt, um gleichzeitiges Saugen und Atmen zu ermöglichen. Dadurch liegt auch die Zunge weiter vorne im Mund und füllt die Mundhöhle weitgehend aus, wodurch die Bewegungsfreiheit der Zunge und der anderen Artikulationsorgane stark eingeschränkt ist. Neben Schreien bei weit geöffnetem Mund und Brummen mit den Lippen produzieren Babys folglich vor allem Gurrlaute, die im hinteren Mundbereich entstehen (gutturale Laute). Erst später senkt sich der Kehlkopf ab, die Mundhöhle wird offener und die Artikulatoren können sich frei bewegen.

3.1.2 Lallen/Babbeln

Ungefähr ab dem sechsten Lebensmonat erfolgt die Aktivierung des Artikulationsapparates, unabhängig von der Hörfähigkeit des Kindes, d.h. auch bei gehörlosen Kindern findet diese Phase statt. Das Kind probiert nun seinen Artikulationsapparat aus und bewegt Lippen, Zunge und den weichen Gaumen in alle möglichen Richtungen und Positionen, wodurch alle möglichen Laute entstehen. Es dabei jedoch zu beobachten, dass in der Fülle der Lautproduktionen manche Laute besonders häufig vorkommen. Das Kind beginnt nun auch, erste Silben zu bilden, indem es Konsonanten im vorderen Mundraum, vor allem [p, b, t, d, m, n, s, z], mit Vokalen kombiniert. Die Silben werden häufig wiederholt, z.B. [mamamamama]. Das Babbeln nimmt an Häufigkeit zu, bis dann ca. im zwölften Lebensmonat das erste Wort geäußert wird.

3.1.3 Verstummen

Einige Kinder verstummen nach der Lallphase für eine gewisse Zeit, bis dann die ersten sinntragenden Lautäußerungen auftreten.

3.1.4 Spracherwerb

Mit Auftreten der ersten Wörter ist klar, dass das Kind Laute nun nicht mehr nur im phonetischen, sondern in phonologischem Sinne verwendet. In der Phonologieerwerbsforschung wird zwischen phonetischem und phonemischem Erwerb unterschieden. **Phonetischer Erwerb** liegt vor, wenn ein Kind einen Laut artikulatorisch korrekt produzieren kann, unabhängig von Position im Wort bzw. seiner phonologischen Funktion, egal ob im Kontext oder isoliert. Das phonetische Lautinventar eines Kindes besteht demnach aus allen Lauten, die bei seinen Lautäußerungen zu hören sind. **Phonemischer Erwerb** bedeutet, dass ein Kind einen Laut in den richtigen phonologischen Kontexten artikulatorisch von anderen Lauten der Sprache unterscheidet. Das Phoneminventar eines Kindes besteht demnach aus allen Lauten, die das Kind mit hoher Sicherheit in den richtigen Positionen im sprachlichen System verwendet.

Hierbei ist grundsätzlich zu bedenken, dass die hörbare Sprache des Kindes uns nicht wirklich genau Auskunft gibt über die erworbenen Kontraste in Rezeption und auch Produktion von Lauten. Dass Kinder Kontraste zwischen Lauten längst wahrnehmen, bevor sie sie produzieren, haben wir schon festgestellt. Experimente mit bildgebenden Verfahren zur Untersuchung von Artikulationsbewegungen (z.B. Elektropalatographie oder MRT) haben gezeigt, dass Kinder Kontraste auch schon produzieren, bevor dies hörbar wird. Betrachten wir beispielsweise das bei Kindern häufig auftretende Phänomen, dass das Phonem /k/ in der kindlichen Aussprache wie /t/ und ein Wort wie „Käfer“ eher wie „Täfer“ klingt. Phonologische Darstellungen des Lautspracherwerbs sprechen hier von Phonemsubstitution, d.h., das Kind ersetzt das Phonem /k/ durch das Phonem /t/. Studien mit dem Elektropalatographen, der den Kontakt zwischen der Zunge und dem Gaumen misst, haben jedoch gezeigt, dass artikulatorisch ein systematischer Unterschied zwischen einem intendierten /k/ und einem intendierten /t/ besteht. In Wortpaaren wie „Kasse – Tasse“, die von Kindern nach Zeigen von entsprechenden Bildern geäußert werden, ist zu erkennen, dass bei der Artikulation von /t/ nur ein alveolarer Verschluss (also mit der Zungenspitze am Zahndamm) vorliegt, während beim /k/ zusätzlich noch Kontakt des Zungenrückens am weichen Gaumen besteht. Da der alveolare Verschluss weiter vorne im Mund liegt, überdeckt er den Hinterzungenverschluss und wir hören /t/ statt /k/. Das Kind macht also bei der Artikulation bereits einen Unterschied zwischen /k/ und /t/, aber dieser wird nicht hörbar, weil das Kind motorisch noch nicht in der Lage ist, den alveolaren Verschluss beim /k/ zu vermeiden. Solche so genannten verdeckten Kontraste sind für zahlreiche Substitutionsphänomene beim Lautspracherwerb erforscht. Dies sollte bei der Darstellung solcher Phänomene stets bedacht werden.

3.2 Erwerbsabläufe im erstsprachlichen Lautspracherwerb

Die Reihenfolge, in der die Phoneme von Sprachen erworben werden, war schon immer von besonderem Interesse für Forscher. Durch intensive Dokumentationen und den Vergleich von Erwerbsabfolgen in verschiedenen Sprachen konnten einige universelle Erwerbsstrategien festgestellt werden.

Dazu gehört, dass die ersten Silben, die ungefähr im siebten Lebensmonat auftreten, in ihrem Aufbau den Erwerb der **größtmöglichen Opposition** (Jakobson 1969) wiederspiegeln, nämlich den Unterschied zwischen einem komplett geschlossenen Vokaltrakt, wie bei den bilabialen Konsonanten /p, b, m/, und der größtmöglichen Öffnung, also dem Vokal /a/. Diese Erwerbsuniversalie erklärt, warum alle Kinder, egal welche Erstsprache sie lernen, zuerst [mama], [papa] oder [baba] artikulieren.

Der Erwerb grundlegender bis hin zu feineren phonologischen Oppositionen ist auch in der weiteren Entwicklung des Lautsystems zu beobachten.

3.2.1 Entwicklung des Konsonantensystems

Beim Erwerb des deutschen Konsonantensystems müssen Kinder verschiedene Artikulationsarten, Artikulationsorte sowie Merkmale wie Stimmhaftigkeit und Aspiration (letztere bei Plosiven) ausdifferenzieren. Stimmhafte oder aspirierte Konsonanten sind dabei komplexer in ihrer Artikulation als stimmlose und unaspirierte Konsonanten, da das Schwingen der Stimmlippen zeitlich mit den anderen, im Artikulationstrakt ablaufenden Bewegungen koordiniert werden muss. So besteht der Unterschied zwischen /s/ und /z/ darin, dass beim stimmhaften /z/ zusätzlich während der Verengung zwischen Zungenspitze und Zahndamm die Glottis verengt werden muss, um Stimmton zu erzeugen. Aspiration, die bei /p, t, k/ im Deutschen das Hauptunterscheidungsmerkmal zu /b, d, g/ darstellt, beinhaltet ebenfalls eine zeitlich zu koordinierende Bewegung der Glottis, nämlich eine zeitlich spät angelegte Öffnung der Glottis, wodurch die Stimmlippenschwingung erst im ersten Teil des folgenden Vokals einsetzt und nach dem Plosiv eine stimmlose, behauchte Phase auftritt (Aspiration).

Ausdifferenzierung der Artikulationsarten

Kinder erwerben zuerst den Unterschied zwischen oraler und nasaler Artikulation, wobei tendenziell zuerst Plosive und Nasale auftreten. Die Silbenfolgen [mama] und [papa] spiegeln den Erwerb der Opposition nasal-oral wider. Der Erwerb der Frikative beginnt meist später als der Erwerb von Plosiven und Nasalen, erst viel später werden Laterale (/l/), Approximanten (/j/) und Affrikaten (/pf, ts/) erworben. Häufig sind bei der Produktion komplexer Konsonanten anfänglich artikulatorische Vereinfachungen festzustellen. Die stimmlosen Plosive /p, t, k/ werden zuerst unaspiriert artikuliert, Affrikaten werden zu Frikativen vereinfacht, z.B. [f] statt /pf/.

● Ausdifferenzierung der Artikulationsarten

Plosive > Nasale > Frikative > Laterale > Approximanten > Affrikaten

Ausdifferenzierung der Artikulationsorte

Alle Artikulationsorgane, wie Zunge, Lippen, Gaumen, sind primär Organe zur Nahrungsaufnahme. Durch das Saugen in den ersten Lebensmonaten haben

Kinder vor allem über ihre Lippen und die Zungenspitze eine gut ausgeprägte motorische Kontrolle, während dies beim Zungenrücken nicht der Fall ist. Entsprechend beginnt die Ausdifferenzierung der Artikulationsorte im vorderen Mundbereich. Zuerst erfolgt der Erwerb der Opposition labial – dental/alveolar, wie in [papa] – [tata], [mama] – [nana]. Das Kind differenziert also zuerst zwischen Konsonanten, die mit den Lippen gebildet werden, und solchen, die mit der Zungenspitze gebildet werden. Erst Monate später (vgl. Abbildung 3.1) wird der velare Artikulationsort (/k, g, ŋ/) erschlossen, der eine Bewegung des hinteren Zungenrückens beinhaltet, ebenso wie die uvularen Konsonanten /ʁ, χ/. Später erlangt das Kind Kontrolle über den mittleren Zungenrücken und artikuliert palatale Konsonanten (/j, ç/). Die Artikulation des /ʃ/ erfordert recht differenzierte Artikulationsbewegungen, da die Zungenspitze hier leicht zurückgezogen werden muss für die post-alveolare Artikulation, während gleichzeitig die Lippen vorgestülpt werden. Entsprechend wird dieser artikulatorisch komplexeste Konsonant des Deutschen zuletzt erworben.

Wie Abbildung 3.1 zeigt, verläuft die Ausdifferenzierung des Konsonantensystems über mehrere Jahre hinweg, in denen Kinder aber natürlich schon sprechen und dabei Wörter verwenden, in denen alle deutschen Konsonanten vorkommen. Am Anfang kommt es daher zuerst zu zahlreichen Fehlartikulationen, wie z.B. einer (scheinbaren) Ersetzung von hinteren Konsonanten durch vordere („Täfer“ statt „Käfer“) oder Problemen bei der Artikulation der Sibilanten /s, z, ʃ/. Es ist, wie oben erwähnt, zu beachten, dass Kinder sehr wohl artikulatorische Unterschiede zwischen den betreffenden Phonemen machen, also nicht etwa Phoneme füreinander substituieren sondern diese Phoneme längst artikulatorisch differenzieren. Die artikulatorischen Unterschiede sind einfach auditiv zu klein, um von Erwachsenen Sprechern wahrgenommen zu werden. Dass Kinder diese Unterschiede bewusst produzieren, wird beispielsweise durch eine bekannte von Berko und Brown (1960) berichtete Anekdote deutlich: Ein englischsprachiges Kind bezeichnete seinen aufblasbaren Gummifisch als [fɪs], und auf die Frage „Is this your fish [fɪʃ]?“ antwortete es „Yes, my [fɪs]“. Auf die Rückfrage „Is this your [fɪs]?“ reagierte es hingegen entrüstet mit der Antwort „No, it is my [fɪs]!“. Das Kind nahm also offenbar den Unterschied in der Aussprache der Erwachsenen und bei sich selbst wahr und differenzierte klar die Phoneme /s/ und /ʃ/, während die Erwachsenen den Unterschied in der Aussprache des Kindes nicht wahrnahmen.

● **Ausdifferenzierung der Artikulationsorte**

bilabial > alveolar > labiodental > velar > uvular > palatal > post-alveolar

Ausdifferenzierung der Stimmhaftigkeit

Stimmhaftigkeit ist nur in der Gruppe der Obstruenten (Plosive und Frikative) relevant. Hier ist im Erstspracherwerb zu beobachten, dass Kinder tendenziell stimmhafte Obstruenten etwas später erwerben als stimmlose (vgl. Abbildung 3.1).

Alter	Bereits Erworbene Phoneme	
1;6 – 1;11	Plosive	b, p, d, t
	Nasale	m, n
2;0 – 2;5	Frikative	v, h, s, z
2;6 – 2;11	Plosive	g, k
	Nasal	ŋ
	Frikative	f, x, ʁ
	Lateral	l
	Approximant	j
	Affrikate	pf
3;0 – 3;5	Frikativ	ç
	Affrikate	ts
3;6 – 3;11	Frikativ	ʃ

Abb. 3.1: Erwerbsabfolge der deutschen Konsonantenphoneme, adaptiert aus: Fox 2006: 61

Die Altersangaben aus der Studie von Fox (2006) fangen erst spät an, da die empirische Untersuchung erst in diesem Alter begann. Den Angaben liegt eine Sicherheit der Verwendung der Phoneme durch die untersuchten Kinder in Höhe von 75% zugrunde.

■ Übung 27

Lesen Sie noch einmal die Abschnitte zu universellen Erwerbsabläufen beim Konsonantismus. Stellen Sie sich nun vor, dass eine Sprache folgende Konsonantenphoneme besitzt:

ʃ, s, ts, m, kx (velare Affrikate), l, j, t, g

In welcher Reihenfolge müssten die Phoneme erworben werden?

3.2.2 Entwicklung des Vokalsystems

Beim Erwerb des deutschen Vokalsystems müssen Kinder verschiedene Öffnungsgrade des Vokaltrakts differenzieren, die durch Anheben oder Absenken verschiedener Abschnitte der Zunge erzeugt werden. Der Vokalraum muss also vertikal (Öffnungsgrad) und horizontal (welcher Teil der Zunge wird angehoben oder abgesenkt) erschlossen werden. Im Gegensatz zu vielen anderen Sprachen ist im Deutschen zusätzlich die Rundung der Lippen phonologisch relevant. In den meisten Sprachen besteht eine Korrelation zwischen Vorderzungenvokalen (wie /i, e/) und gespreizten Lippen sowie Hinterzungenvokalen (wie /u, o/) und gerundeten Lippen. Solche typischen Vokalkonstellationen werden **Primärvokale** genannt. Seltener sind so genannte **Sekundärvokale**, nämlich gerundete Vorderzungenvokale wie /y, ø/, die im Deutschen vorkommen, oder ungerundete Hinterzungenvokale, die das Standarddeutsche jedoch nicht besitzt.

Der erste erworbene Vokal ist derjenige mit dem größten Öffnungsgrad, also /a/. Diesem wird ein geschlossener/hoher Vokal entgegengesetzt: typische Kinderäußerungen sind [papa] – [pipi]. Dann erweitert sich das Vokalsystem auf drei Vokale, entweder durch Spaltung des hohen Vokals in einen palatalen (/i/) und einen velaren (/u/), oder vertikale Spaltung des hohen Vokals, wodurch ein dritter Öffnungsgrad distinktiv wird (/e/). Beide Formen, /i u a/ und / i e a/, sind Varianten des **minimalen Vokalismus** der Weltsprachen: /i u a/ ist das sogenannte Grunddreieck; /i e a/ kommt seltener vor. Jakobson (1969) bezeichnet dies als linearen Vokalismus.

Die **vertikale Differenzierung** läuft von vorne nach hinten: Eine Differenzierung nach Öffnungsgrad in den nicht-tiefen Vokalen beginnt immer bei den vorderen Vokalen (Aufspaltung des hohen Vorderzungenvokals in /i e/) und geschieht erst dann im hinteren Mundbereich /u o/. Es gibt nur sehr wenige Sprachen, die ein /o/ haben, ohne ein /e/ zu haben, aber sehr viele Sprachen, die ein /e/ haben, ohne ein /o/ zu haben.

Die **horizontale Differenzierung** bei Vokalen verläuft von hoch nach tief: Kinder erwerben /ø/ erst dann, wenn in der hohen Reihe /i y u/ differenziert sind, d.h., wenn in der hohen Reihe schon zwischen „vorne-hinten“ und „vorne gerundet“ und „vorne ungerundet“ unterschieden wird.

Sekundärvokale werden nach den Primärvokalen erworben: Kinder erwerben die sekundären Vokale /y ø/ erst, wenn auf dem betreffenden Öffnungsgrad die entsprechenden Primärvokale differenziert sind, also /i e/. Das gleiche gilt für ungerundete Hinterzungenvokale, die in manchen Sprachen vorkommen.

■ Übung 28

Lesen Sie noch einmal die Abschnitte zu universellen Erwerbsabläufen beim Vokalismus. Stellen Sie sich nun vor, dass eine Sprache folgende Vokalphoneme besitzt:

i, ø, u, a, y, o

In welcher Reihenfolge müssten die Phoneme erworben werden?

3.2.3 Erwerb der Prosodie

Intonation, Rhythmus und Akzentuierung werden schon im vorsprachlichen Stadium erworben und sind relativ störungsresistent (außer bei einer vorliegenden Hörstörung). Kinder nehmen nachgewiesenermaßen schon im Mutterleib prosodische Eigenschaften der Umgebungssprache wahr und reagieren schon kurz nach der Geburt auf typische Betonungs- und Intonationsmuster dieser Sprache. Auch bei der frühen Lautproduktion, schon in der Lallphase, sind bei Kindern sprachspezifische rhythmische und intonatorische Charakteristika der im Erwerb begriffenen Erstsprache nachweisbar. So zeigen französische Babys beim Babbeln häufige Betonung und steigende Stimme zum Ende einer aus reduplizierenden Silben bestehenden Äußerung wie [babababababa], während amerikanisch-englische Babys im gleichen Alter die Betonung eher vorne in der Äußerung platzieren (Levitt 1993). Dies passt zur typischen Endbetonung im Französischen und der tendenziellen Stammbetonung im Englischen. In Tonsprachen, wo Tonhöhen bedeutungsunterscheidend sind, werden Tonhöhen sehr früh erworben und sind ebenfalls wenig anfällig für Störungen. Grundsätzlich sind die prosodischen Charakteristika von Sprachen die stabilsten Elemente, die von Kindern zuerst erworben werden und bei Verlust der Sprachfähigkeit, z.B. bei Aphasie nach einem Hirnschlag zuletzt noch vorhanden sind (Jakobson 1969). Im Vergleich dazu sind Sprech- und Wahrnehmungsstörungen bei Konsonanten und Vokalen erheblich häufiger vertreten.

3.2.4 Gestörter Lautspracherwerb

Nicht bei allen Kindern verläuft der Lautspracherwerb ohne Beeinträchtigungen. In diesem Abschnitt beschäftigen wir uns mit Störungen beim Lautspracherwerb, sei es durch sensorische, motorische oder kognitive Beeinträchtigungen. Zuerst soll erklärt werden, wann die Aussprache eines Sprechers als nicht-normgerecht oder abnormal wahrgenommen wird. Jeder Sprecher weist ständige Variationen bei der Artikulation eines Phonems auf, d.h. bei einem einzigen Sprecher wird ein Phonem bei jedem Vorkommen im Redefluss anders artikuliert. Trotzdem wird das Phonem von Sprechern der gleichen Muttersprache immer als dieses Phonem identifiziert, da wir an Variationen in einem bestimmten Rahmen gewöhnt sind. Als „abnormal“ wird die Aussprache empfunden, wenn die Phoneme nicht dem Standard entsprechend artikuliert werden, d.h., wenn die Artikulation den üblichen Rahmen der Variation verlässt.

Während des Erstspracherwerbs werden **Wahrnehmungsgrenzen für Phoneme** etabliert, d.h.: Kinder nehmen zuerst alle Lautereignisse mit all ihren akustischen Eigenschaften wahr. Das /k/ in *Kiel* und *Kohl* wird also unterschiedlich wahrgenommen, da es im ersten Wort unter Einfluss des nachfolgenden gespreizten Vokals /i/ mit gespreizten Lippen, im zweiten Wort analog zum /o/ mit gerundeten Lippen artikuliert wird. Diese artikulatorische Verschmelzung von Nachbarlauten nennt man Koartikulation, und sie tritt ständig beim Sprechen auf. Nach und nach erwirbt das Kind dann die phonetischen Merkmale, die in der Muttersprache distinktiv (also bedeutungsunterscheidend bzw. phonemisch) sind und alle anderen phonetischen Merkmale werden nicht mehr wahrgenommen – wie beispielsweise Lippenrundung während des /k/ in *Kohl*. Durch die Eingrenzung der Wahrnehmung auf die distinktiven Merkmale kann das Kind Phoneme wiedererkennen. Jede Sprache hat eigene distinktive Merkmale, und damit unterschiedliche Wahrnehmungsgrenzen für die Phoneme der Sprache. Arabische Muttersprachler nehmen z.B. das deutsche /eː/ wie in *Beet* als das arabische Phonem /i/ wahr, da die Wahrnehmungsgrenzen dieses Phonems im Arabischen erheblich weiter gefasst sind als im Deutschen, sodass es keine getrennten Phoneme /i/ und /e/ gibt. Ein anderes Beispiel für unterschiedliche Phonemgrenzen kennen deutsche Muttersprachler vom Erwerb des Englischen. Hier fällt es ihnen meist schwer, den Unterschied zwischen den Vokalen in Wortpaaren wie *bet* und *bat* (/bɛt/ – /bæt/) zu hören und zu produzieren. Dies liegt daran, dass beide Vokale, also /ɛ/ und /æ/, im Deutschen mögliche Varianten des deutschen Phonems /ɛ/ wie in *Bett* bzw. /ɛː/ wie in *Käse* sind. Wörter wie *Käse* weisen im Deutschen erhebliche Aussprachevariation auf, die zwischen sehr geschlossenem Vokal wie in [ˈkeːze] und sehr offenem wie in [ˈkæzə] schwanken, ohne dass dies das Verständnis beeinträchtigen würde.

■ Übung 29

Sprechen Sie die Silben /ke/ und /ku/ hintereinander aus. Achten Sie auf die Position der Lippen während Sie das /k/ sprechen. Wann sind sie gerundet, wann gespreizt? Achten Sie auch darauf, wo Ihre Zunge den Gaumen berührt. Bei welcher Silbe ist der Verschluss des /k/ weiter hinten am Gaumen?

Die Aufnahme und Verarbeitung von Sprache ist bimodal, d.h., sie erfolgt über zwei Kanäle: auditiv und visuell. Ein Beleg dafür ist der so genannte McGurk-Effekt: Betrachtet man ein Video einer Person, die die Silben /ga ga ga/ sagt, hört aber simultan dazu eine Tonspur der Silben /ba ba ba/, nehmen die meisten Menschen Silben der Art /da da da/ wahr. Der Grund ist, dass wir visuelle Reize (wir sehen, dass die Lippen nicht geschlossen sind wie bei /b/) und auditive Reize (wir hören, dass der Konsonant nicht ganz hinten im Mund artikuliert wird) gleichzeitig verarbeiten und im Kopf zusammensetzen. Stimmen visuelle und auditive Information nicht überein, entsteht im Gehirn ein Konflikt und die Wahrnehmung verändert sich. Fehlt einer der Wahrnehmungskanäle während des Spracherwerbs, beeinflusst dies die Entwicklung des lautsprachlichen Systems bei Kindern in unterschiedlicher Weise.

Schon geringe **Hörstörungen** können dazu führen, dass distinktive Merkmale nicht erworben werden. Wird z.B. der hohe Frequenzbereich nicht gehört, fehlt die Differenzierung der Frikative (die in diesem Bereich angesiedelt sind). Hörverluste bis hin zur Gehörlosigkeit beeinträchtigen auch die Rückmeldung über die eigene Artikulation, und damit auch eine Korrektur der eigenen Aussprache. Die Aussprache gehörloser Menschen ist vor allem bestimmt durch ein Nicht-Erreichen der artikulatorischen Zielpunkte, was zu einer verwaschenen Aussprache führt.

Nicht-sehende Kinder erwerben die Phoneme ihrer Muttersprache rein auditiv, d.h., ihnen fehlt die **visuelle Information**. Sie erreichen üblicherweise volle Phonemkompetenz, allerdings ist bei ihnen der Einsatz des Erwerbs verzögert, da sie nicht (wie sehende Kinder) die Artikulationsbewegungen der Eltern imitieren.

Neurologische Störungen können die motorische Kontrolle, und damit die korrekte Artikulation, beeinträchtigen. Dies ist z.B. bei Trisomie 21 der Fall. Zusätzlich haben solche Menschen eine übergroße Zunge, die eine korrekte Artikulation ebenfalls verhindert.

Fehlbildungen des Artikulationsapparats führen ebenfalls zu Artikulationsstörungen.

Lippen- und Gaumenspalten	Die Artikulation von bilabialen, alveolaren und velaren Konsonanten ist erschwert bis unmöglich.
Zu flacher Zahndamm	Die Zungenspitze reicht nicht an den Zahndamm, wodurch die Artikulation von Konsonanten wie /t, d, s, z, n, l/ erschwert ist.
Stark fehlstehende Zähne	Die Artikulation an den Vorderzähnen ist problematisch.
Zu kurzes Lippen- oder Zungenbändchen	Die Bewegungsfreiheit von Lippen und Zunge ist eingeschränkt, wodurch die Artikulation sämtlicher Sprachlaute erschwert ist.

Abb. 3.2: Fehlbildungen des Artikulationsapparats

Für **Diagnose und Behandlung von Aussprachefehlern** in der Erstsprache ist es wichtig, zwischen rein phonetischen Störungen, also Beeinträchtigungen der Lautbildung und phonologischen Fehlern, also Störungen der Phonemdifferenzierung bzw. Lautverwendungsstörungen zu unterscheiden.

Phonetische Fehler (=**Lautbildungsstörungen**) haben artikulatorisch – motorische Ursachen und sind normale Erscheinungen während des Spracherwerbs. Bei diesem Störungstyp artikulieren Sprecher ein Phonem konsequent anders als alle anderen Sprecher. Ein typisches Beispiel ist der Sigmatismus, das so genannte Lispeln, bei dem die Sprecher die alveolare Artikulation des /s/ und

/z/ durch eine interdentale Artikulation ersetzen. Die meisten phonetischen Störungen während des Spracherwerbs verschwinden von selbst, sobald das Kind volle motorische Kontrolle über seinen Artikulationsapparat erlangt. Eine logopädische Therapie ist erst angebracht, wenn nach Beendigung des Spracherwerbs (also ungefähr im Alter von fünf Jahren) die Störung fortbesteht. Phonetische Fehler sind meist durch Artikulationsübungen zur Stärkung der motorischen Kontrolle zu beheben, wenn keine anatomische Anomalie die Ursache ist.

Benannt werden die häufig auftretenden phonetischen Fehler (auch unter dem Begriff „Dyslalie" bekannt) mit den griechischen Namen der Buchstaben, die für den fehlgebildeten Laut stehen (vgl. Abb. 3.3).

Bezeichnung	**Beschreibung**	**Übliche Auditive Ersetzung**
Schetismus	Fehlbildung von /ʃ/	[s]
Sigmatismus	Fehlbildung von /s/ bzw. /z/	Dentalisierung (Lispeln)
Gammazismus	Fehlbildung von /g/	[d]
Kappazismus	Fehlbildung von /k/	[t]
Rhotazismus	Fehlbildung des /ʁ/	[h]
Lambdazismus	Fehlbildung des /l/	stimmloses [l] oder [j]

Abb. 3.3: Formen der Dyslalie

Phonemische Fehler (=**Lautverwendungsstörungen**) haben ihre Ursache meist in Wahrnehmungsproblemen, die durch auditive oder visuelle Beeinträchtigung entstehen. Sie entstehen durch eine mangelnde Differenzierung von Phonemen und dadurch eine systematische Ersetzung eines Phonems durch ein anderes (oder sogar mehrere andere). Die Artikulation selber ist dabei nicht unbedingt beeinträchtigt – der Laut kann meist in Isolation problemlos artikuliert werden. Die Therapie erfolgt üblicherweise durch Wahrnehmungsübungen, z.B. Minimalpaartherapie, um die Diskriminationsfähigkeit zu erhöhen. Probleme bei der auditiven Differenzierung von Phonemen wirken sich nicht nur auf die Lautsprache sondern auch auf den Schriftspracherwerb aus, sobald die Phase des Erwerbs der Phonem-Graphem-Korrespondenz erreicht werden soll.

■ Übung 30

Ordnen Sie die folgenden Aussagen den Begriffen „Phonetischer Fehler" bzw. „Phonemischer Fehler" zu:

a) Das Kind ist nicht in der Lage, die Phoneme /m/ und /n/ zu unterscheiden. Die Wörter „nein" und „mein" klingen für das Kind gleich, und es sagt z.B. „Mase" statt „Nase".
b) Das Kind sagt „Hose" statt „Rose", kann aber bei Zuordnungen der Wörter zu Bildern eindeutig auf die Blume deuten, wenn man „Rose" sagt, und auf das Kleidungsstück, wenn man „Hose" sagt.
c) Das Kind reagiert ungehalten, wenn man nach seiner Lautäußerung, die wie „Topf" klingt, auf einen Topf zeigt. Es sagt noch einmal [tɔpf] und zeigt dabei auf seinen Kopf.

3.3 Lautspracherwerb in der Zweitsprache: Grundprinzipien

Anders als beim Erstspracherwerb verläuft der Phonologieerwerb in der Zweitsprache nicht in Phasen. Die Lernenden haben bereits ein komplettes Phonemsystem mit den entsprechenden sprachspezifischen phonetischen Ausformungen der Phoneme und die prosodischen Eigenschaften ihrer Erstsprache erworben. Dieses erstsprachliche System kommt nun in Kontakt mit dem der zu erwerbenden Zweitsprache und die beiden Systeme interagieren auf der Ebene der so genannten Lernersprache bzw. Interlanguage (Selinker 1972). Der Einfluss der Erstsprache auf die Aussprache von Lernenden in der Zweitsprache ist unbestritten. Wahrnehmbar werden Übertragungen aus der Erstsprache als fremder Akzent. Oft können wir am Fremdakzent von Lernenden erkennen, welche Erstsprache diese Sprecher haben.

Der Bereich der Aussprache wird von Lehrenden und Lernenden häufig als weniger wichtig erachtet als Bereiche wie Wortschatz und Grammatik. Tatsächlich hat die Aussprache nachweislich einen entscheidenden Einfluss darauf, ob Sprecher als generell kompetent oder generell schwach in der betreffenden Sprache eingeschätzt werden (Piske, MacKay & Flege 2001). Ebenso ist empirisch belegt, dass manche Fremdakzente zu Beeinträchtigungen der sozialen Akzeptanz gegenüber diesen Sprechern führen (Julia Settinieri 2011). Die beste Grammatik und der größte Wortschatz nützen also nicht viel, wenn ein Sprecher durch seine Aussprache nur mit Mühe zu verstehen ist. Die erstsprachlich geprägte Aussprache und Wahrnehmung können auch im schulischen Bereich zu Fehleinschätzungen der allgemeinen Sprachkompetenz von Lernenden führen. Viele DaF/DaZ-Lernende, deren Erstsprache keine Wörter besitzt, die auf Konsonant enden, hängen im Deutschen einen [ə]-Laut an konsonantisch auslautende Wörter an. Dies kennen wir beispielsweise bei Italienern, die „der Tische" statt „der Tisch" sagen. Im Deutschen ist [-ə] nun jedoch die häufigste grammatische Endung, beispielsweise als Pluralendung bei Nomen (die Tisch<u>e</u>), Präteritumsendung bei Verben (er/sie lacht<u>e</u>) oder als Flexionsendung bei Adjektiven (die nett<u>e</u> Frau). Formen wie **der Tische*, **er/sie gehte* oder **Die Frau ist nette*, die eventuell nur auf die erstsprachliche Silbenstruktur (Wörter enden in der Erstsprache nicht auf Vokal) zurückzuführen sind, können leicht als Grammatikfehler missinterpretiert werden. Ebenso sind viele Fehler in den Schriftproduktionen von Lernenden nicht etwa als Orthographiefehler, sondern als Resultat einer muttersprachlich geprägten Wahrnehmung zu werten, beispielsweise wenn Lernende, deren Erstsprache keinen Unterschied zwischen Lang- und Kurzvokalen besitzt, Probleme beim Erwerb der orthographischen Markierung von langen und kurzen Vokalen im Deutschen haben. Das Problem ist hier nicht ein mangelndes Verstehen der orthographischen Regeln im Deutschen, sondern dass die Lernenden den Unterschied zwischen Lang- und Kurzvokalen beim Hören nicht wahrnehmen können.

Der Verlauf und die erreichte Kompetenz beim Erwerb der zweitsprachlichen Aussprache sind von verschiedenen Faktoren abhängig, die unter anderem in der Lernsituation (also dem Kontext der Sprachaneignung) und der methodischen und thematischen Ausrichtung des Unterrichts begründet sind. Individuelle lernerspezifische Faktoren wie Lebensalter, Alter beim ersten Sprachkontakt, Dauer des Sprachkontakts, sowie die Haltung gegenüber der Zielsprache und die Motivation zum Sprachenlernen haben nachweislich (in unterschiedlichem Maße) Auswirkungen auf den Ausspracheerwerb in der Zweitsprache (z.B. Suter 1976, Suter/Purcell 1980, Pennington 1994, Flege 1995). Unterschiede und Gemeinsamkeiten zwischen Erst- und Zweitsprache bestimmen letztendlich die konkreten Eigenschaften der Aussprache der Lernenden.

3.3.1 Einfluss des Unterrichts auf die Aussprachekompetenz

Lange Zeit war die Aussprachedidaktik aus der Lehrerausbildung und den Lehrwerken für Deutsch als Fremdsprache verschwunden. Grund dafür war hauptsächlich, dass die in den 1960/70er Jahren mit großer Hoffnung betriebene Audiolinguale Methode, die vorwiegend Übungen des Typs „Hör zu und sprich nach“, also Imitationsübungen beinhaltete, im Bereich der Aussprache nicht die gewünschten Erfolge brachte. Statt jedoch die gewählte Lehrmethode in Frage zu stellen, wurde angenommen, die Aussprache von Lernenden sei nicht durch Unterricht zu beeinflussen. Seit den 1990er Jahren kam die Aussprachedidaktik allmählich wieder in Fahrt, doch bis heute finden sich Ausspracheübungen in Lehrwerken nur vereinzelt und meist als wenig beachtetes Anhängsel am Ende einer Lehrwerkseinheit. Dass ein explizites Aussprachetraining sich positiv auf die Aussprachekompetenz von Lernenden auswirkt, haben inzwischen verschiedene Studien zur Effektivität von Aussprachetraining eindeutig gezeigt (z.B. Elliott 1995, Cenoz /García Lecumberri 1996, Bongaerts/van Summeren/Planken/Schills 1997, Derwing/Munro/Wiebe 1997, Zborowska 1997, Derwing/Rossiter 2003, Missaglia 1999, Dahmen 2013). Dabei zeigt sich, dass vor allem ein Training prosodischer Aspekte wie Rhythmus, Akzentuierung in Wort und Satz sowie der Silbenstruktur wichtig für die wahrgenommene Verständlichkeit und Kompetenz durch Muttersprachler ist. Empirische Studien zeigen auch, dass ein Training prosodischer Aspekte im Deutschen effektiver als ein Training segmentaler Aspekte in Form von Übungen zur Aussprache einzelner Laute ist, da viele segmentale Probleme wie die Produktion silbenstrukturbedingter Allophone (z.B. Auslautverhärtung oder die Aussprache der Vokale in unbetonten Silben) durch ein Prosodietraining schon behoben werden (Missaglia 1999, Dahmen 2013).

3.3.2 Lernerspezifische Faktoren beim L2-Ausspracheerwerb

Zu den wichtigsten lernerspezifischen Einflussfaktoren beim Ausspracherwerb in der Zweitsprache gehören die persönliche Haltung zu der zu erlernenden Sprache und der Grad der Motivation der Lernenden. Ebenso wichtig sind offensichtlich auch das Alter, in dem Lernende mit der Zielsprache zuerst in Kontakt kommen und die Dauer des Sprachenlernens.

■ Übung 31

Überlegen Sie, welche Sprachen Sie gerne sprechen und welche eher nicht, bzw. welche Sprachen Ihnen gefallen bzw. nicht gefallen. Woran liegt das? Diskutieren Sie in der Gruppe.

Sammeln Sie in der Gruppe Informationen darüber, wer welche Sprachen gelernt hat. Diskutieren Sie über Ihre persönlichen Gründe, warum Sie genau diese Sprachen gelernt haben.

Attitudinale und motivationale Faktoren

Studien zu den lernerspezifischen Faktoren, die einen Einfluss auf die erreichten Ausspracheleistungen bei Zweit- und Fremdsprachenlernern haben (z.B. Suter 1976, Suter/Purcell 1980, Pennington 1994, Flege 1995), zeigen starke Effekte durch die Haltung gegenüber der zu erlernenden Sprache und die damit häufig verbundene Motivation der Lernenden, diese Sprache korrekt zu beherrschen.

Eine positive Haltung (**Attitude**) gegenüber der zu lernenden Sprache ist meist abhängig von einer positiven Einstellung zur Kultur der Region, in der die Sprache gesprochen wird (Zielkultur), und zu den Sprechern dieser Sprache. Eine positive Einstellung führt nach allgemeiner Annahme zu positiven Effekten auf die erreichte Kompetenz dieser Sprache, während eine negative Einstellung entsprechend einen negativen Einfluss ausübt (Ellis 1994). Finden die Lerner Deutschland toll, vielleicht weil die Sprache deutscher Dichter sie begeistert oder weil sie eine deutschsprachige Band gut finden, ist die Bereitschaft, Deutsch zu lernen, sehr groß.

Eng mit der Einstellung zur Sprache ist der Faktor **Motivation** verbunden, also der Wunsch nach einer möglichst fehlerfreien Beherrschung der Zielsprache, kombiniert mit einem erhöhten Aufwand von Seiten der Lernenden, dieses Ziel zu erreichen (vgl. Gardner 1985: 10). Motivation wird unterteilt in intrinsische und extrinsische Faktoren (Stern 1983). **Intrinsische Motivation** bedeutet, dass der Wunsch nach kompetenter Beherrschung der Sprache in den Lernenden selbst entsteht, unter anderem durch eine positive Haltung gegenüber der Sprache oder weil man sich in einen Sprecher dieser Sprache verliebt hat. **Extrinsische Motivation** liegt vor, wenn durch eine hohe Kompetenz in der Sprache äußere Vorteile für die Lernenden entstehen. Dies ist beispielsweise der Fall, wenn die Beherrschung der Sprache Voraussetzung für die erfolgreiche Bewerbung auf eine Stelle ist, oder wenn eine gute Note in dem entsprechenden Sprachenfach den Abiturdurchschnitt erhöhen soll.

Alter bei Beginn des Spracherwerbs und Dauer des Sprachlernens

Die erreichbare Kompetenz ist in den verschiedenen sprachlichen Bereichen Grammatik, Pragmatik und Aussprache unterschiedlich groß. Einige sehr kompetente Zweitsprachenlerner erreichen zwar im grammatischen und lexikalischen Bereich selbst bei spätem Beginn des Zweitspracherwerbs ein fast muttersprachliches Niveau, jedoch ist meist ihre Aussprache noch eindeutig als nicht-muttersprachlich zu erkennen. Scovel (1988) wies beispielsweise in einer Studie zur Beurteilung der Muttersprachlichkeit von schriftlichen und mündlichen Lernerdaten durch amerikanisch-englische Muttersprachler nach, dass die Identifikation von Nicht-Muttersprachlern anhand der Aussprache wesentlich einfacher ist als durch eine Beurteilung schriftlicher Daten (97% richtige Identifikation bei mündlichen versus 47% bei schriftlichen Daten). Insgesamt wird für den Bereich der Aussprache – anders als für die Teilbereiche der Grammatik und den Wortschatz – angenommen, dass ein früherer Lernbeginn (für die meisten Forscher vor dem fünften bis sechsten Lebensjahr) den Grad der erreichbaren Kompetenz begünstigt (Munro/Flege/MacKay 1996; Piske/MacKay/Flege 2001). Dies liegt daran, dass die Fähigkeit zur Wahrnehmung und Imitation von Lauten und deren Charakteristika in den ersten Lebensjahren am höchsten ist. Mit steigendem Lebensalter bei Beginn des Spracherwerbs wird es aber nicht unmöglich, neue Laute unterscheiden und produzieren zu können, sondern die Lernenden benötigen einfach mehr explizite Anleitung für den Ausspracheerwerb (vgl. Dahmen & Hirschfeld 2016: 6).

3.3.3 Sprachspezifische Faktoren beim L2-Ausspracheerwerb

Eine entscheidende Rolle für die Entstehung eines Fremdakzents spielt in den meisten Zweitspracherwerbstheorien der Einfluss der Erstsprache und anderer zuvor erlernter Sprachen (Transfer, Interferenz) auf die Wahrnehmung und Produktion der Aussprache in der Zweitsprache. Die Aussprachefehler von L2-Lernenden werden üblicherweise hinsichtlich ihrer Ursache, also der Interferenzquelle (Sprechinterferenz, Hörinterferenz, Schriftinterferenz) oder rein artikulatorischen Ursachen kategorisiert.

Transfer aus der Erstsprache: Hör-, Sprech- und Schriftinterferenz

Transferphänomene, also die „weitgehend unbewusste Übernahme von Charakteristika des muttersprachlichen Lautsystems in das zu erlernende/erlernte Lautsystem" (Künzel 1977: 1) beim Erwerb einer zweiten Sprache stehen spätestens seit den 1950er Jahren im Fokus der empirischen Forschung. Transfer findet auf verschiedenen Ebenen statt, und die Resultate von Transfer werden Interferenzen genannt.

Als **Hörinterferenz** wird die erstsprachlich geprägte Wahrnehmung der L2-Phonologie bezeichnet. Hörinterferenzen sind der Grund für das häufige Versagen des Übungstyps „Hör zu und sprich nach", der während der Zeit der Audiolingualen Methode bevorzugt eingesetzt wurde. Sie werden schon seit dem frühen 20. Jahrhundert diskutiert. Der zentrale Aspekt bei Studien zur kategorialen Wahrnehmung von Lauten in der Zweitsprache ist dabei die Ähnlichkeit bzw. Unähnlichkeit zwischen Phonemen in der Erstsprache und der Zweitsprache sowie die entwicklungsbedingte Festlegung phonetischer Kategorien im Erstspracherwerb. Trubetzkoy (1939) beschreibt in seinem Werk *Grundzüge der Phonologie* das phonologische System der zuerst erworbenen Sprache (Erstsprache) als eine Art Sieb, durch das die Wahrnehmung der L2-Aussprache gefiltert wird. Dieses Sieb, das auch als *Muttersprachlicher Filter* bezeichnet wird, lässt nur diejenigen lautlichen Merkmale der Zweitsprache durch, die in der Erstsprache der Lernenden eine bedeutungsunterscheidende Funktion haben. Die L2-Phoneme werden auf Basis der distinktiven Merkmale der Erstsprache interpretiert, was wiederum in einer fehlerhaften Produktion der L2-Phoneme resultiert. Beispielsweise besitzen das Spanische und Polnische keine Vokallänge als distinktives Merkmal. Lernende mit diesen Erstsprachen nehmen im Deutschen die Unterschiede in Wortpaaren wie „Miete – Mitte, Staat – Stadt" nicht wahr. Die Ursache für Aussprachefehler liegt in diesem Fall also nicht in der Unfähigkeit der Lernenden, Lautstrukturen korrekt zu artikulieren, sondern in einer mangelnden kategorialen Wahrnehmungsfähigkeit, die durch eine Festlegung der Kategorien während des Erstspracherwerbs entsteht. Ähnliche Annahmen liegen neueren Modellen des L2-Phonologieerwerbs zugrunde, beispielsweise Kuhls *Native Language Magnet Model* (Kuhl 1992, 1993). Dieses Modell geht von der Entstehung sprachspezifischer prototypischer Lautkategorien im ersten Lebensjahr aus, also idealisierter Repräsentationen phonetischer Kategorien, die das Kind im weiteren Lautspracherwerb den Phonemen seiner Erstsprache zuordnet. Hören die Lernenden dann später Laute der L2, die nicht denen ihrer L1 entsprechen, ziehen die muttersprachlichen Prototypen die nicht-nativen Laute quasi magnetisch an und assimilieren sie zu perzeptiv ähnlichen, in der L1 des Lerners vorhandenen, Lauten (*Perceptual Magnet Effect*).

Hörinterferenzen sind durch Übungen zur Diskriminationsfähigkeit zu überwinden.

Als **Sprechinterferenz** wird die Übertragung erstsprachlicher Sprechgewohnheiten bezeichnet. Artikulationsbewegungen und phonologische Regeln schleifen sich im Verlauf des Erstspracherwerbs ein, und es ist mitunter schwierig, diese Gewohnheiten beim Sprechen einer anderen Sprache zu überwinden. Sprechinterferenzen sind der Grund, warum Lernende im Kontext von gezielten Übungen, während sie sich also auf die Aussprache konzentrieren, Laute und prosodische Strukturen korrekt produzieren können, beim freien Sprechen dann jedoch in alte Muster zurückfallen. Es ist beispielsweise nicht schwer, italienischen oder französischen Lernenden die Behauchung (Aspiration) der stimmlosen Plosive /p, t, k/ beizubringen. Sobald die Lernenden sich aber nicht mehr auf diesen Aspekt der Aussprache konzentrieren und die Behauchung bewusst produzieren, sprechen sie die Plosive wie in ihrer Erstsprache, also unaspiriert, aus. Sprechinterferenzen sind durch Automatisierungsübungen zu beheben.

Zuletzt hat auch die Schrift einen Einfluss auf die Aussprache, zumindest dann, wenn die deutsche Sprache schriftbasiert gelernt wird. Der Begriff **Schriftinterferenz** bezeichnet die Übertragung erstsprachlicher Graphem-Phonem-Korrespondenzen auf die Aussprache der Zweitsprache. Beispielsweise interpretieren kompetente Deutschsprechende die Grapheme *b, d, g* im Silbenauslaut als die Laute /p, t, k/, wie in *Lob, Lied, Tag* /loːp, liːt, taːk/, da ihnen die Regel der Auslautverhärtung bekannt ist. In den meisten Sprachen existiert jedoch keine Auslautverhärtung, oder sie wird zumindest auch in der Schrift markiert. Für Sprecher dieser Sprachen repräsentieren *b, d, g* in jeder Silbenposition die Laute /b, d, g/. Entsprechend realisieren sie die stimmhaften Varianten im Silbenauslaut im Deutschen, was von deutschen Erstsprachlern als nicht-normgerecht wahrgenommen wird. Ein weiteres Beispiel ist die Markierung von Kurzvokalen durch Konsonantenverdopplung in der Orthographie, z.B. in dem Wort *Kanne.* Lernende mit Muttersprachen wie Italienisch oder Finnisch interpretieren das doppelte Konsonantengraphem nicht als Markierung von Vokalkürze sondern von Konsonantenlänge und sprechen das /n/ in *Kanne* lang aus. Bei Schriftinterferenzen sollte sprachkontrastiv gearbeitet werden, beispielsweise mit Graphem-Phonem-Tabellen in beiden Sprachen.

Artikulatorisch bedingte Fehler

Neben den verschiedenen Interferenzquellen sind auch rein artikulatorische Schwierigkeiten eine wichtige Ursache für eine nicht-normgerechte Aussprache. Hier geht es darum, dass Lernende Probleme haben, ihre Artikulatoren in die richtige Position für bestimmte Laute zu bringen oder Lautverbindungen zu produzieren. Solche Probleme sind durch Artikulationsübungen zu beheben, bei denen explizit die Stellung der Artikulatoren dargelegt und die Motorik des Sprechapparats trainiert wird.

■ Übung 32

Ordnen Sie die folgenden Beschreibungen den Begriffen „Hörinterferenz", „Sprechinterferenz", „Schriftinterferenz" und „Artikulatorisch bedingter Fehler" zu:

a) Die Lernenden haben Probleme, die Zunge in die richtige Position für /ŋ/ zu bringen, hören aber den Unterschied zwischen *Ringe* und *Rinne* ohne Probleme.
b) Die Lernenden können den Unterschied zwischen Wortpaaren wie *bieten – beten* ober *lieben – leben* nicht produzieren und hören ihn auch nicht.
c) Die Lernenden sprechen Wörter wie *Tier, Bär* und *Kur* mit konsonantischem /ʁ/ aus, auch wenn sie das vokalisierte R (/ɐ/) produzieren können. Wenn man ihnen die Wörter vorspricht, können sie sie korrekt produzieren, beim Lesen jedoch nicht.
d) Die Lernenden sind französische Muttersprachler und betonen sämtliche Wörter auf der letzten Silbe. Wenn sie sich auf die Regeln der deutschen Wortbetonung konzentrieren, produzieren sie korrekte Betonungen.

3.3.4 Häufige Problembereiche der deutschen Aussprache

Im folgenden Abschnitt stellen wir die verschiedenen Bereiche der deutschen Aussprache dar, die für Lernende mit ganz unterschiedlichen Erstsprachen problematisch sein können. Dabei gehen wir aus einer sprachtypologischen Perspektive vor, denn gerade im Fach Deutsch als Zweitsprache haben Lehrende es mit sprachlich heterogenen Klassen zu tun und sollten sich daher an dem orientieren, was die Lernenden als Ziel erreichen sollen, und nicht an dem, was in deren Erstsprache spezifisch anders ist als im Deutschen. Wir betrachten also für die einzelnen suprasegmentalen (Intonation, Rhythmus, Wortakzent, Satzakzent, Silbenstruktur) und segmentalen (Vokale, Konsonanten) Bereiche jeweils, wie das Deutsche in diesem Bereich funktioniert, wie es bei Sprachen aussieht, die in diesem Bereich einem anderen Typ angehören, und welche Ausspracheprobleme bei Lernenden mit einer Erstsprache dieses Typs entstehen. Der Sinn dieser sprachtypologischen Betrachtung ist, möglichst viele Lerner mit einer Übung zu erreichen, ohne vorher alles über die verschiedenen Erstsprachen herausfinden zu müssen. Beispielsweise erreichen Übungen zum akzentzählenden Rhythmus alle Lernenden, deren Erstsprachen einen silbenzählenden Rhythmus aufweisen.

Suprasegmentale Ebene

Deutsch gehört zu den **Intonationssprachen.** Die hauptsächlichen phonologischen Merkmale von Intonationssprachen sind, dass die Tonhöhe während Äußerungen variiert wird, wodurch Intonationskonturen entstehen. Den Intonationssprachen stehen die so genannten Tonsprachen gegenüber, zu denen Sprachen wie Chinesisch, Vietnamesisch oder Taiwanesisch gehören. In Tonsprachen erstrecken sich Tonhöhenverläufe nicht über ganze Äußerungen sondern sind an Silben gebunden. Diese silbengebundenen Tonverläufe werden lexikalische Töne genannt. Ihre Funktion ist, die Bedeutung von Wörtern zu unterscheiden. Die Silbe [ma] hat im Standardchinesischen beispielsweise die Bedeutungen „Mutter, Pferd, Hanf, schimpfen" je nachdem, welcher Ton auf der Silbe realisiert wird.

Tonsprachensprecher versuchen auch im Deutschen, silbengebundene Töne zu produzieren, da ihnen Tonhöhenverläufe über mehrere Silben hinweg fremd sind. Dabei entsteht der Eindruck wilder Tonsprünge und einer abgehackten Sprechweise. Diese Sprecher müssen also lernen, Intonationskonturen über ganze Äußerungen hinweg zu spannen, statt sie in Einzeltöne zu zerhacken. Zusätzlich ist bei Tonsprachensprechern, im Gegensatz zu Lernenden mit einer anderen Intonationssprache als L1, auch die Funktion von Intonation zu erklären. Satzintonation zur Markierung von Satzmodus gibt es in diesen Sprachen nämlich nicht. Stattdessen werden beispielsweise Partikel im Satz verwendet, um Fragen von Aussagen zu unterscheiden.

Zuletzt müssen alle Deutschlernenden die Form der deutschen Intonationskonturen für Aussagen, Fragen etc. lernen. Intonationskonturen können in verschiedenen Intonationssprachen nämlich sehr unterschiedliche Formen haben, und Lernende übertragen ihre erstsprachlichen Konturen ins Deutsche.

Grundsätzlich ist zu unterscheiden zwischen Sprachen mit festem **Wortakzent** und solchen mit beweglichem Wortakzent. Das Deutsche folgt hauptsächlich dem Prinzip der Stammbetonung und der Wortakzent fällt nicht auf eine fest abzählbare, immer gleiche Position im Wort. Sprachen mit festem Wortakzent betonen Wörter immer auf der gleichen Silbe, z.B. Französisch, das die letzte Silbe von Wörtern und Äußerungen stets betont. Solche erstsprachlichen Betonungsregeln werden meist ins Deutsche übertragen, was Konsequenzen für die Verständlichkeit von Äußerungen hat. Da im Deutschen üblicherweise die Bestandteile von Wörtern hervorgehoben werden, die den Inhalt von Wörtern in sich tragen, sind deutsche Ohren darauf trainiert, nur auf betonte Silben zu achten und sich daraus die Wortbedeutungen zu erschließen. Akzentuiert ein Sprecher jedoch grammatische Silben, können deutsche Hörer unter Umständen Wörter falsch wahrnehmen oder ihren Sinn komplett verpassen – vor allem, wenn die letzte Silbe betont wird und der Rest des Wortes längst vorbei ist, wenn das deutsche Ohr erst bei der betonten Silbe „anspringt". Beispielsweise nahmen mehr als 50% deutscher Muttersprachler in einer Studie zur Bewertung der Verständlichkeit von Äußerungen durch Deutschlernende mit verschiedenen Erstsprachen fast durchgehend die Äußerung „Es regNET" (mit Akzent auf der letzten Silbe und Vollvokalrealisierung) als „Es ist nett" oder „Ist sehr nett" wahr (Hirschfeld 1994).

Auf der Ebene der Phonologie sind den Lernenden die Regeln der deutschen Wortbetonung beizubringen. Auf phonetischer Ebene müssen die Lernenden das dreistufige Akzentuierungssystem des Deutschen erwerben. Hier ist vor allem der Druckakzent zu trainieren, da in vielen Sprachen Betonung rein durch eine Veränderung der Tonhöhe auf der betreffenden Silbe erzeugt wird.

Beim **Satzakzent** müssen dessen typische Position in neutralen Aussagen sowie seine Verschiebung bei vorliegendem Fokus erläutert werden. Gerade die Markierung von Fokus durch Verschiebung des Satzakzents auf die fokussierte Konstituente und Deakzentuierung der nachfolgenden Wörter in der Äußerung ist für viele Lernende problematisch. In vielen Sprachen wird Fokus nicht prosodisch (durch Akzent), sondern syntaktisch markiert. Während wir beispielsweise im Deutschen sagen „ANNE hat das Geld genommen" (mit Fokusakzent auf Anne), würden Franzosen eine Konstruktion wie „C'était Anne qui a pris l'argent" verwenden, in der die Fokuskonstituente syntaktisch in den Vordergrund gerückt wird. Auch die Betonung neuer Information und Deakzentuierung gegebener Information ist in vielen Sprachen unbekannt, wodurch es zu ungewöhnlich klingenden Betonungen kommen kann, z.B. „ein blaues AUTO und ein grünes AUTO" (mit Betonung jeweils auf der gegebenen bzw. gleichen Information „Auto" statt auf den unterschiedlichen, und damit neue Information darstellenden Adjektiven.

Rhythmus: Das Hauptmerkmal akzentzählender Sprachen wie Deutsch ist die Reduktion unbetonter Silben, die umso stärker wird, je mehr unbetonte Silben zwischen den rhythmisch auftretenden Akzentsilben auftreten. In silbenzählenden Sprachen wie Italienisch, Spanisch, Französisch, Chinesisch etc. werden betonte und unbetonte Silben hingegen tendenziell gleich lang gesprochen. Die deutsche Aussprache von Lernenden mit einer silbenzählenden Erstsprache klingt gedehnt und leicht unbeholfen, da die Lernenden unbetonte Silben unreduziert und mit Vollvokal statt Schwa oder Vokaltilgung sprechen. Grammatische Endungen erscheinen überdehnt ausgesprochen und die deutliche auditive Unterscheidbarkeit betonter und unbetonter Silben geht verloren. Dies führt zu Beeinträchtigungen beim Verstehen solcher Lernenden, da deutsche Ohren, wie schon erwähnt, speziell auf die betonten Silben in Wörtern und Äußerungen achten, um ihnen schnell die lexikalische Information entnehmen zu können. Silbenzählendes Sprechen im Deutschen führt auch zu einer geringeren Sprechflüssigkeit, da es erheblich länger dauert, deutsche Sätze auszusprechen, wenn die unbetonten Silben voll ausgesprochen werden. Lernende mit silbenzählenden Erstsprachen müssen also lernen, in Äußerungen nur die Silben zu betonen, die auch auf der Wortebene betont werden, diese betonten Silben in zeitlich ungefähr gleichen Abständen zu platzieren und alle anderen Silben durch Vokalreduktion oder Tilgung zeitlich in die Zwischenräume zwischen den Akzentsilben einzupassen.

Deutsch besitzt eine komplexe maximale **Silbenstruktur** mit bis zu drei Konsonanten im Anlaut und bis zu vier Konsonanten im Auslaut. Wenn die Erstsprachen der Lernenden stärker eingeschränkte Möglichkeiten der Silbenbildung haben, beispielsweise nur Silben mit der maximalen Struktur Konsonant + Vokal + Konsonant zulassen, kommt es zu Vereinfachungsprozessen in der Aussprache der Lernenden. Konsonantenverbindungen (Cluster) wie im Anlaut von *Kreis* werden häufig durch das Einfügen so genannter Sprossvokale aufgesprengt und wieder zu Konsonant + Vokal-Verbindungen vereinfacht: *Kreis* /kʁaɪs/ wird zu **Kereis* [keʁaɪs]. Alternativ lassen manche Lernende auch Konsonanten in Verbindungen aus, vor allem bei Konsonantenverbindungen im Auslaut. So kann beispielsweise aus *Obst* /ʔoːpst/ möglicherweise **Os* [oːs] werden. Solche Vereinfachungsprozesse können dazu führen, dass Wörter in ihrer veränderten Lautgestalt und Silbenanzahl (beim Beispiel *Kreis* wird das Wort durch Einfügen eines Sprossvokals zweisilbig) für Hörer nicht mehr wiederzuerkennen sind und dem deutschen Wortschatz zugeordnet werden können. Sprossvokale können auch vor dem Silbenanlaut auftreten. Ein klassisches Beispiel ist die Aussprache von Wörtern wie *Straße, Stadt, Sprache* durch spanischsprachige Lernende, die häufig ein [e] vor den Cluster aus [s + Plosiv] setzen: *[estrase, estat, espraχə]. Auch nach dem Silbenauslaut können Sprossvokale auftreten, und zwar dann, wenn die Erstsprache der Lernenden keine geschlossenen Silben kennt. Dieses Phänomen, das unter anderem bei italienischsprachigen Lernenden vorkommt, wurde schon beschrieben. In Bezug auf die deutsche Silbenstruktur müssen die Lernenden also darin trainiert werden, Konsonantenverbindungen auszusprechen, ohne sie durch Tilgung (Elision) von Konsonanten oder Einfügen (Epenthese) von Vokalen zu verändern.

Segmentale Ebene

Die wichtigsten Probleme im Bereich der deutschen **Konsonantenphoneme** sind in Abbildung 3.3 dargestellt.

Problembereich	Häufige Aussprachefehler
/h/	Wird häufig mit dem Glottalplosiv /ʔ/ verwechselt (*aus dem Haus* wird wie [haʊs deːm ʔaʊs] ausgesprochen) oder durch einen anderen, akustisch nahen Laut wie /x/ (velarer Frikativ) ersetzt
/ʁ/	Aussprache als Zungenspitz-R oder andere R-Variante, die aus der Muttersprache übertragen wird; keine Vokalisierung im Silbenauslaut, sondern konsonantische Aussprache: *Tor* /toːɐ/ wird zu *[toːr]
Ich-Laut [ç]	Ersetzung durch [ʃ] oder [k]: *ich* /ʔɪç/ wird zu *[ɪʃ] oder *[ɪk]
/ŋ/	Wird als Lautverbindung ausgesprochen: *Ring* /ʁɪŋ/ wird zu *[ʁɪnk], <Ringe> /ʁɪŋə/ zu *[ʁɪngə]
/v/	Bei spanischsprachigen Lernenden kommt es zu Verwechslungen mit /b/: *Wein* /vaɪn/ wird zu *[baɪn]

Problembereich	Häufige Aussprachefehler
/p, t, k/	Wenn die Erstsprache unaspirierte stimmlose Plosive hat, wird die Aspiration im Deutschen weggelassen, wodurch beim Hören Verwechslungsgefahr mit /b, d, g/ besteht
/b, d, g, s, v/ im Silbenauslaut	Wenn die Erstsprache keine Auslautverhärtung hat, werden diese Laute auch im Silbenauslaut stimmhaft gesprochen: *Tag* /ta:k/ wird zu *[ta:g]

Abb. 3.4: Häufige Aussprachefehler bei deutschen Konsonanten

Vokale

Vokale sind erheblich variabler als Konsonanten in ihrer Artikulation in verschiedenen Sprachen. Probleme bei der Diskrimination von Vokalphonemen des Deutschen treten in unterschiedlicher Form bei Lernenden mit verschiedenen Erstsprachen auf. Besitzt die Erstsprache beispielsweise nur wenige Vokalphoneme, wie die meisten Varietäten des Arabischen, die nur drei Vokalphoneme (/i, a, u/) unterscheiden, fällt es den Lernenden schwer, /i/ von /e/ und /u/ von /o/ zu unterscheiden. Generell kann aber jeder Phonemkontrast für Lernende problematisch sein und muss durch Wahrnehmungsübungen trainiert werden. Doch auch im Bereich des deutschen Vokalsystems sind einige besonders häufige grundsätzliche Probleme hervorzuheben.

Viele Sprachen besitzen keine phonemische Unterscheidung zwischen **Lang- und Kurzvokalen**. Das bedeutet, dass die Länge keine bedeutungsunterscheidende Funktion in diesen Sprachen hat. Dies kann in unterschiedlicher Form der Fall sein. Zum einen kann es sein, dass eine Sprache generell nur kurze Lautsegmente kennt, wie z.B. Spanisch oder Polnisch, wo alle Vokale die gleiche Länge haben. Die Vokale sind hier etwas länger als die deutschen Kurzvokale, aber erheblich kürzer als die deutschen Langvokale. Entsprechend produzieren Lerner mit diesen Erstsprachen im Deutschen alle Kurzvokale zu lang und die Langvokale zu kurz. In anderen Sprachen, wie Russisch oder Schwedisch, hängt es von der Prominenz der Silbe ab, ob der Vokal lang oder kurz gesprochen wird: in betonten Silben sind Vokale lang, in unbetonten Silben kurz. Im Deutschen treten in betonten Silben aber sowohl Lang- als auch Kurzvokale auf (vgl. /o:/ wie in *Wohnung* /ˈvo:nʊŋ/ und /ɔ/ wie in *Wolke* /ˈvɔlkə/). Lernende, in deren Erstsprache die Vokallänge von der Betonung abhängt, übertragen diese Gewohnheit ins Deutsche und produzieren beispielsweise *Wolke* als *[ˈvo:lkə].

Die mangelnde Unterscheidung der Vokallänge führt zum Verlust von Bedeutungsunterschieden in Wortpaaren wie *Miete – Mitte, Höhle – Hölle*, die zwar meist durch die Erschließbarkeit der Bedeutung aus dem Satzkontext aufgehoben werden, beim Hörer jedoch in jedem Fall zu Verständnisproblemen sowie Irritation führen.

Im Deutschen ist eine starke Korrelation zwischen einer gespannten, dezentralisierten Artikulation mit Vokallänge und einer ungespannten, zentralisierten Artikulation mit Vokalkürze gegeben. Das heißt, die Langvokale, wie /iː, eː, yː, øː, uː, oː/ sind **gespannt**, während die Kurzvokale /ɪ, ɛ, ʏ, œ, ʊ, ɔ/ **ungespannt** sind. Diese Korrelation muss, neben der Vokallängenunterscheidung, ebenfalls gelernt werden, da deutsche Muttersprachler die Vokalqualität stärker zur Unterscheidung von Wortpaaren wie *Miete – Mitte* auswerten als die Vokallänge (die ja, je nach Sprechtempo und auch abhängig von der Betonung einer Silbe, variieren kann).

Gerundete Vorderzungenvokale (/yː, ʏ, øː, œ/) sind in den Sprachen der Welt relativ selten vertreten. Die meisten Sprachen besitzen ungerundete Vorderzungenvokale und gerundete Hinterzungenvokale. Die Deutschen Ü- und Ö-Phoneme werden von vielen Lernenden in einer von zwei möglichen Weisen an das typischere Vokalschema angepasst. Manche Lernende entrunden die Ü- und Ö-Laute, wodurch aus *Hütte* /ˈhʏtə/ dann *[ˈhitə] und aus *Hölle* /ˈhœlə/ *[helə] wird. Dies ist beispielsweise bei Lernenden mit Polnisch als Erstsprache häufig zu beobachten. Andere Sprecher verschieben die Ü- und Ö-Laute von der Vorderzunge in den Hinterzungenbereich. Hier wird /ˈhʏtə/ zu *[ˈhutə] und /ˈhœlə/ zu *[ˈholə], beispielsweise bei Lernenden mit Englisch als Erstsprache.

Literatur

Jakobson, R. (1969). Kindersprache, Aphasie und allgemeine Lautgesetze. Frankfurt am Main: Edition Suhrkamp. *Klassiker der Universalienforschung beim erstsprachlichen Phonologieerwerb, der das sich beim Kind aufbauende und bei Aphasikern abbauende Lautsystem vergleicht.*

Hua, Z. & Dodd, B. (Hrsg.) (2006). Phonological Development and Disorders in Children. A Multilingual Perspective. Clevedon/Buffalo/Toronto: Multilingual Matters Ltd. *Umfassende Sammlung von Studien zum Lauterwerb bei gesunden und beeinträchtigten Kindern mit unterschiedlichen Erstsprachen.*

Peltzer-Karpf, A. et al. (1997). Spracherwerb bei hörenden, sehenden, hörgeschädigten, gehörlosen und blinden Kindern. Tübingen: Narr. *Sehr interessante und informative Darstellung des Lautspracherwerbs unter normalen und erschwerten Bedingungen.*

Weinrich, M. & Zehner, H. (2011). Phonetische und phonologische Störungen bei Kindern. (4. Auflage). Berlin/Heidelberg: Springer. *Gute Einführung in den Bereich der kindlichen Sprechstörungen, mit Beschreibungen der Störungsbilder und Therapieansätzen.*

4. Aussprachedidaktik DaZ/DaF

In Kapitel 3 haben wir betrachtet, welchen Einfluss das phonologische System und die phonetischen Aussprachegewohnheiten der Erstsprache auf die Aussprache in der Zweitsprache Deutsch haben und welche Bereiche der deutschen Aussprache besonders häufig betroffen sind. In diesem Kapitel steht die Behebung dieser Probleme im Fokus. Die Aussprachedidaktik hat sich seit den 1990er Jahren erheblich weiterentwickelt. Standen in früheren Zeiten vor allem Übungen des Typs „Hör zu und sprich nach“ im Mittelpunkt eines Aussprachetrainings, so gibt es heute eine Übungstypologie, die sowohl die Wahrnehmung als auch das Sprechen thematisiert. Diese Übungstypologie von Helga Dieling und Ursula Hirschfeld (2000) wird im Folgenden vorgestellt und die einzelnen Übungstypen und Formate erläutert und an Beispielen illustriert. Wichtig für eine nachhaltige Wirkung des Aussprachetrainings ist aber auch die Automatisierung des Gelernten, d.h., die Überwindung von Sprechinterferenzen und das Einschleifen der neuen Sprechgewohnheiten, sodass diese auch beim freien Sprechen automatisch abgerufen werden. Für die Überwindung artikulatorischer bzw. motorischer Schwierigkeiten werden weiterhin Tipps und Tricks für die Artikulation schwieriger Laute und prosodischer Strukturen zusammengestellt. Zuletzt geben wir einige Hinweise, wie Ausspracheübungen sinnvoll mit anderen Übungen, beispielsweise Wortschatzarbeit oder Grammatikübungen, verbunden und so in den Deutschunterricht integriert werden können.

4.1 Prinzipien und Methoden der Ausspracheschulung

Die Übungstypologie von Dieling und Hirschfeld basiert auf zwei grundlegenden Prinzipien:
(1) Ohne Hören kein Sprechen (Dieling/Hirschfeld 2000: 29) und
(2) Intonation[9] vor Artikulation[10] (ebda.: 32).

Die Rolle des Hörens ist entscheidend beim Phonologieerwerb in der Zweitsprache, da viele Aussprachefehler aus Hörinterferenzen entstehen. Häufig scheitert eine korrekte Produktion von Lauten und prosodischen Mustern nicht an der motorischen Kontrolle der Artikulationsorgane, sondern an einer mut-

[9] Unter Intonation wird in dem Lehrwerk alles Suprasegmentale verstanden

[10] Unter Artikulation wird in dem Lehrwerk alles Segmentale verstanden.

tersprachlich beeinflussten Wahrnehmung der phonologischen und phonetischen Eigenschaften der Zweitsprache.

Ein Hör- bzw. Wahrnehmungstraining unterstützt jedoch nicht nur die korrekte Artikulation in der Fremdsprache, sondern auch das verstehende Hören (Hörverstehen) in der Sprache (vgl. Dieling/Hirschfeld 2000: 31). Daher beinhaltet ihre Typologie in großem Maße Übungen zum Hören.

Hören	(Aus)sprechen
Vorbereitende Hörübungen • Eintauchübungen • Diskriminationsübungen • Identifikationsübungen	Vorbereitende Sprechübungen • Einfache Nachsprechübungen • Kaschierte Nachsprechübungen • Produktive Übungen
Angewandte Hörübungen	Angewandte Sprechübungen • Vortragen/Lesen (eigener bzw. fremder Texte) • frei sprechen

Abb. 4.1: Übungstypologie nach Dieling & Hirschfeld (2000: 47)

Die beiden Teile der Typologie sind zusammen, und teilweise parallel zu unterrichten, da Hör- und Sprechübungen einander ergänzen und unterstützen.

Das zweite Grundprinzip, Intonation vor Artikulation, beruht auf der Feststellung, dass Abweichungen in der Prosodie einen größeren Effekt auf die Verständlichkeit von Lerneräußerungen und die durch Muttersprachler wahrgenommene Fremdakzentuiertheit haben als artikulatorische Abweichungen.

4.1.1 Hörübungen

Am Anfang eines Aussprachetrainings stehen die vorbereitenden Hörübungen, die auf die Beseitigung von Wahrnehmungsproblemen abzielen. **Eintauchübungen** sollen die Lernenden an den Klang der deutschen Sprache gewöhnen, ohne dass Wort- oder Textverständnis unbedingt erforderlich sind oder im Vordergrund der Übung stehen. Die Lehrkraft spricht den Lernenden Wortreihen, Texte, Gedichte oder Verse vor oder spielt sie von einem digitalen Medium ab, während die Lernenden zuhören, ohne dabei einem speziellen Hörauftrag zu folgen. Eine solche Eintauchübung kann auch schon auf ein bestimmtes phonetisches Phänomen ausgerichtet sein, beispielsweise auf die Unterscheidung von /eː/ versus /iː/ oder auf die Wahrnehmung unterschiedlicher Betonungsmuster oder Intonationskonturen. Damit können sie schon den Einstieg in eine Diskriminationsübung darstellen. Im Fall einer solchen gelenkten Eintauchübung sollte das vorgesprochene oder -gespielte Sprachmaterial die zu erlernende Struktur natürlich möglichst oft enthalten oder möglichst auffällig in den Vordergrund stellen, damit die Lernenden darauf aufmerksam werden.

Eine Eintauchübung im Bereich Rhythmus ist der folgende Vers (eine Umformung des „Uhrenliedes“ in Cros 1991: 34), der den Lernenden visuell und auditiv den akzentzählenden Rhythmus des Deutschen vor Augen führt: Jedem Kästchen in der Tabelle, die den Lernenden (soweit Schriftkenntnisse schon vorhanden sind) auch visuell vorliegen sollte, entspricht ein rhythmischer Akzentschlag. Manche Kästchen enthalten nur eine Silbe, manche eine ganze Reihe von Silben. Beim Vorsprechen klatscht die Lehrkraft rhythmisch zu den gesprochenen Versen, und die Lernenden stellen fest, dass zwischen den Klatschern (die die Akzentschläge repräsentieren) wenige oder viele Silben gesprochen werden können.

Gro-	ße	Uhren	machen	Tick	–	Tack	–
Die kleinen	Uhren	machen	immer	Tick	Tack	Tick	Tack
Und die winzig	kleinen	Uhren	machen immer	Ticke Tacke	Ticke Tacke	Ticke Tacke	Tick!

Abb. 4.2: Eintauchübung zum Rhythmus

Diskriminationsübungen sollen die Lernenden in die Lage versetzen, Kontraste in der Zweitsprache zu hören, die auf Grund des muttersprachlichen Filters für die Lernenden schwer wahrnehmbar sind. Wichtig ist, dass pro Diskriminationsübung nur ein einziger Kontrast behandelt werden soll, und nicht etwa innerhalb einer Übungseinheit Lang- und Kurzvokale, /iː/ und /eː/ sowie /uː/ und /oː/ jeweils voneinander unterschieden werden sollen. Diskriminationsübungen funktionieren am besten mit Minimalpaaren, in denen kontrastierende Laute im gleichen Kontext unmittelbar verglichen werden können. Dies erleichtert es den Lernenden, den Klangunterschied wahrzunehmen.

Minimalpaare für die Unterscheidung von Lang- und Kurzvokalen sind z.B. *Hüte – Hütte, Höhle – Hölle, Staat – Stadt.* Für die Unterscheidung von /iː/ versus /eː/ eignen sich Minimalpaare wie *lieben – Leben, bieten – beten, Siegel – Segel.* Ein Beispiel für Minimalpaare, die sich durch die Wortbetonung unterscheiden sind die deutschen trennbaren und nicht-trennbaren Verbdubletten wie *UMfahren – umFAHren, WIEderholen – wiederHOlen.* Dieling und Hirschfeld schlagen vor, aufgrund der eingeschränkten Menge der zu findenden Minimalpaare im Deutschen auch Eigennamen und Nonsenswörter für Diskriminationsübungen zu verwenden, wobei den Eigennamen Vorzug zu geben ist, da sie im Gegensatz zu Nonsenswörtern eine echte kommunikative Funktion erfüllen (Hirschfeld 2001: 873).

Die Minimalpaare werden den Lernenden vorgesprochen bzw. von einem Tonträger abgespielt mit dem Auftrag, genau auf die Unterschiede zwischen den jeweiligen Wörtern in den Minimalpaaren zu achten. Da sich die Wortpaare nur in einem einzigen Merkmal unterscheiden, wird dieses Merkmal durch die wiederholte Kontrastierung für die Lernenden irgendwann auditiv erfassbar. Zur visuellen Unterstützung kann die Lehrkraft beim Vorsprechen der Minimalpaare bestimmte Gesten einsetzen, z.B. Langvokale durch das Ausbreiten der Arme und Kurzvokale durch einen kurzen Schlag auf den Tisch untermalen oder Intonationsverläufe in Fragen und Aussagen mit der Hand in die Luft „malen“ oder bei Äußerungen den Rhythmus mitklatschen.

Nach dem ersten Hören wird die Unterscheidungsfähigkeit überprüft, indem nur noch ein Wort eines Minimalpaares genannt wird und die Lernenden signalisieren müssen, welches der beiden Wörter sie gehört haben. Dies kann beispielsweise durch Ankreuzen des gehörten Wortes auf einer Minimalpaarliste geschehen, oder durch Heben der Hand, wenn ein bestimmter Laut, ein bestimmtes Wortbetonungsmuster oder eine bestimmte Intonationskontur gehört wird.

Ist die Diskriminationsfähigkeit der Lernenden gesichert, können im Anschluss schon einfache Nachsprechübungen durchgeführt werden. Natürlich sind Diskriminationsübungen nur in solchen Bereichen der Aussprache möglich und notwendig, in denen es um die Wahrnehmung von Kontrasten geht. Bereiche wie Rhythmus, in denen es um das Erlernen phonologischer Regeln geht, oder im Bereich der positionalen Allophone (wie Ich- und Ach-Laut) finden sich logischerweise keine Kontrastpaare, auf denen eine Diskriminationsübung basieren könnte.

Im Bereich Hören sieht die Übungstypologie als nächstes vor, dass die Lernenden phonetische Phänomene auch ohne einen direkten Vergleich mit einer Alternativform identifizieren lernen (**Identifikationsübung**). Dies ist wichtig, da die freie gesprochene Sprache ja auch nicht als Folge von Entweder-Oder-Entscheidungen zwischen zwei Wörtern daherkommt. Die Lernenden sollen Laute und prosodische Strukturen auch im Kontext natürlicher gesprochener Sprache wiedererkennen. Es wird also nun nicht mehr mit Minimalpaaren gearbeitet, sondern mit vielfältigen Wörtern und Äußerungen, in denen die zu identifizierenden Laute und Strukturen vorkommen, wobei die Durchführung der Übung in der gleichen Form wie bei den Diskriminationsübungen geschehen kann, indem die Lernenden durch vereinbarte Signale anzeigen, welchen Laut oder welche prosodische Struktur sie wahrgenommen haben. Identifikationsübungen sind für alle Bereiche der Aussprache wichtig, teilweise dienen sie auch der ersten Bewusstmachung, dass eine bestimmte Struktur überhaupt im Deutschen existiert, wie beispielsweise der Glottalplosiv oder die Auslautverhärtung.

Ein Beispiel für eine Identifikationsübung zur Bewusstmachung des Glottalplosivs und seiner Wahrnehmung kann folgendermaßen aussehen.

Beispiel

Wann hörst du den „Knacklaut“? Markiere ihn durch einen Strich an der richtigen Stelle im Wort.

1. Der alte Mann hat sich beeilt.
2. Hanne hat einen Brief von Ina erhalten.
3. Der Beamte ist ins Theater gegangen.
4. Die alte Frau hat auch einen Brief geöffnet.

■ Übung 33

Markieren Sie in den obigen Sätzen die Stellen, an denen der Glottalplosiv/Knacklaut im Standarddeutschen vorkommen sollte.

Der letzte Schritt in der Hörtypologie sind **Angewandte Hörübungen**. Diese stellen den Schritt vom phonetischen zum verstehenden Hören dar. Es geht nun nicht mehr vordergründig darum, Laute und prosodische Strukturen in ihrer Form zu erkennen, sondern ihre Funktion zu identifizieren. Die Wahrnehmung von Kontrasten in der Zweitsprache ist schließlich eine Voraussetzung für ein funktionierendes Hörverstehen. Dieser Sachverhalt lässt sich beispielsweise an einer Hörübung zum Thema Fokus veranschaulichen. Nachdem die Lernenden geübt haben, die Hauptbetonung (Satzakzent, Nuklearakzent) in Sätzen zu identifizieren, und besprochen wurde, wie eine Verschiebung des Nuklearakzents zur kontrastiven und korrektiven Hervorhebung von Wörtern in Äußerungen verwendet wird, sollen die Lernenden in dieser Übung anhand der Position des Satzakzents in einer immer aus den gleichen Wörtern bestehenden Frage die jeweils dazu passende Antwort erkennen.

Beispiel

Du hörst die gleiche Frage mit jeweils unterschiedlicher Betonung. Welche Antwort passt jeweils? Schreibe die richtige Nummer der Frage in das Kästchen.

Frage: Hast du die rote Vase vom Tisch genommen?

a) Nein, die rote Schüssel. ☐
b) Nein, aus dem Schrank. ☐
c) Nein, die blaue. ☐
d) Nein, ich nicht, das war Peter. ☐

■ Übung 34

Welches Wort muss in der Frage betont werden, damit Antwort a), b), c) bzw. d) passen?

4.1.2 Sprechübungen

Die Typologie für Sprechübungen sieht ebenfalls vorbereitende und angewandte Übungen vor. Die einfachste Form ist die **einfache Nachsprechübung** (Hör zu und sprich nach), die üblicherweise direkt im Anschluss an eine gelungene Diskriminationsübung durchgeführt wird. Diese Übungen sind geeignet, um Artikulationsschwierigkeiten direkt zu behandeln. Das Nachsprechen wird also durch Artikulationsübungen unterstützt.

Eine **kaschierte Nachsprechübung** funktioniert nach dem Prinzip einer Drillübung, bei der die Lernenden nicht eine Lehreräußerung komplett imitieren, sondern vorgegebene Äußerungen variieren müssen. Dies geschieht meist in Form von kleinen Dialogen, wie im folgenden Beispiel zum Bereich des Rhythmus. Hier stehen sich die Lernenden in zwei Reihen gegenüber und führen ein „Streitgespräch", bei dem sie sich gegenseitig vorgegebene Äußerungen zurufen. Die Lehrkraft gibt bei jeder Wiederholung vor, in welcher Stimmung die Äußerungen gemacht werden sollen (heiter, wütend, traurig, gelangweilt), weitere Variationen finden beim Sprechtempo statt (mal schneller, mal langsamer). Eine Reihe ruft dabei jeweils Zeile A, die gegenüberstehende Reihe Zeile B.

Dialog 1

A: Ich ***will*** das hier nicht ***ma***chen!

B: Ich ***sa***ge dir ***a***ber du ***musst***!

Dialog 2

A: ***Nimm*** jetzt das ***Buch*** aus der ***Ta***sche!

B: Das ***ist*** da aber ***gar*** nicht ***drin***!

Dialog 3

A: Ich ***ha***be ***kei***ne ***Lust*** mehr!

B: Das ***ist*** mir ***ganz*** e***gal***!

■ Übung 35

Führen Sie die Übung in der Gruppe durch.

Durch die Variation werden die Lernenden von der Tatsache, dass es sich um eine Nachsprechübung handelt, abgelenkt und lernen, ihren Sprechstil je nach Situation zu variieren. Wegen dieses Ablenkens vom eigentlichen Ziel (nämlich dem rhythmischen Sprechen in unserem Beispiel) wird sie „kaschierte" Nachsprechübung genannt.

Ein weiteres Beispiel für eine kaschierte Nachsprechübung besteht darin, dass die Lernenden eine vorgegebene Äußerung korrigieren (und dabei den korrektiven Fokus richtig realisieren). Die vordergründige Aktivität ist hier, die inhaltlichen Fehler zu finden und zu korrigieren, das kaschierte Element ist, dass die Lernenden die korrigierten Sätze laut aussprechen und dabei genau den Teil durch Betonung hervorheben, der durch die Korrektur neu in dem Satz ist – der Rest des Satzes bleibt jeweils gleich.

Die folgenden Aussagen sind falsch. Formuliere eine Berichtigung. Welches Wort muss am stärksten betont werden?

Beispiel: Die Sonne ist dunkel. – Nein, die Sonne ist <u>hell</u>!

a) Hunde haben drei Beine.
b) Tomaten sind blau.
c) Mit einer Gabel kann man Sachen zerschneiden.
d) Ein Ball ist viereckig.
e) Bananen sind rot.

■ Übung 36

Lösen Sie die obige Aufgabe. Sprechen Sie Ihre Berichtigungen laut aus und achten Sie auf die korrekte Betonung.

Weiterhin sieht die Sprechtypologie **produktive Sprechübungen** vor. In dieser Übungsform wird nur ein Teil von der Lehrkraft vorgegeben und die Lernenden müssen einen Teil selbstständig ergänzen. Diese Übungsform bietet sich vor allem beim Einüben positionsbedingter Allophone an, beispielsweise im Bereich der Auslautverhärtung, die für stimmhafte Obstruenten im Silbenauslaut eintritt, aber wieder aufgehoben wird, sobald der Obstruent (z.B. durch Anhängen einer Pluralendung an ein Nomen) in den Anlaut einer Silbe tritt. Ein Beispiel für eine produktive Übung ist eine Liste von Nomen, von denen entweder die Singular- oder die Pluralform vorgegeben ist. Die Lernenden ergänzen die jeweils fehlende Form – das ist der selbst zu produzierende Teil – und sprechen die Singular-Plural-Paare aus. Der Wechsel in der Stimmhaftigkeit der Obstruenten in Abhängigkeit von der Silbenposition wird dann herausgearbeitet. Ähnliche Übungen mit Singular-Plural-Paaren bieten sich an für das konsonantische und vokalische R (*das Ohr* /ʔoːɐ/, aber *die Ohren* /ʔoːʁən/) oder für den Wechsel von Hinterzungen- zu Vorderzungenvokalen durch Umlaut (z.B. *Mutter – Mütter, Bruder – Brüder*).

Ergänze die fehlenden Formen! Sprich die Wörter laut aus. Was fällt dir auf?

	Singular	**Plural**
1	das Bad	
2		die Züge
3	der Hund	
4		die Körbe
5	das Haus	

Abb. 4.3: Beispiel für eine produktive Sprechübung

Am Ende der Übungstypologie stehen die **angewandten Sprechübungen**, also das Vorlesen von eigenen und fremden Texten, sowie das freie Sprechen. Das Vorlesen von Texten kann von den Lernenden vorbereitet werden, indem z.B. lange Vokale, Wortakzentuierung oder Satzmelodie im Text markiert werden.

4.2 Unterstützende Übungen zur Intonation und Artikulation

Die folgenden Übungen helfen den Lernenden dabei, Laute, Lautverbindungen und prosodische Strukturen im Deutschen mit möglichst einfachen Mitteln korrekt zu produzieren. Sie sollten im Rahmen der Übungstypologie im Bereich der Nachsprechübungen eingesetzt werden, um den Lernenden schnelle Erfolgserlebnisse zu verschaffen und sie durch die Erkenntnis, dass die als schwierig empfundenen Strukturen tatsächlich recht einfach produziert werden können (wenn man weiß, wie) motivieren. Auch beim Automatisieren, das hauptsächlich außerhalb der Unterrichtszeit stattfinden muss, helfen die Übungen, sich an die richtige Stellung der Artikulatoren, die Länge von Vokalen oder den deutschen Rhythmus zu erinnern, wodurch ein selbstständiges Vertiefungstraining ermöglicht wird.

4.2.1 Übungen zur Intonation

Bei Übungen zur Intonation ist es wichtig, nicht nur das Ende der Intonationskontur zu betrachten. Die Aussage, dass Entscheidungsfragen mit steigender Intonation gestellt werden, ist als Beschreibung unvollständig, denn die Steigung beginnt erst bei dem Wort, das den Satzakzent trägt. Es sollte also die ganze Intonationskontur betrachtet werden, am besten in Form einer Visualisierung an der Tafel: Wie in Abb. 2.10 (Kapitel 2.4.4) wird ein Aussage- oder Fragesatz an die Tafel geschrieben und die Bewegung der Sprechmelodie als Kurve eingezeichnet. Dabei sollte die Lehrkraft darauf hinweisen, ab welcher

Silbe die Kontur steigt oder fällt, und auch, wie hoch bzw. tief sie steigt oder fällt. Beim Nachsprechen können die Lernenden mit der Hand die Tonhöhenbewegung in der Luft nachzeichnen.

Für Lernende, deren Erstsprache eine Tonsprache ist, muss zusätzlich geübt werden, die Tonhöhenbewegung über mehrere Silben hinweggleiten zu lassen. Diese Sprecher tendieren dazu, kleine Tonhöhenbewegungen zu produzieren, die sich auf einzelne Silben beschränken. Zum Einstieg sollte die Lehrkraft dies aufgreifen und beispielsweise eine Fragekontur auf einem einsilbigen Wort wie „Tee“ produzieren. Danach werden der Äußerung mehr und mehr Silben hinzugefügt, wobei die Intonationskontur vor dem Satzakzent einfach in die Länge gezogen wird. Das Tafelbild mit den Visualisierungen zu dieser Übung könnte wie in Abbildung 4.4 aussehen.

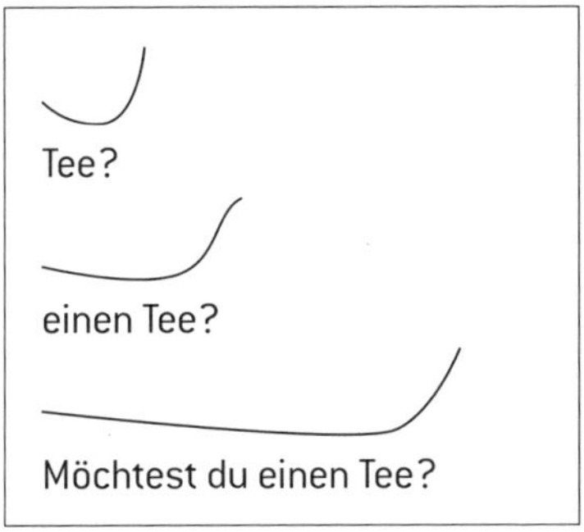

Abb. 4.4: Beispiel für eine Übung zur Intonation

Auf diese Weise wird den Lernenden bewusst, dass im Deutschen eine Tonhöhenbewegung nicht an die Grenzen der Silbe, sondern an Anfang und Ende einer Äußerung gekoppelt ist, und dass die Kontur ausgedehnt oder zusammengestaucht werden kann, ohne jedoch ihre Grundform zu verändern. Beim Aussprechen hilft es, beispielsweise die oben dargestellten Äußerungen schnell hintereinander zu sagen und dabei eine den gezeichneten Kurven entsprechende Handbewegung durch die Luft zu führen.

4.2.2 Übungen zum Wortakzent

Neben der Vermittlung der Regeln zur Position des Wortakzents ist auch die richtige Produktion von Druckakzent und Tonakzent einzuüben. Viele Sprachen, beispielsweise alle romanischen Sprachen, besitzen zwar Tonakzente, aber keinen Druckakzent. Dies bedeutet, dass die Sprecher dieser Sprachen daran gewöhnt sind, betonte Silben durch einen höheren oder tieferen Ton als die umgebenden unbetonten Silben zu markieren, aber nicht daran, sie auch durch eine höhere Lautstärke und höheren Sprechdruck hervorzuheben. Der nötige

Druck kann ganz einfach erzeugt werden, indem die Lernenden bei betonten Silben in deutschen Wörtern möglichst fest mit der Faust auf den Tisch schlagen. Dadurch wird zum einen die für den Druckakzent erforderliche Zwerchfellaktivierung ausgelöst, zum anderen konzentriert sich so die gesamte Sprechenergie automatisch auf die betonte Silbe, wodurch unbetonte Silben nicht mehr genug Energie abbekommen, um als betont wahrgenommen zu werden.

4.2.3 Übungen zum Satzakzent

Auch beim Satzakzent hilft ein kräftiger Schlag auf den Tisch bei der Erzeugung des nötigen Drucks. Bei längeren Äußerungen helfen kleine Krabbelbewegungen mit den Fingerspitzen auf dem Tisch vor und nach dem Satzakzent, die Lautstärke der weniger betonten Wörter geringer zu halten: Es fällt schwer, bei kleinen Krabbelbewegungen laute Silben zu produzieren. Die Konzentration auf den Satzakzent kann erzeugt werden, indem ein Satz von hinten, also vom Satzakzent ausgehend, Wort für Wort aufgebaut wird, wobei die Finger quasi wie auf einer Rampe auf den Satzakzent zukrabbeln und dann durch einen Schlag auf den Tisch alle Energie auf das betreffende akzentuierte Wort konzentrieren.

Beispiel

SAHNE
mit **SAHNE**
Kuchen mit **SAHNE**
Lisa isst Kuchen mit **SAHNE**

4.2.4 Übungen zum Rhythmus

Zur Bewusstmachung und Umsetzung des deutschen Rhythmus helfen Übungen, die rhythmische Bewegungen beinhalten. Als sehr erfolgreich (vgl. die empirische Studie zur Effektivität von Aussprachetraining von Dahmen 2013) hat sich die „Rhythmuslokomitive“ (adaptiert nach Endt und Hirschfeld 1995) erwiesen, die wie folgt durchzuführen ist:

Schritt 1: Ein Satz mit eindeutigem rhythmischem Muster wird an die Tafel geschrieben, z.B.
Barbara verliebte sich in Michael

Schritt 2: Die Lernenden hören den Satz und ermitteln die betonten Silben:
<u>**Bar**</u>bara ver<u>**lieb**</u>te sich in <u>**Mich**</u>ael

Schritt 3: Die Lernenden stellen sich im Kreis auf und sprechen den Satz zusammen mit der Lehrkraft im Chor. Bei den betonten Silben wird in die Hände

geklatscht. Silbenzählende Sprecher müssen sich erst daran gewöhnen, nicht bei allen Silben, sondern nur bei den betonten Silben zu klatschen. Es fällt ihnen zuerst auch schwer, die unbetonten Silben schnell genug zu sprechen, um beim nächsten Rhythmusschlag (bzw. Klatscher) rechtzeitig wieder eine der betonten Silben zu produzieren. Die Klatschübung wird so lange in moderatem Tempo durchgeführt, bis alle Lernenden den Rhythmus gefunden haben.

Schritt 4: Nun stellen sich alle in einer Schlange hintereinander auf, wie Waggons in einem Zug. Die Lehrkraft nimmt die Rolle der Lokomotive ein, die den Zug anführt und das Tempo bestimmt. Die simple Klatschbewegung aus der vorherigen Übung wird nun durch eine komplexere Bewegung des ganzen Körpers ersetzt, indem die Lehrkraft und die Lernenden mit weitausgreifenden Arm- und Beinbewegungen rhythmisch im Kreis oder durch das Klassenzimmer marschieren. Jede betonte Silbe wird vom Aufsetzen der Füße und einer Vor-bzw. Rückbewegung der Arme begleitet. Die unbetonten Silben müssen dazwischen untergebracht werden. Nach einigen Runden in langsamem Tempo, bei dem sich die Lernenden in die Koordination von betonter Silbe und Schrittbewegung einfinden, zieht die Lokomotive das Tempo allmählich an und wird schneller und schneller. Den Lernenden bleibt nun nichts anderes übrig, als das Sprechtempo zu erhöhen (da dies ja mit dem Tempo des Marschierens übereinstimmt) und sich nur noch auf die betonten Silben zu konzentrieren, die beim nächsten Aufsetzen der Füße produziert werden müssen. Dadurch werden die unbetonten Silben automatisch verkürzt und leiser gesprochen. Das Tempo sollte zwischendurch auch einmal auf ganz langsam heruntergefahren werden, um zu zeigen, dass unbetonte Silben mehr oder weniger genau artikuliert werden, je nachdem ob das Sprechtempo niedrig (=deutlichere Artikulation) oder hoch (=Reduktion und Verschleifung) ist.

Auch wenn diese Technik ursprünglich für Kinder konzipiert wurde, lässt sie sich auch mit älteren Lernenden problemlos durchführen. Lediglich der Inhalt der zu übenden rhythmischen Äußerungen ist an die Altersgruppe anzupassen.

4.2.5 Übungen zur Silbenstruktur

Im Bereich der Silbenstruktur können Lernende folgende Probleme haben: (1) Sie vereinfachen Konsonantencluster durch Einschub von Sprossvokalen bzw. Auslassen von Konsonanten und (2) Sie lösen konsonantische Silbenränder durch angefügte Vokale auf.

Konsonantencluster aussprechen: Viele Lernende sind es aus ihrer Erstsprache nicht gewohnt, mehrere Konsonanten hintereinander zu artikulieren. Diesen Lernenden fällt es eventuell auch schwer, in komplexen deutschen Silben alle Konsonanten wahrzunehmen, was aber für die Unterscheidung von Wörtern wie *Eis – ein – eins – einst* wichtig ist. Um das erstsprachlich geprägte Silbenstrukturmuster (das bei diesen Lernenden die Regel enthält, dass einem Konsonanten stets ein Vokal folgen muss) aufzuheben, sollte eine komplexe Silbe zuerst einmal Laut für Laut aufgebaut werden. Beispielsweise kann die Lehrkraft an der Tafel ein Wort wie „Trumpf" Buchstabe für Buchstabe aufbauen, also *T* – *Tr* – *Tru* – *Trum* – *Trump* – *Trumpf*, und die Lernenden jeweils aussprechen lassen, was sie an der Tafel lesen. Hinterher wird das Wort einmal von hinten, also ausgehend von *f* aufgebaut. Zum Schluss wird das Wort komplett noch einmal ausgesprochen und dabei in die Hände geklatscht, um zu verdeutlichen, dass es sich um eine einzige Silbe handelt, während bei Einfügen von Sprossvokalen ein mehrsilbiges Wort entsteht. Das lautweise Aufbauen der Silbe fokussiert die einzelnen Konsonanten und zwingt die Lernenden dazu, auch tatsächlich alle Konsonanten auszusprechen – ohne Vokale dazwischenzuschieben. Zusätzlich zu Übungen mit konsonantenreichen Wörtern kann auch ein Wettbewerb zur Aussprache willkürlicher Konsonantenreihen wie *frnprm* als eine Art Zungenbrecher durchgeführt werden, um die Lernenden spielerisch an die Ausführung mehrerer konsonantischer Artikulationsbewegungen in Folge zu gewöhnen.

Vermeidung von Vokalanfügungen vor dem Anlaut und nach dem Auslaut: Lernende mit Spanisch als Erstsprache fügen bei Wörtern mit den Anlauten [ʃt-, ʃp-, ʃtʁ-, ʃpʁ-] (*st-, sp-, str-, spr-*) vor dem Anlaut einen [e]-Sprossvokal ein, da sie dies aus dem Spanischen gewöhnt sind (vgl. „Spanien" vs. „España"). Folgende Übung hilft dabei, den Sprossvokal zu vermeiden: Für den [ʃ]-Laut legen die Lernenden einen Zeigefinger vertikal an die Nasenspitze, wie um jemanden zum Stillsein zu ermahnen. Die Lippen werden für das [ʃ] (das im Deutschen als einziger Konsonant eine deutliche Lippenrundung und –vorstülpung besitzt) bis an den Finger vorgestülpt und der Laut langgezogen artikuliert: „Schschschschschschschsch…". Erst nach einem lange ausgehaltenen [ʃ] wird der Rest des Wortes, z.B. [tat] bei *Stadt* artikuliert, wobei der Zeigefinger sich von der Nasenspitze wegbewegt. Danach wird das Wort noch mehrfach in gleicher Form gesprochen, wobei der [ʃ]-Laut jedes Mal etwas kürzer gesprochen wird, bis er die übliche Länge im Deutschen erreicht hat.

Lernende, deren Erstsprache keine konsonantisch auslautenden Wörter besitzt, wie z.B. Italienisch, hängen an solche Wörter im Deutschen häufig einen [ə]-Sprossvokal an. Zur Vermeidung dieses Sprossvokals hilft die gleiche Übung wie oben: Der letzte Konsonant in einem Wort wie „Bein" wird so lange angehalten, bis die Atemluft zu Ende geht, also [baɪnnnnnnnnnnn]. Der Impuls, die Silbe durch einen angehängten Vokal wieder zu öffnen, dauert nur sehr kurz und vergeht während der Ausdehnung des letzten Konsonanten. Der Konsonant wird dann in mehreren Wiederholungen stetig bis zur üblichen Länge verkürzt.

4.2.6 Artikulationsübungen für Konsonanten

Der **glottale Reibelaut /h/** ist einfach zu erzeugen, indem die Lernenden in die Hand oder gegen einen Spiegel hauchen. Wichtig ist, wie bei allen Artikulationsübungen von Einzellauten, dass der Konsonant nicht als isolierter Laut, sondern sofort in Verbindung mit nachfolgenden Vokalen geübt wird: „haaa, heee, hiiii“ oder „haben, heben, Hiebe“.

Der **Glottalplosiv** [ʔ] tritt im Deutschen vor vokalisch anlautenden betonten Silben auf. Da er nicht durch einen Buchstaben in der Schrift sichtbar gemacht wird, ist er vielen Sprechern nicht bewusst. Eine Hilfe ist, die Position des Glottalplosivs (auch als **Vokalneueinsatz oder Knacklaut** bekannt) für eine gewisse Zeit in der Schrift zu markieren, z.B. durch das Symbol § in *§Auto, Be§amter, be§obachten.* Bei der Artikulation kann es helfen, dass die Lernenden an dieser Stelle einen kleinen Huster zu produzieren, was quasi einem behauchten Glottalplosiv entspricht. Die Behauchung verschwindet erfahrungsgemäß nach relativ kurzer Zeit. Beim Üben des Gottalplosivs ist es wichtig, dass die Silbe, in der er auftritt, von den Lernenden auch tatsächlich hauptbetont und mit entsprechendem Druck artikuliert wird (siehe oben zum Wortakzent).

Das **konsonantische /ʁ/** wird am Zäpfchen (Uvula) artikuliert. Hier können die Lernenden den Kopf in den Nacken legen wie beim morgendlichen Gurgeln mit Wasser, wodurch die Zunge durch ihr Eigengewicht automatisch an die richtige Artikulationsstelle rutscht. Die Vorstellung, mit Wasser zu gurgeln, hilft bei der Artikulation des konsonantischen R-Lauts, der sofort in Wörtern wie *Rabe, rufen, runter* geübt werden sollte. Bei Lernenden, die schon den Ach-Laut /χ/ beherrschen, kann man auch von diesem Laut ausgehen und den Lernenden raten, diesen Laut stimmhaft auszusprechen, da /ʁ/ und /χ/ sich nur durch die Stimmbeteiligung unterscheiden. Wichtig ist bei den deutschen R-Lauten vor allem, die silbenpositionsbedingte Aussprache von *r* einzuüben. Die Aussprache des **vokalisierten R /ɐ/** ist durch die Annäherung über das kurze /a/ zu erreichen und mit Wörtern wie *Uh<u>r</u>, To<u>r</u>, Mutt<u>er</u>, Vat<u>er</u>* zu üben.

Der **Ich-Laut /ç/** ist über das lange /iː/ zu erreichen, da die Zunge sich beim /iː/ in der gleichen Position befindet wie beim /ç/. Die Laute unterscheiden sich praktisch nur durch das Vorhandensein von Stimme beim Vokal und die Abwesenheit von Stimme beim Konsonanten. Flüstert man also ein langes /iː/, erhält man den Ich-Laut. In der Praxis hat es sich bewährt, den Lernenden nicht explizit zu sagen, dass ein Ich-Laut beim Flüstern des /iː/ entstehen soll, da sie dann häufig unbewusst die Zunge in die Position verschieben, wo sie den Ich-Laut vermuten. Eine Möglichkeit, diesen Reflex zu umgehen ist es, sich auf Umwegen dem geflüsterten /iː/ zu nähern: die Lehrkraft sagt beispielsweise: „Wie heißen die fünf wichtigen deutschen Vokalbuchstaben? [aː – eː – iː – oː – uː]. Nun flüstern wir gemeinsam die Namen der Buchstaben. [Flüstern der Buchstabennamen] Nun nur den mittleren: [ççç]. Hört mal, nun sagt ihr den Ich-Laut.“

Der **Ach-Laut /χ/** kann wie das konsonantische /ʁ/ (s.o.) erzeugt werden, aber ohne Stimmbeteiligung.

Der **velare Nasal /ŋ/** wird von vielen Lernenden als Lautverbindung ausgesprochen: *Ring* /ʁɪŋ/ wird zu *[ʁɪnk], *Ringe* /ʁɪŋə/ zu *[ʁɪngə]. Dies kann vermieden werden, wenn der /ŋ/-Laut erstmal in Wörtern wie *Ring, jung, lang* möglichst lang gehalten wird, also [ʁɪŋŋŋŋŋ – jʊŋŋŋŋŋ – laŋŋŋŋŋ]. Der Konsonant soll beim ersten Durchgang so lang ausgedehnt werden, bis die Atemluft ausgeht. Dies kann auch als Wettbewerb gestaltet werden. Der Impuls, ein /g/ oder /k/ anzufügen, wird so überwunden. Bei weiteren Durchgängen wird das [ŋ] dann stetig verkürzt. Danach wird die Übung mit zweisilbigen Wörtern wie *Ringe, Junge, lange* wiederholt, wobei das /ŋ/ wieder verlängert wird und dann in das /ə/ übergeht. Die Lernenden sollen dabei genau darauf achten, dass sie die zweite Silbe nicht durch /g/ einleiten. Bei Problemen, den velaren Nasal zu artikulieren, können die Lernenden mit einem Stift oder einem Finger den vorderen Teil der Zunge nach unten drücken. Dadurch verschiebt sich der hintere Teil der Zunge automatisch zum Velum.

Bei spanischsprachigen Lernenden ist **der labiodentale Frikativ /v/** problematisch, da sie ihn nicht nur mit dem bilabialen Plosiv /b/ verwechseln, sondern ihn auch ebenfalls bilabial aussprechen. Die labiodentale Artikulation ist sehr einfach zu erzeugen, indem die Spitze eines Zeigefingers an die Mitte der Unterlippe gepresst wird, wodurch diese automatisch unter die Oberzähne geschoben wird. Anschaulicher wird es, wenn man mit Daumen und Zeigefingern beider Hände ein W bildet und die aneinanderstoßenden Daumenspitzen an die Unterlippe presst.

Die **stimmlosen Plosive /p, t, k/** werden im Deutschen aspiriert, also behaucht. Aspiration ist sehr einfach zu erzeugen: Die Lehrkraft lässt ein kleines Blatt Papier locker direkt vor dem Mund baumeln und sagt „Ba – Pa". Bei /b/ passiert nichts, aber bei /p/ wird das Papier vom Luftstoß der Aspiration bewegt. Statt des Blattes kann man sich auch eine kleine leichte Papierkugel oder Daunenfeder auf die Hand legen und durch die Aspiration fliegen lassen. Die Lernenden verwenden die gleiche Technik und üben die Aspiration von /p,t,k/ mit Wortpaaren wie *Bass – Pass, danken – tanken, Garten – Karten.* Weiterhin kann die bedeutungsunterscheidende Funktion der Aspiration verdeutlicht werden, wenn die Lernenden sich über eine größere Distanz hinweg (z.B. quer durch das Klassenzimmer) Wörter wie die eben genannten zuflüstern und dann entscheiden sollen, was da geflüstert wurde. Die Wörter *Bass* und *Pass* klingen geflüstert exakt gleich, wenn das /p/ in *Pass* nicht behaucht wird.

4.2.7 Artikulationsübungen für Vokale

Bei der Unterscheidung von **langen und kurzen Vokalen** im Deutschen ist es wichtig, den Lernenden einen Hinweis zu geben, wie lang denn ein Langvokal und wie kurz ein Kurzvokal ist. Lernende mit Erstsprachen wie Spanisch, Polnisch oder Türkisch kennen nur eine Vokallänge, und diese ist kürzer als der deutsche Langvokal und länger als der deutsche Kurzvokal. Ein deutscher Langvokal dauert im Durchschnitt so lang wie es dauert, die Hände zügig schulterbreit auseinanderzuführen. In vielen Werken zur Ausspracheschulung wird pauschal vorgeschlagen, die Arme auszubreiten, aber das komplette Ausbreiten der Arme dauert erheblich länger als ein normaler deutscher Langvokal. Beim schulterbreiten Ausbreiten sollen die Lernenden den Vokal genau so lange aushalten, wie das Ausbreiten dauert. Kurzvokale hingegen können durch einen kurzen Handkantenschlag in die Luft oder durch ein rasches Zusammenklatschen der Hände ihre richtige Kürze erhalten.

Neben der Vokalquantität ist im Deutschen auch die Unterscheidung in **gespannte und ungespannte Vokale** wichtig. Diese unterschiedliche Vokalqualität, die fast durchgehend mit dem Quantitätsmerkmal korreliert (lang und gespannt, kurz und ungespannt) kann kombiniert mit der Übung zur Vokallänge trainiert werden. Bei Wortpaaren wie *Miete – Mitte, Hüte – Hütte, Beet – Bett, Höhle – Hölle* etc. soll bei den Wörtern mit Langvokal eine sehr gespannte Körperhaltung und Mimik eingehalten werden, während das Wort artikuliert und die Arme schulterbreit ausgebreitet werden. Bei den Wörtern mit Kurzvokal sollen Körper und Gesicht komplett erschlaffen (so, als wolle jemand besonders „cool" sein) und das Wort soll nachlässig quasi „hingespuckt" werden, während die Hände klatschen oder kurz durch die Luft fahren. Die schlaffe Körperhaltung und Mimik führt automatisch zu ungespannter Artikulation der Kurzvokale, eine gespannte äußere Haltung hingegen zu einer gespannten Artikulation.

Die **gerundeten Vorderzungenvokale, also die Ü- und Ö-Laute**, sind über die ungerundeten Vorderzungenvokale /i/ und /e/ zu erreichen, da sie sich nur durch Lippenrundung von ihnen unterscheiden. Sprich: /iː/ mit Lippenrundung ergibt /yː/ und /eː/ mit Lippenrundung ergibt /øː/. Es empfiehlt sich aber erfahrungsgemäß nicht, die Lernenden einfach aufzufordern, ein /iː/ oder /eː/ zu artikulieren und dann dabei die Lippen zu runden, denn oft resultiert dies nicht in [iiiiyyyyy] bzw. [eeeeøøøø], sondern in [iiiiuuuu] und [eeeooo]. Der Grund ist, dass in den meisten Sprachen der Parameter „gerundete Lippen" fest mit dem Parameter „Hinterzungenvokal" verbunden ist, weil die meisten Sprachen nur ungerundete Vorderzungenvokale und gerundete Hinterzungenvokale besitzen. Die Zunge geht dann automatisch hinten hoch, sobald die Lippen gerundet werden. Folgender Trick hilft, diesen Reflex zu überlisten: Die Lehrkraft fordert die Lernenden auf, alles zu imitieren, was sie vormacht. Sie beginnt damit, ein langes /iː/ oder /eː/ zu artikulieren und hält dieses weiter an, während sie beginnt, alle möglichen Bewegungen mit den Lippen zu machen. Dies lenkt die Lernenden davon ab, dass die Produktion eines anderen Vokals das Ziel der Übung ist. Nach einer Weile legt die Lehrkraft einen Zeigefinger senkrecht an die Nasenspitze und dreht sich so, dass die Lernenden sie nun von der Seite sehen. Während der ursprüngliche Vokal immer weiter angehalten wird, stülpt die Lehrkraft die Lippen vor, bis diese den Zeigefinger berühren. Sie zieht die Lippen zurück, schiebt sie dann wieder bis an den Finger, und die Lernenden bemerken, dass sie nicht mehr [iiiii], sondern [iiiyyyiiiyyyiiiyyy] hören und artikulieren (Analoges gilt für [e] und [ø]). Die Geste mit dem Zeigefinger kann nun genutzt werden, um die gerundeten Vorderzungenvokale zu erzeugen.

4.3 Automatisierungsübungen

Bisher haben wir uns mit dem Teil des Aussprachetrainings beschäftigt, der im Klassenzimmer stattfinden sollte. Während dieses Teils wurden die Lernenden in die Lage versetzt, Laute und phonologische Strukturen des Deutschen wahrzunehmen, zu unterscheiden und in der freien Sprache wiederzuerkennen. Sie haben auch gelernt, die Laute und Strukturen nachzusprechen, regelhafte Varianten von Lauten an den richtigen Positionen auszuwählen und mündliche Vorträge vorzubereiten. Die Artikulationsübungen und Tricks helfen den Lernenden, sich an die richtige Stellung der Artikulatoren zu erinnern, den reduzierenden Rhythmus des Deutschen auch in neuen Äußerungen wiederzuerkennen und zu reproduzieren, oder auch die tatsächliche Länge deutscher Vokale jederzeit zu reproduzieren. Die Effekte solcher Übungen sind im Unterricht meist recht schnell bemerkbar – allerdings nur solange sich die Lernenden auf die eben erlernte Aussprache konzentrieren. Beim freien Sprechen scheinen die Effekte oft wie verflogen. Für langfristige Verbesserungen der Aussprache sind Automatisierungsübungen nötig, und diese benötigen mehr Zeit und Stetigkeit, als der Unterricht bieten kann. Wie eben beschrieben hat der Unterricht am Ende der Übungstypologie den Lernenden alles in die Hand gegeben, selbstständig weiterzuarbeiten. Dies bedeutet, dass die verwendeten Übungen zu Hause wiederholt werden können. Automatisierung wird aber nur erreicht, wenn eine ständige Anwendung des Gelernten auf neuen Sprachinput erfolgt. Zwei sehr simple Techniken können die Lernenden außerhalb des Unterrichts verwenden, um gelernte Aussprache zu automatisieren.

4.3.1 Automatisieren durch lautes Vorlesen

Es reicht schon, jeden Abend vor dem Schlafengehen oder zu sonst einem Zeitpunkt drei bis vier Seiten aus einem deutschsprachigen Buch laut vorzulesen, um langfristige Effekte zu erzielen. Wichtig ist dabei, dass die Lernenden sich beim Lesen jeweils nur auf einen einzigen Bereich der deutschen Aussprache konzentrieren und nicht versuchen, alles gleichzeitig zu beachten. Nehmen wir an, eine Lernende möchte die Aspiration der deutschen Plosive /p,t,k/ automatisieren. Sie liest jeden Tag aus einem deutschsprachigen Buch laut vor und achtet dabei darauf, alle /p,t,k/ zu aspirieren. Dabei verwendet sie vielleicht, wie in der Artikulationsübung im Unterricht, ein Stück Papier, das sie sich vor den Mund hält um zu überprüfen, ob sie die Aspiration auch richtig produziert. Vergisst sie bei einem Wort die Aspiration, wiederholt sie dieses Wort dreimal mit Aspiration und liest dann weiter. Am Anfang wird sie sich häufig korrigieren müssen, doch nach einigen Tagen werden die Korrekturen weniger, bis sie gar nicht mehr nötig sind. Ab diesem Zeitpunkt ist die Aussprache automatisiert und die Lernerin muss beim freien Sprechen nicht mehr aktiv darauf achten, dass sie /p,t,k/ aspiriert. Nun wendet sie sich dem nächsten Problembereich

– vielleicht den Lang- und Kurzvokalen – zu und konzentriert sich beim Lesen in den nächsten Tagen oder Wochen nur darauf. Auf diese Weise kann ein Bereich nach dem anderen automatisiert werden.

4.3.2 Automatisieren durch Mitsingen

Singen in der Zweitsprache hilft auch bei der Automatisierung der Aussprache. Insbesondere der Bereich des Rhythmus wird trainiert, wenn die Lernenden deutsche Lieder singen. Da Lieder immer einen festen Rhythmus haben, müssen die Lernenden sich zwangsläufig in diesen Rhythmus einfinden, wenn sie synchron mitsingen wollen. Betrachtet man Lieder in Sprachen mit akzentzählendem/reduzierendem Rhythmus wie Deutsch, fällt auf, dass der Rhythmus eher wie „DAMdadadaDAMdadadaDAMdadadaDAM" klingt: Es fallen regelmäßig Rhythmusschläge bzw. Beats, auf denen im Liedtext betonte Silben liegen und dazwischen gibt es weniger betonte Töne, auf die die unbetonten Silben fallen. Dies können wenige oder viele Silben sein. Eine Zeile aus dem Lied „Es ist Sommer" von den Wise Guys mag zur Illustration genügen:

Es ist **Som**mer, e**gal** ob man **schwitzt** oder **friert**
Sommer ist, **was** in deinem **Kopf** pas**siert**.

Betrachtet man im Vergleich dazu das französische „Frere Jacques", fällt ein völlig anderer Rhythmus ins Auge:

Fre-re Jac-ques, Fre-re Jac-ques
dor-mez vous? Dor-mez vous?

Hier entspricht jede Silbe einer Note, die jeweils gleich lang sind. Dies ist typisch für den silbenzählenden, nicht-reduzierenden Rhythmus in Sprachen wie Französisch oder Italienisch. Silbenzählende Sprecher versuchen auch im Deutschen zuerst, jede Note gleich lang zu singen. Beim Mitsingen von deutschen Liedern würden sie aber sehr schnell weit im Text zurückhängen, wenn sie nicht den deutschen Rhythmus annehmen und die unbetonten Silben (und Noten) entsprechend verkürzen. Da Lieder auch noch jeweils ihr eigenes Tempo besitzen, wird durch synchrones Mitsingen der deutsche Rhythmus geschult und automatisiert.

Weiterhin ist Singen nützlich für das Einschleifen von Artikulationsbewegungen. Die Steuerung der Artikulatoren läuft beim Singen nicht über die linke Hemisphäre des Gehirns, die für Sprechbewegungen im Rahmen der Sprachplanung und -produktion verantwortlich ist. Informationen, die mit regelhaften Mustern zu tun haben werden in der rechten Hemisphäre verarbeitet und gespeichert und auch von dort wieder abgerufen. Dazu gehören auch rhythmische Muster und Reimschemata. So können die meisten Menschen Lieder und Gedichte abrufen, die sie vor vielen Jahren gelernt haben, während kaum jemand Prosatexte aus dem Gedächtnis abrufen kann. Auch ist bekannt, dass Menschen, die unter Aphasie leiden und nicht mehr sprechen können, vorher gelernte Lieder vollständig singen können, da sie eben nicht Teil der Sprachproduktion sind. Die Steuerung der Artikulatoren über die rechte Gehirnhälfte ist außerdem nicht durch überlappende Sprachplanungsprozesse gestört, wie sie beim produktiven Sprechen über die linke Gehirnhälfte vorkommen. Bekannt ist beispielsweise aus der Therapie von Stotterpatienten, dass diese beim Singen nicht stottern. In gleicher Weise entfallen bei Zweitsprachenlernenden die Störungen durch die Sprachplanung, die beispielsweise im Angesicht komplexer Konsonantencluster zu „holpern" anfängt, weil das L1-System mit dem L2-System kämpft. Beim Singen laufen die Artikulationsabläufe unbelastet ab und können so eingeschliffen werden, dass sie dann beim produktiven Sprechen auch flüssiger ablaufen.

4.4 Integration von Ausspracheübungen in den Unterricht

Eine Aussage, die häufig von Lehrenden im Fach Deutsch zu hören ist, lautet: „Wir haben keine Zeit für Ausspracheübungen. Wir brauchen die Zeit für Wortschatz und Grammatik." Im Gespräch mit Lehrenden wird jedoch klar, dass die Gründe, warum Lehrende keine Phonetikübungen im Unterricht durchführen, ganz unterschiedlich sind. Zum einen sind Phonetik und Aussprachedidaktik an den wenigsten deutschen Universitäten Bestandteil der Lehramtsausbildung, sodass die Lehrenden weder über das nötige Wissen über phonologische Strukturen noch über Kenntnisse über Methoden des Aussprachetrainings verfügen. Dieses Problem könnte zumindest teilweise durch didaktisch kleinschrittig aufgebaute und angeleitete Phonetikübungen in Lehrwerken gelöst werden. Die Realität in den meisten schulischen Lehrwerken sieht jedoch, trotz einiger positiver Entwicklungen in den letzten Jahren, so aus, dass Phonetikübungen ganz am Ende einer Lektion auftauchen und kaum bis gar nicht an den Rest der Lektion angebunden sind. Die Methoden reichen oft nicht über Übungen des Typs „Hör zu und sprich nach" oder das Aussprechen von Buchstaben (!) hinaus und sind angesichts dessen, was wir in Kapitel 3 zu den Ursachen von Ausspracheproblemen erläutert haben, eher uneffektiv. Vor diesem Hintergrund ist es nachvollziehbar, dass Lehrende auf diese Übungen verzichten. Phonetikübungen müssen aber nicht eine zusätzliche Belastung im Unterricht sein, sondern sollten vielmehr Übungen zu anderen Teilbereichen sinnvoll unterstützen. Im Folgenden zeigen wir einige natürliche „Landeplätze" für Phonetikübungen im normalen Deutschunterricht.

4.4.1 Wortschatzarbeit und Wortakzent

Grundbestandteil jeden Sprachenlernens ist die Arbeit am Wortschatz. Im Deutschunterricht werden neue Wörter eingeführt und ihre Bedeutung und grammatischen Eigenschaften gelernt. Es ist kein großer Mehraufwand, zusätzlich auch das Betonungsmuster der Wörter mit zu vermitteln. In Kapitel 4.3.2 haben wir darauf hingewiesen, dass Muster (und dazu gehören auch Betonungsmuster) dabei helfen, sich an gelernte sprachliche Strukturen zu erinnern und sie wiederabzurufen. Eine gleichzeitige Vermittlung von Wortbedeutung und Wortbetonungsmuster kann also auch bei der Festigung des Wortschatzes helfen. Die Wortakzentmuster können beispielsweise in Form von großen Punkten für betonte Silben und kleinen Punkten für unbetonte Silben visualisiert werden, z.B. ·•· für Banane. Beim Aussprechen der Wörter hilft ein Schlag auf den Tisch bei der betonten Silbe, den nötigen Druck zu erzeugen. Man kann auch einen vorhandenen Lernwortschatz nach Akzentmustern ordnen lassen, beispielsweise indem Karten mit Bildern (nehmen wir hier das Beispiel Obst und Gemüse) auf einem Tisch ausgebreitet werden und die Lehrkraft ein Betonungsmuster vorgibt und die Lernenden alle Karten einsammeln lässt, deren Bilder für Wörter mit diesem Muster stehen. Beispielsweise haben die Wörter *Melone, Zitrone, Orange* das gleiche Betonungsmuster wie *Banane.*

4.4.2 Satzbau und Satzakzent

Im Grammatikunterricht ist die Satzklammer (auch: Verbklammer) im Deutschen ein wichtiges Thema. In Lehrbüchern finden sich Darstellungen wie in Abbildung 4.5, um die Position der Satzklammer und ihre mögliche Füllung durch Verben zu erläutern:

linke Satzklammer			rechte Satzklammer
Peter	isst	eine Pizza.	∅
Peter	hat	gestern eine Pizza	gegessen.
Peter	wird	morgen eine Pizza	essen.

Abb. 4.5: Darstellung der Satzklammer

Hier bietet es sich an, die Position des deutschen Satzakzents zu vermitteln. Die Regel ist angesichts der Satzklammerdarstellung sehr einfach: Der Satzakzent im neutralen Satz fällt auf das Wort, das genau vor der rechten Satzklammer kommt. Damit entfallen langatmige Erklärungen der Art „Der Satzakzent liegt auf dem letzten Wort, außer wenn das letzte Wort ein infinites Verb ist.“ Durch das Einbeziehen des Satzakzentes wird die Satzklammer auch in den Köpfen der Lernenden präsenter, da sie eben nicht nur bei der Stellung der Verben im Satz, sondern auch beim Finden der richtigen Satzakzentposition hilft.

4.4.3 Satzmodus, Interpunktion und Intonation

Im Grammatikunterricht spielen auch die Verbstellung, die Verbmodi und Interpunktion bei verschiedenen Satzmodi (Aussage, Fragen, Aufforderungen) eine wichtige Rolle. Es finden sich Übungen der Art „Wandle den folgenden Aussagesatz in einen Fragesatz um“, wobei die Inversion von Subjekt und Verb geübt wird und das Setzen eines Punktes bzw. eines Fragezeichens thematisiert wird. Fragen, Aussagen und Aufforderungen werden im gesprochenen Deutsch aber nicht nur durch Verbstellung und Verbmodus (Indikativ, Imperativ) markiert, sondern auch durch Intonation. Diese kann also bei der Beschäftigung mit den Satzmodi direkt mit vermittelt werden und wirkt unterstützend dabei (zur Durchführung von Intonationsübungen und Visualisierung von Intonation siehe Kapitel 4.2.1). Die Beschäftigung mit Intonation fördert auch ein stärkeres Bewusstsein für die Funktion von Interpunktion, indem beispielsweise die final fallende Intonationskurve bei Aussagesätzen in direkten Zusammenhang mit einem Punkt bei geschriebenen Sätzen gesetzt wird.

4.4.4 Metrum und Rhythmus

Die Beschäftigung mit Gedichten und Liedern ist regelmäßiger Bestandteil des Deutschunterrichts. Häufig wird dabei das Metrum bestimmt. Metrum ist aber nur die künstlerische Umsetzung des Rhythmus. Gedichte und Lieder können also eine perfekte Grundlage für Rhythmusübungen zur Silbenreduktion darstellen.

4.4.5 Umlaut und gerundete Vorderzungenvokale

Das Phänomen des Umlauts findet sich in vielen Singular-Plural-Paaren deutscher Nomen. In *die Mutter – die Mütter* ist der umgelautete Vokal sogar die einzige Pluralmarkierung. Übungen zu Nomen, die im Plural umgelautet werden, können sinnvoll mit Wahrnehmungs- und Artikulationsübungen zu den gerundeten Vorderzungenvokalen kombiniert werden. Im Gegensatz zu Übungen, die nur die Ü- und Ö-Laute thematisieren, wie etwa am Beispiel von Städtenamen (München, Nürnberg, Köln) ist den Lernenden hier direkt bewusst, wie wichtig es im Deutschen ist, diese Laute korrekt wahrzunehmen, da sie nicht nur bedeutungsunterscheidend sind, sondern auch grammatische Informationen enthalten können.

4.4.6 Pluralübungen und Auslautverhärtung/R-Vokalisierung

Singular-Plural-Übungen bei Nomen sind auch eine gute Grundlage für Übungen zur Auslautverhärtung und zur wechselnden Aussprache von *r* in unterschiedlichen Silbenpositionen. Anhand von Übungen mit Wortpaaren wie *der Hund – die Hunde, der Tag – die Tage, das Tier – die Tiere* kann der Lautwertwechsel der Buchstaben *b, d, g, s, v, r* bewusstgemacht und die Aussprache der Laute an sinnvoller Stelle geübt werden.

Literatur

Dahmen, S. & Hirschfeld, H. (Hrsg.) (2016). Phonetik in der Unterrichtspraxis. Fremdsprache Deutsch 55. Berlin: Erich Schmidt Verlag. *Themenheft zur Phonetik im projektorientierten DaF-Unterricht mit zahlreichen praktischen Vorschlägen zum Kombinieren der Phonetik mit Bereichen wie Musik, Bewegung, szenischem Spiel etc.*

Hirschfeld, U. & Reinke, K. (2016). Phonetik im Fach Deutsch als Fremd- und Zweitsprache. Unter Berücksichtigung des Verhältnisses von Orthografie und Phonetik. Berlin: Erich Schmidt Verlag. *Studienbuch zum Thema Aussprachetraining DaF/DaZ mit systematischer Darstellung typischer Problembereiche der Aussprache, Methoden des Ausspracheunterrichts und zahlreichen praktischen Übungen.*

Hirschfeld, U. & Reinke, K. Phonetik Simsalabim Online. Im WWW aufrufbar unter: reinke-eb.de (13.07.2017). *Online-Aussprachetraining, basierend auf der Übungstypologie für Aussprachetraining.*

5. Das Verhältnis von gesprochener und geschriebener Sprache

Der zweite Teil dieses Buches beschäftigt sich mit den Grundlagen der geschriebenen Sprache und betrachtet die Zusammenhänge zwischen Schrift und gesprochener Sprache. Geschriebene und gesprochene Sprache sind zunächst zwei sehr verschiedene Dinge. Denn während Schrift ein visuelles Medium ist, das über die Augen gelesen und mittels der Hand geschrieben wird, ist gesprochene Sprache ein akustisches Medium, das mit den Ohren rezipiert und mit den Sprechwerkzeugen produziert wird. In welcher Art und Weise die geschriebene und die gesprochene Sprache voneinander abhängen oder aufeinander verweisen, ist in der Sprachwissenschaft, Philosophie und Sprachdidaktik unterschiedlich modelliert und interpretiert worden.

Alle Alphabetschriften haben einen Bezug zur phonologischen Ebene, aber auch zur morphologischen, lexikalischen und syntaktischen Struktur der Einzelsprache, die sie repräsentieren. In manchen Schriftsystemen ist der Bezug zur Lautung deutlicher ausgeprägt, in anderen weniger. Schriften, in denen man den Bezug zur Phonologie einfach festmachen kann, die „phonologisch transparent“ sind, werden häufig als „flache“ Systeme charakterisiert, Schriftsysteme, in denen dieser Bezug nicht so ersichtlich ist, werden „tiefe“ Systeme genannt. Beispiele für flache Systeme sind das Türkische, Italienische oder Finnische; auch das Deutsche wird oft als flaches System eingestuft. Zwei Beispiele für tiefe Systeme sind das Französische oder Englische. In den beiden letztgenannten Schriftsystemen kann man meistens nicht von einem Graphem auf ein spezifisches Phonem schließen, wie die Transkription des englischen Wortes *enough* /ɪˈnʌf/ zeigt. Auch in flachen Schriftsystemen ist die phonologische Repräsentation nicht der einzige Bezugsfaktor.

5.1 Prototypische Unterschiede zwischen der gesprochenen und geschriebenen Sprache

In der Literatur werden einige prinzipielle Unterscheidungen zwischen der gesprochenen und der geschriebenen Sprache vorgenommen, die die vielschichtigen Bezüge zwischen gesprochener und geschriebener Sprache und deren jeweiliger Repräsentation der Strukturen eines Sprachsystems aufzeigen (vgl. Dürscheid 2012: 27-41).

5.1.1 Die geschriebene Sprache ist ontogenetisch und phylogenetisch sekundär, die gesprochene Sprache primär

Schrift wird in der Regel der gesprochenen Sprache nachgeordnet wahrgenommen, denn wir lernen in der individuellen Entwicklung (Ontogenese) erst sprechen und dann schreiben. Die Sprachfähigkeit des Menschen entwickelt sich in der sozialen Gemeinschaft quasi natürlich und wie von selbst, so dass jedes sich normal entwickelnde Kind sprechen lernt. Schreiben und Lesen dagegen sind Kulturtechniken, die – meist in der Institution Schule – mit spezifischen Methoden gelernt/gelehrt werden. Dabei lernt auch im 21. Jahrhundert längst nicht jedes Kind schreiben und lesen: entweder weil es nicht die Möglichkeit hat, eine Schule zu besuchen, oder weil der Unterricht nicht in der Lage war, die zum Schreiben und Lesen nötigen Fertigkeiten zu vermitteln. In Deutschland gelten beispielsweise 7,5 Mio als sogenannte „funktionale Analphabeten", das sind 14% der erwerbsfähigen Bevölkerung (Grotlüschen & Riekmann 2012). Die PISA Studie für Deutschland (PISA 2015: 266) zeigt auf, dass 16% der 15-jährigen Schüler Schwierigkeiten haben, auch sehr einfache Informationen aus Texten zu entnehmen.

Neben der individuellen Sprachentwicklung steht auch in der Geschichte der Menschheit die Entwicklung von Sprache (Phylogenese) zuerst: seit mindestens 160.000 Jahren. Die frühesten Schriftzeugnisse sind erst etwas mehr als 5.000 Jahre alt. Das Ausmaß allein der verschiedenen Zeitspannen macht deutlich, wie unterschiedlich sich gesprochene und geschriebene Sprache entwickelt haben. Verschiedene Gesellschaften haben Schrift unabhängig voneinander hervorgebracht, aber in längst nicht allen Sprachgemeinschaften hat sich Schrift oder gar eine Schriftkultur entfaltet. Einen Zugang der breiten Bevölkerung zum Schreiben und Lesen gibt es sogar erst seit dem Ende des 19. Jahrhunderts.

Sowohl auf das Individuum wie auf die Gesellschaft bezogen, ließe sich also von einem „Primat der gesprochenen Sprache" sprechen. Schaut man sich allerdings die sozialen und kommunikativen Funktionen von gesprochener und geschriebener Sprache an, sind beide Realisierungsformen mit je eigenen Qualitäten verbunden.

Beispiel

Einen Eindruck von der Entwicklung der Schrift gibt die Ausstellung „Zeichen-Bücher-Netze: von der Keilschrift zum Binärcode" der Deutschen Nationalbibliothek in Leipzig: http://mediengeschichte.dnb.de/DBSMZBN/Web/DE/Home/home.html).

Analphabetismus

Unter Analphabetismus versteht man individuelle Defizite im Lesen und/oder Schreiben. Darunter fallen Personen, die nie lesen und schreiben gelernt haben. Dies ist in vielen Entwicklungs- und Schwellenländern der Fall. In Industriestaaten mit allgemeiner Schulpflicht ist (primärer) Analphabetismus relativ selten. Allerdings gibt es Personen, die zwar Buchstabenkenntnisse haben und bspw. ihren Namen schreiben können; sie können aber nicht ausreichend schreiben und lesen, um die im Alltag geforderte schriftliche Kommunikation zu bewältigen. Dies nennt man funktionalen Analphabetismus. Da funktionaler Analphabetismus stark kontextgebunden ist, ist es schwierig, den Begriff genau zu definieren. Verschiedene Definitionen sind zum Beispiel auf der Seite http://www.alphabetisierung.de/infos/analphabetismus/ aufgeführt.

5.1.2 Während die gesprochene Sprache flüchtig ist, bleibt geschriebene Sprache dauerhaft bestehen

Durch seine Beständigkeit kann ein aufgeschriebener Text an weit entfernte Orte verschickt werden und über Jahrhunderte erhalten bleiben. Vor der Erfindung der Schrift wurden Informationen nur von Mensch zu Mensch weitergegeben. Erst die Schrift ermöglichte das Speichern von Wissen über Generationen und das Kommunizieren mit Personen, die den geographischen und zeitlichen Raum nicht teilen. Zudem entwickelten sich Textsorten, die ganz eindeutig als geschriebene assoziiert werden, wie Formulare, Vertrags- und Gesetzestexte. Durch die schriftliche Fixierung von zum Beispiel Warenein- und -ausgängen konnten kompliziertere Vorgänge strukturiert und die Kommunikation in großen Gemeinschaften geregelt werden. Durch die dauerhafte Materialität ermöglicht die geschriebene Sprache auch, über die grammatischen Strukturen von Sprache zu reflektieren und Sprachformen zu analysieren.

5.1.3 Geschriebene Kommunikation verläuft asynchron und ist monologisch ausgerichtet, gesprochene Kommunikation verläuft synchron und ist dialogisch ausgerichtet

Gesprochene und geschriebene Sprache haben ein je unterschiedliches Verhältnis zum Zeitpunkt und Ort der Kommunikation. Gesprochene Kommunikation wird idealerweise im unmittelbaren Sprechkontext realisiert, in dem Sprecher und Hörer synchron interagieren und miteinander im Dialog stehen. Geschriebene Kommunikation ist durch die Materialität des Textes dagegen weitgehend unabhängig vom Schreibkontext. Schreiber und Leser interagieren asynchron und quasi monologisch in Auseinandersetzung mit dem zu schreibenden bzw. zu lesenden Text. Dieser kann unabhängig vom Entstehungskontext und beliebig häufig gelesen werden. Daraus folgt, dass ein geschriebener Text so geschrieben sein muss, dass er unabhängig vom Kontext verständlich ist. Dazu gehören eine präzise Versprachlichung des zu kommunizierenden Inhalts sowie eine für den (möglicherweise unbekannten) Leser bekannte Sprache, ein bekanntes Schriftsystem sowie eine lesbare Schrift.

■ Übung 37

Es gibt unzählige Darstellungen von Lesenden in der Kunst, insbesondere der Malerei. Geben Sie die Suchbegriffe „Lesende" und „Kunst" ein (bspw. in google images) und beschreiben Sie die dargestellten Leser/innen. Welche Rolle spielt der räumliche und soziale Kontext der Lesenden? Nehmen Sie die dargestellte Situation als monologisch oder dialogisch wahr? Begründen Sie Ihre Wahrnehmung.

■ Übung 38

Geschriebene und gesprochene Texte sind nicht per se monologisch oder dialogisch. Vielmehr gibt es ein Kontinuum zwischen eher monologisch und eher dialogisch ausgerichteten Texten. Durch zwei verschiedene Textsorten soll das verdeutlicht werden. Nehmen Sie den ersten Abschnitt eines Fachtexts sowie eine SMS zur Hand.

(1) Diskutieren Sie, wie synchron oder asynchron die Kommunikation dieser Texte zwischen Schreiber und Leser verläuft. Wie stark zeitlich und räumlich verbunden sind Schreiber und Leser?
(2) Für wie flüchtig oder stabil schätzen Sie die Texte ein? Können Sie sich vorstellen, den Fachtext und die SMS in einem Jahr nochmals zu lesen? Warum (nicht)?
(3) Können Sie sprachliche Mittel in den Texten identifizieren, an denen Sie Ihre Beobachtungen der Fragen (1) und (2) festmachen?

5.1.4 Die geschriebene Sprache ist keine direkte Repräsentation gesprochener Sprache

Jede Äußerung lässt sich geschrieben oder gesprochen versprachlichen. Beide Modi verwenden dazu aber unterschiedliche Mittel. Die Mittel der gesprochenen Sprache sind akustisch. Sie erstrecken sich in akustischen Wellen in der Zeit und manifestieren sich u.a. in Tonhöhenverläufen, der Abfolge von hoher/geringer Klangfülle, Akzentuierung, der Abfolge von laut und leise sowie von Pausen im Sprechfluss. Die Mittel der geschriebenen Sprache sind diskrete Einheiten (Buchstaben, Grapheme), die sich visuell räumlich erstrecken. Sie umfassen graphische Zeichen (Buchstaben), die in einem bestimmten Zeicheninventar (Schriftsystem) spezifische Einheiten eines Sprachsystems (Grapheme) repräsentieren. Während die gesprochene Sprache zusammen mit weiteren Informationsträgern wie Gestik, Mimik und dem Gesprächskontext auftritt, erfahren geschriebene Texte Unterstützung durch die Aufteilung des Texts in Überschriften, Paragraphen sowie unterschiedliche Schriftgrößen und Hervorhebungen in Fett- und Kursivdruck.

Listet man einige formale Merkmale der geschriebenen Sprache auf, zeigt sich, dass in geschriebenen Texten Sprache deutlich visuell segmentiert ist. Bemerkenswert ist, dass die akustischen Parameter der gesprochenen Sprache kein Korrelat zu dieser visuellen Strukturierung haben.

	Anfang	**Ende**
Text	Beginn einer Buchstabenreihe, ggf. Überschrift	Ende der Buchstabenreihe, Platz nach unten zur Seite, ggf. Autorenkürzel
Kapitel	Überschrift, Zählung, Seitenumbruch (Platz nach oben)	Seitenumbruch (Platz nach unten)
Absatz	Zeilenumbruch, Einzug	Zeilenumbruch, Zeile leer bis Zeilenende
Satz	Großschreibung	Satzschlusszeichen
Wort	Leerzeichen	Leerzeichen oder Satzzeichen
Buchstabe	Zwischenraum kleiner als Wortzwischenraum	Zwischenraum kleiner als Wortzwischenraum

Abb. 5.1: Sichtbare Segmentierungen in der geschriebenen Sprache. Vgl. Fuhrhop (2011: 308).

■ Übung 39

Verdeutlichen Sie sich die unterschiedliche Segmentierung in der geschriebenen Sprache, die in Abbildung 5.1 aufgelistet ist und prüfen Sie die Merkmale an einem schriftlichen Text.

(1) Versuchen Sie diese Segmentierungen probehalber in der gesprochenen Sprache zu produzieren. Artikulieren Sie beispielsweise im Sprechfluss jedes Wort isoliert bzw. machen Sie nach jedem Wort eine kleine Pause („Robotersprache"). Wie fühlt es sich an, so zu sprechen oder diesem Sprechen zuzuhören?
(2) Versuchen Sie die Buchstaben eines Wortes einzeln zu artikulieren. Erkennen Sie das Wort noch?

Auch bei Schriftzeichen, die scheinbar die gesprochene Sprache genau abbilden, zeigen sich Unterschiede. So repräsentiert etwa das Komma keine Sprechpause, sondern dient der grammatischen Strukturierung eines Textes, indem es syntaktische Einheiten in komplexen Sätzen gliedert (Trennung von Hauptsätzen, Trennung von Hauptsätzen und Nebensätzen, Aufzählung). In anderen Fällen unterscheiden sich Wörter in der Schrift nicht, werden aber unterschiedlich betont, wie die Verben *jemanden umfahren* [ˈʔʊmfaːʁən] und *ein Hindernis umfahren* [ʔʊmˈfaːʁən]. Die Unterscheidung dieser Wörter wird erst beim Lesen realisiert, wenn der Leser die visuellen Zeichen in die Lautstruktur überführt.

Die Unterscheidung der Nomen *Waise* und *Weise* dagegen ist nur im geschriebenen Text präsent. Durch die visuelle Auszeichnung erfasst der Leser den semantischen Unterschied sofort und muss ihn nicht – wie in der gesprochenen Sprache – aus dem Kontext interpretieren. Die visuelle Unterscheidung von gleichlautenden (homophonen) Wörtern in der Schrift hilft dem Leser, einen Text möglichst schnell zu erfassen. Die schriftspezifischen Informationen der Wörter <Rechen> und <rächen> erfassen wir ebenfalls auf einen Blick. Die phonologische Form der Wörter ist dagegen dieselbe: [ˈʁɛçn̩]. In der gesprochenen Kommunikation gibt es durch mehr kontextuelle Informationen dennoch keine Verständnisschwierigkeiten bei Homophonen. Die spitze Klammer weist darauf hin, dass hier eine graphematische Analyse vorgenommen wird. Grapheme werden durch spitze Klammern <> ausgewiesen.

Beispiel

Schon im Barock, aber vor allem seit dem 19. Jahrhundert, spielen Dichter mit der geschriebenen Form von Sprache. Die bekanntesten Schriftbilder sind Kalligramme von Apollinaire, Mallarmé, Christian Morgenstern, Kurt Schwitters, Hugo Ball oder Ernst Jandl. In den hier abgebildeten Gedichten „Trichter" von Christian Morgenstern und „La colombe poignardée et le jet d'eau" von Guillaume Apollinaire ist Schrift zugleich verbales und bildnerisches Mittel, um den Inhalt der Gedichte zu vermitteln.

Die Trichter

Zwei Trichter wandeln durch die Nacht.
Durch ihres Rumpfs verengten
Schacht
fließt weißes Mondlicht
still und heiter
auf ihren
Waldweg
u.s.
w.

Abb. 5.2: Zwei Kalligramme. „Die Trichter" von Christian Morgenstern und „La colombe poignardée et le jet d'eau" von Guillaume Apollinaire

5.2 Schrift als ein System sprachlicher Repräsentation

Wenn man geschriebene Sprache untersucht und fragt, in welchem Verhältnis ein Schriftsystem und die gesprochene Sprache stehen, bedarf es einiger Begrifflichkeiten, die zunächst geklärt werden müssen.

5.2.1 Unterschiede zwischen Transkription und Schrift

In den Kapiteln 1 bis 4 zur Phonetik und Phonologie wurden Parameter der gesprochenen Sprache auch durch visuelle Zeichen dargestellt, die **Transkription** durch das *International phonetic alphabet* (IPA). Es wurde von der International Phonetic Association eigens dazu entwickelt, die Laute aller menschlichen Sprachen möglichst genau zu notieren und zu beschreiben (IPA 1999). Obwohl die IPA-Zeichen die Parameter der gesprochenen Sprache möglichst genau darstellen, werden sie nicht zur schriftlichen Kommunikation genutzt. Sie sind vielmehr ein Instrumentarium für die Erforschung von Sprachen.

Das Transkribieren von gesprochenen Äußerungen (wie z.B. einem Interview) geschieht häufig nicht in IPA, sondern auf Grundlage der Orthographie. Die Transkription richtet das Augenmerk aber dennoch auf die Form des Gesprochenen. Neben den realisierten Wortformen werden Pausen, Stockungen, Akzentuierungen etc. notiert; Formen, die bei der Analyse eines Interviews bedeutsam sein können. In dem Gesprächsausschnitt zwischen Sprecher S1 und Sprecher S2 in Abbildung 5.3 verweist die Großschreibung nicht auf einen Satzanfang oder nominale Kerne. Stattdessen hebt sie Akzentuierungen hervor. Das „=“ zeigt einen schnellen Anschluss an ein neues Sprechsegment an und die Pfeile markieren Tonhöhensprünge (Selting et al. 2009: 44).

```
01    S1:   ja:; (.) die ↑`VIERziger genera`tiOn so;=
02          =das_s: ↑`!WA:HN!sinnig viele die sich da ham
            [↑`SCHEI]den
03    S2:   [ ja;    ]
            lasse[n.=
04    S2:        [ˇhm,
05    S1:   =<<dim> oder ¯schEiden lassen ↑`Überhaupt.>
06    S2:   ˇhm,
```

Abb. 5.3: Ausschnitt aus einer Transkription nach der Konvention GAT II aus Selting et al. (2009: 44)

Dass ein Schriftsystem mehr darstellt als ein reines Transkriptionssystem, zeigt die folgende Gegenüberstellung des immer gleichen Textteils aus der Fabel „Nordwind und Sonne“ in verschiedenen graphischen Repräsentationsweisen. Die phonetische Transkription (1) kann nur von Spezialisten der Phonetik mit einer guten Kenntnis der Transkriptionszeichen gelesen werden. Der orthographisch korrekte Text ohne Wortzwischenräume, Großschreibung und Satzzeichen (2) ist nicht mehr nur Spezialisten zugänglich. Er ist aber nur mit Mühe und nur laut gelesen zu entziffern. Bei Hinzufügung der Wortzwischenräume (3) lässt sich der Text dagegen relativ gut auch durch leises Lesen schnell erfassen. Erst die Satzzeichen und Groß- und Kleinschreibung (4) machen aber die syntaktische Organisation des Satzes im Schriftbild sichtbar und ermöglichen dadurch ein rasches Lesen (vgl. Bredel, Fuhrhop, Noack 2011: 18-24).

Beispiel

1. Die phonetische Transkription (IPA) gibt die Aussprache im Sinne der gesprochenen Realisierung möglichst genau wieder:

   [aɪnsˈʃtʁɪtn̩zɪçˈnɔɐ̯tvɪntʊntˈz̥ɔnə | veːɐ̯fɔnˈiːnːˈbaɪdn̩voːldeːɐ̯ˈtʃtɛɐ̯kəʁəˈvɛːʁə | alsaɪnˈvandəʁɐ | deːɐ̯ɪnˈaɪnːˈvaːɐ̯mn̩ˈmantl̩gəˈhʏltvaːɐ̯ | dəsˈveːgəsdaˈheːɐ̯kaːm | ziːˈvʊɐ̯dn̩ˈaɪnɪç | dasˈdeːɐ̯jeːnɪgə ˈfʏɐ̯deːnˈʃtɛɐ̯kəʁənˈgɛltn̩ˈzɔltə | deːɐ̯deːnˈvandəʁɐˈtsvvɪŋˈvʏɐ̯də | ˈzaɪnːˈmantl̩ˈaptsʊˌneːmː]

2. Darstellung, die den Text orthographisch korrekt unter Auslassung von Wortzwischenräumen, Großschreibung und Satzzeichen darstellt:

   einststrittensichnordwindundsonnewervonihnenbeidenwohlderstärkerewärealseinwandererderineinenwarmenmantelgehülltwardeswegesdaherkamsiewurdeneinigdassderjenigefürdenstärkerengeltensolltederdenwandererzwingenwürdeseinenmantelabzunehmen

3. Darstellung, die den Text orthographisch korrekt unter Auslassung von Großschreibung und Satzzeichen darstellt:

   einst stritten sich nordwind und sonne wer von ihnen beiden wohl der stärkere wäre als ein wanderer der in einen warmen mantel gehüllt war des weges daherkam sie wurden einig dass derjenige für den stärkeren gelten sollte der den wanderer zwingen würde seinen mantel abzunehmen

4. Orthographisch korrekte Darstellung des Textes:

   Einst stritten sich Nordwind und Sonne, wer von ihnen beiden wohl der Stärkere wäre, als ein Wanderer, der in einen warmen Mantel gehüllt war, des Weges daherkam. Sie wurden einig, dass derjenige für den Stärkeren gelten sollte, der den Wanderer zwingen würde, seinen Mantel abzunehmen.

Schematisch vereinfacht lässt sich in den Passagen 1 bis 4 eine beständige Zunahme an Grammatikalisierung nachvollziehen: von einer Notation, die versucht die wesentlichen lautlichen Aspekte wiederzugeben, hin zu einer komplexen Textstruktur, die die Informationen anders organisiert als die Informationen in mündlichen Texten. Schriftliche Parameter ohne jedes Korrelat im Gesprochenen sind beispielsweise Großschreibung, Interpunktion, aber auch Abkürzungen, Überschriftenauszeichnung, Paragraphen, Inhaltsverzeichnisse, Tabellen, sowie verschiedene Schriftarten und -typen.

■ Übung 40

Nehmen Sie eine Tageszeitung zur Hand und untersuchen Sie deren graphische Gestaltung.

(1) Untersuchen Sie eine Seite dahingehend, wie die Texte/Artikel/Rubriken voneinander unterschieden sind.

(2) Untersuchen Sie in einem Artikel die graphischen Auszeichnungen innerhalb des Textes. Schreiben Sie die graphischen Auszeichnungen auf und überlegen Sie, ob diese eine Entsprechung in der gesprochenen Sprache haben.

■ Übung 41

Das Transkriptionssystem IPA entspricht einem Bausatz, mit dem man prinzipiell alle Sprachen der Welt verschriften kann. Dennoch wird es nicht zur schriftlichen Kommunikation genutzt. Warum? Versuchen Sie zunächst den Anfang eines Briefes in IPA zu schreiben. Überlegen Sie, warum das fast unmöglich ist und diskutieren Sie die Gründe dafür.

5.2.2 Begrifflichkeiten zur Analyse von Schrift: Schriftsystem, Graphematik und Orthographie

Bei der Untersuchung von Schriftsystemen, die – anders als Transkriptionssysteme – zur Kommunikation verwendet werden, unterscheidet man drei Ebenen, deren Systematik Coulmas (2003) geprägt hat: *Skript, Schriftsystem* und *Orthographie.*

● Skript

Ein Skript verweist auf die graphische Form der Einheiten eines Schriftsystems (Coulmas 2003: 35). Es handelt sich um die spezifisch physische Form von Buchstaben, Diakritika oder anderen Auszeichnungen. Das lateinische Alphabet ist in dem Sinn ein Skript, als es sich um ein Formeninventar handelt, das ein alphabetisches Schriftsystem von einem anderen, zum Beispiel dem kyrillischen Alphabet, unterscheidet. Die Form dieser Schriftzeichen ist zunächst unabhängig von einer Sprache, da mit diesen Zeichen potentiell jede Sprache verschriftlicht werden kann.

Mit den meisten Skripten werden mehrere Sprachen verschriftet. Das lateinische Alphabet ist bspw. die Grundlage auf der Deutsch, Englisch, Französisch oder Türkisch geschrieben werden. Der Grund, warum sich eine Sprachgemeinschaft dafür entscheidet, die Sprache in einem bestimmten Skript zu verschriften, ist meist ein politischer. Zum Beispiel wurde Türkisch bis 1928 in arabischem Skript geschrieben. Manche Schriften werden parallel mit zwei Skripten geschrieben, wie Serbokroatisch in kyrillisch (Serbisch) und lateinischem Skript (Kroatisch, Bosnisch) (Bunčić 2016).

Übung 42

Recherchieren Sie im Internet, was den Skriptwechsel des Türkischen, Aserbaidschanischen oder Bosnischen jeweils motiviert hat. Was hat den Wechsel von einem Skript in ein anderes motiviert?

Schriftsystem

Ein Schriftsystem hat die Auswahl zwischen mehreren Skripten, also Formeninventaren von Schriftzeichen. Schriftsysteme verweisen in erster Linie auf eine bestimmte Ebene der Sprachstruktur wie Phoneme, Silben oder Morpheme.

Ein alphabetisches Schriftsystem verweist in erster Linie auf Phoneme. Alphabetische Schriftsysteme dieser Welt sind zum Beispiel durch das griechische, lateinische, kyrillische oder devanangari Skript dargestellt. Ein silbisches Schriftsystem (wie die japanischen Kana) verweist in erster Linie auf Silbenstrukturen. Ein morphematisch basiertes logographisches Schriftsystem (wie das Chinesische) verweist in erster Linie auf Morpheme und Wörter.

In einer zweiten Lesart spricht man von einem Schriftsystem, wenn es zur Repräsentation einer bestimmten Sprache genutzt wird.

In der zweiten Lesart unterscheidet man das Schriftsystem des Deutschen von dem des Italienischen, des Englischen, etc. Diese Schriftsysteme basieren alle auf dem lateinischen Skript und verwenden größtenteils das gleiche Buchstabeninventar, die Sprachen werden damit aber unterschiedlich repräsentiert. Im Rahmen des deutschen Schriftsystems wären die folgenden Schreibungen möglich: *Wahl – Wal – Val – Vahl – Vaal – Waal*, da alle als [va:l] realisiert werden können (vgl. Neef 2005). Unter orthographischem Gesichtspunkt sind unter den alternativen Schreibungen des deutschen Schriftsystems nur zwei Schreibungen richtig: *Wahl* (für die Abstimmung) bzw. *Wal* (für das Meerestier). Im Englischen würden die meisten der im Deutschen möglichen graphischen Wortformen für [va:l] nicht als englische Wörter identifiziert werden. Ein im Englischen potentiell mögliches orthographisches Wort wie <val> würde zudem nicht [va:l], sondern [væl] artikuliert. Vergleicht man verschiedene Schriftsysteme, die dasselbe Skript verwenden, zeigen sich also Unterschiede in der Verwendung des Skripts. Weder das Inventar an Buchstaben ist identisch noch die Konvention phonologischer oder morphologischer Repräsentation. Ein Beispiel ist die Konvention für die Verschriftung des Konsonanten /ʃ/. Während das Phonem im Deutschen in der Regel mit dem Graphem <sch> repräsentiert wird, steht im Englischen <sh>, im Französischen <ch> und Türkischen <ş>.

● Orthographie

Unter Orthographie versteht man das normative Regelsystem, mit dem eine bestimmte Sprache in einem Skript verschriftet wird.

In einer Orthographie ist eine Schreibform als Norm ausgewählt, für die es im Schriftsystem mehrere Möglichkeiten geben würde. Zwei Beispiele sind die oben genannten Formen *Wahl* und *Wal*. Ein weiteres Beispiel ist das Wort <Vater> /ˈfaːtɐ/, das man gemäß dem deutschen Schriftsystem auch <Fater> schreiben könnte. Orthographisch ist das aber falsch.

Deutlich wird die normative Regelung der Orthographie darin, dass es verschiedene Schreibvarianten des Deutschen gibt: In der Schweiz werden deutsche Wörter wie <schließlich> mit <ss> anstatt mit <ß> geschrieben. Für das Englische gibt es Varianten zwischen der britischen und der amerikanischen Orthographie. Außerdem zeigt sich die Norm in Rechtschreibreformen. Sie passen orthographische Regeln an sprachliche und soziale Veränderungen an und regeln, was zu einem bestimmten Zeitpunkt in einer Orthographie als normkonform gilt.

● Darstellung von Graphemen

In der Graphematik wird, ebenso wie in der Phonologie, eine Auszeichnung von Graphemen und Wörtern verwendet, um die Abstraktionsebene, auf der man sich befindet, zu verdeutlichen. Konkrete Laute und Lautmerkmale werden in der Phonetik in eckige Klammern gesetzt [ ], Phoneme in Schrägstriche //. Konkrete Buchstaben werden in diesem Band kursiv gesetzt, in vielen anderen Publikationen stehen sie zwischen geraden Strichen ||. Grapheme werden zwischen spitze Klammern <> gesetzt.

5.2.3 Buchstabe und Graphem

Dass Alphabetschriften aus **Buchstaben** bestehen, scheint trivial. Aber was repräsentieren die gedruckten Zeichen eigentlich? Wie auch bei der Untersuchung der gesprochenen Sprache, beginnt die Beschreibung eines Schriftsystems mit der Frage, aus welchen kleinsten Teilen dieses System besteht. Buchstaben erfüllen diese Funktion nur auf den ersten Blick. Denn ein Buchstabe ist ein konkretes Vorkommen eines Schriftzeichens wie *a A* **a** A a a a A A A A A A A A a a a usw. und befindet sich auf dergleichen Abstraktionsebene wie ein Phon. Jedes Vorkommen dieser Buchstaben hat den gleichen Wert innerhalb des deutschen Schriftsystems und kann in einem deutschen Wort austauschbar an der gleichen Stelle stehen wie in *Wahl* WAHL WAHL Wahl. Die Bedeutung des Wortes ändert sich durch die Veränderung des *a* nicht.

Grapheme und Allographe

Parallel zu den Begrifflichkeiten *Phon, Allophon, Phonem* in der Phonetik/Phonologie entspricht ein Buchstabe einem Graph und somit der schriftlichen Realisierung eines Segments im deutschen Schriftsystem.

Alle Schriftzeichen, die in einem Wort an derselben Stelle ausgetauscht werden können und dort dieselbe Funktion erfüllen – zum Beispiel die verschiedenen Realisierungen des Buchstaben *a* als *a* a ***a*** *a* *a* a werden als **Allographe** bezeichnet. Analog zu den Allophonen eines Phonems umfassen die verschiedenen Realisierungen des Buchstaben *a* in unserem Beispiel also die Allographe eines Graphems <a>.

Ein **Graphem** ist die kleinste distinktive Einheit in einem Schriftsystem. Grapheme werden durch spitze Klammern <> ausgewiesen. Ebenso wie Phoneme sind Grapheme funktionale abstrakte Einheiten innerhalb eines sprachspezifischen, also deutschen, englischen, finnischen o.a. Schriftsystems.

Das Inventar des deutschen Schriftsystems lässt sich also nicht durch die Benennung des lateinischen Alphabets fassen. Stattdessen muss festgestellt werden, welche dieser Buchstaben oder Buchstabengruppen im deutschen Schriftsystem bedeutungsunterscheidend sind. Analog zum Verfahren in der Phonologie lassen sich Grapheme durch Minimalpaarbildung ermitteln. Durch die Opposition zwischen <l> und <m> lassen sich so <lachen> und <machen> unterscheiden.

Viele, aber längst nicht alle Grapheme haben einen Bezug zu einem Phonem. Das ist ein Grund, warum Grapheme nicht in direktem Bezug zur Phonologie definiert werden sollten, sondern innergraphematisch, also innerhalb eines graphematischen Systems. Die Minimalpaaranalyse, mit der Grapheme bestimmt werden, ermittelt also die Opposition von zwei graphematischen Segmenten. Deutlich wird das an Beispielen, die homophon (gleichlautend) sind, sich aber auf der Ebene der Schrift unterscheiden, wie *Waise : Weise* oder *Saite : Seite*. Die in den Minimalpaaren verdeutlichte Opposition zeigt sich hier im graphematischen System und ohne Bezug zur Lautung.

Übung 43

In Abbildung 5.4 ist die Schreibung eines Erwachsenen abgebildet, die anschaulich macht, wann ein Graphem eindeutig, das heißt kontextfrei erkannt wird und wann die Zeichen nur schwer zuzuordnen sind. Lesen Sie den Text und überlegen Sie, welche Buchstaben schwer (nicht) zu entziffern sind und warum.

Reflektieren Sie über Ihre eigenen Handschriften und tauschen Sie sich darüber aus, welche Aufmerksamkeit Sie beim Handschreiben der eindeutigen Lesbarkeit der Buchstaben widmen. Haben Sie die Motorik des Handschreibens völlig automatisiert? Gehen Sie im Text zurück, um manche Buchstabenformen deutlicher zu notieren?

Zum Weiterlesen: Van Galen hat die kognitiven und motorischen Prozesse, die beim Handschreiben ablaufen in einem Modell aufgeschlüsselt: Van Galen, G. P. (1991). Handwriting: Issues for a psychomotor theory. Human Movement Science, 10, 165-191.

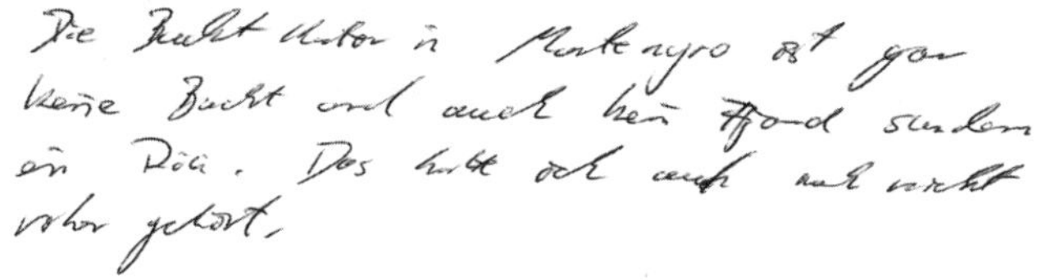

Abb. 5.4: Schreibung eines Erwachsenen mit schwer lesbarer Handschrift

Neben Graphemen, die aus einem Segment bestehen wie <i>, <b>, <s>, <k> usw., gibt es auch zusammengesetzte Grapheme, die aus mehreren Segmenten bestehen. Eine Abfolge von zwei, drei oder auch vier Buchstaben steht dann gemeinsam für ein Phonem oder Morphem. Ein Beispiel für einen **Digraph** im Deutschen ist <ch> für /x/ ([x], [ç]) wie in *Buch, ich*; ein Beispiel für einen **Trigraph** ist <sch> für /ʃ/ wie in *Schaum*. Zusammengesetzte Grapheme lassen sich in der Substitutionsmethode zur Minimalpaarbildung nur als Ganzes durch ein anderes Graphem ersetzen, bspw. durch *Baum : Schaum*. Das Graphem <sch> bildet also eine funktionale graphematische Einheit im deutschen Schriftsystem. Seine Bestandteile <s>, <c> und <h> sind darüber hinaus auch jeweils graphematische Einheiten, denen eine je eigene Funktion zukommt, da sie bedeutungsunterscheidend sind. Das zeigt sich für <s> und <h> zum Beispiel in dem Minimalpaar *Sand : Hand*. Das Graphem <c> ist nicht dem Kernbereich des deutschen Schriftsystems zuzuordnen. In der Alternative zu <k> markiert es zum Beispiel die Verortung im romanischen oder germanischen Kulturraum, wie bei den Namensschreibungen *Kasper/Casper, Klaus/Claus, Konstanze/Constance*.

In manchen Kontexten korrespondiert [ʃ] nicht mit <sch>, sondern mit <s>. Dies ist in Wörtern mit der Konsonantenverbindung /ʃt/ und /ʃp/ im Anfangsrand einer Silbe der Fall (*Sturm, sparen, ansparen*). Im Schriftsystem wird in diesem Kontext die Opposition von <sch> : <s> aufgehoben. Dies gilt allerdings nicht für Fremdwörter, wie *Stil* /stiːl/ versus s*till* /ʃtɪl/. Wenn <s> und <t> nicht derselben Silbe zugeordnet sind, wird <s> ebenfalls als /s/ artikuliert, wie in *gestern* /gɛs.tɐn/ (vgl. Kapitel 6.3).

Schriftsysteme wie das Englische oder Französische enthalten viele Di-, Tri- und **Quadrigraphen** (siehe Englisch <enough> /ɪˈnʌf/ ‚genug'; Französisch <sceaux> /so/ ‚Eimer Pl.'). Um die graphischen Einheiten dieser komplexen Grapheme phonetisch interpretieren zu können, bedarf es der Kenntnis der zugrundeliegenden morphologischen und lexikalischen Einheiten. Darüber hinaus basieren die Schriftsysteme des Französischen und Englischen auf regelhaften Ausspracheformen vergangener Jahrhunderte. Aus heutiger Sicht betrachtet, zeigt sich in den Schriftsystemen also nur ein geringer Bezug zu den gesprochenen Varietäten des Englischen oder Französischen.

5.3 Prinzipien der Kodierung von Sprache in der Schrift

Wie jedes andere Zeichensystem auch unterliegt ein Schriftsystem bestimmten Prinzipien. Die Grundprinzipien unter denen Schrift erforscht werden kann, wurden von Coulmas (2003) formuliert.

Das Prinzip der Autonomie eines Schriftsystems: Schriftsysteme sind eigenständige Systeme, die zunächst unabhängig von einem anderen System (zum Beispiel dem phonologischen System einer Sprache) beschrieben werden können. Die Forschungsfragen zur Untersuchung eines solchen autonomen Schriftsystems sind demzufolge, welche Basis-Einheiten (Grapheme) das Schriftsystem umfasst und wie diese in größeren Sequenzen vorkommen. Das deutsche Schriftsystem umfasst zum Beispiel die Grapheme <l> und <m>, die auch gedoppelt vorkommen (*schwimmen*). Allerdings können Doppelkonsonanten im Deutschen nicht am Wortanfang stehen (**mmischen*).

Das Prinzip der Interpretation: Schriftsysteme verweisen auf verschiedene Ebenen der verschrifteten Sprache wie insbesondere phonologische, silbische, morphologische und lexikalische Strukturen. Die Repräsentation in der Schrift ist aber selten direkt und eindeutig. In den meisten Fällen sind die Verweise komplex, unpräzise und intransparent. Auf den ersten Blick erscheinende Ausnahmen bedeuten aber nicht, dass es in den Schreibungen keine Systematik gäbe. Vielmehr ist es der Blick auf ein Schriftsystem und die Interpretation dessen, was als systematisch angenommen wird, das ein Schriftsystem als mehr oder weniger systematisch erscheinen lässt. Am Beispiel des englischen Schriftsystems führt eine Analyse der phonologisch-graphematischen Korrespondenzen dazu, das Schriftsystem als höchst unsystematisch zu klassifizieren. Werden dazu aber silbische und morphologische Strukturen berücksichtigt, zeigen sich durchaus klare Regelhaftigkeiten in der englischen Orthographie (vgl. Cook 2004; Neef 2014).

Das Prinzip der Historizität: Ein Grund für die fehlende Eindeutigkeit zwischen dem Schriftsystem und seiner Repräsentation sprachlicher Strukturen ist die Historizität eines Schriftsystems. Historizität zeigt sich darin, dass die meisten Sprachen mit einem Schriftsystem geschrieben werden, das ursprünglich für eine andere Sprache entwickelt worden ist. Das lateinische Alphabet ist beispielsweise nicht eigens für das Deutsche, Französische, Englische etc. entwickelt worden. Es wurde für die jeweiligen Sprachen adaptiert, ist für die Repräsentation phonologischer oder morphologischer Strukturen dieser Sprachen aber nicht ideal. Historizität zeigt sich zudem in einem unterschiedlichen Verlauf von Sprachwandel gesprochener und geschriebener Sprache. Die gesprochene Sprache wandelt sich schneller als die geschriebene Form, so dass im Laufe der Zeit eine Schriftsprache auf eine veraltete gesprochene Sprachform referiert, wie im Französischen und Englischen. Historizität zeigt sich schließlich auch darin, dass eine Schrift immer auch eine emblematische Funktion innehat, die als Schriftbild eine Sprachgemeinschaft repräsentiert.

Unter Berücksichtigung dieser drei Grundprinzipien repräsentiert ein Schriftsystem vorwiegend eine Ebene eines Sprachsystems. Ein Schriftsystem kann somit auf die phonologisch segmentale Ebene verweisen, auf die silbische oder morphematisch, lexikalisch-semantische Ebene. Zu beachten ist, dass keine Schrift sich eindeutig dieser Klassifikation zuordnen lässt. Ihre Informationsstruktur umfasst immer auch die jeweils anderen linguistischen Ebenen. Es lassen sich aber auch hier drei Prinzipien identifizieren, die in der historischen Entwicklung auf Schriftsysteme einwirken.

5.3.1 Das phonologische Prinzip

Alle Alphabetschriften basieren grundlegend auf dem phonologischen Prinzip. Es besagt, dass ein Graphem ein Phonem repräsentiert bzw. ein Phonem als Graphem kodiert wird. Es bedeutet, dass die segmentalen Einheiten der Alphabetschrift phonetisch interpretiert, also laut gelesen werden können, unabhängig davon, ob das Wort vorher bekannt war oder nicht. Den Prozess, eine Sequenz geschriebener Zeichen in eine mentale Repräsentation von Lautsequenzen zu überführen, nennt man *phonologische Rekodierung*.

● Definition

(En-)Kodieren beschreibt die Übersetzung von lautsprachlichen Einheiten in die Einheiten der Schriftsprache beim Schreiben.

Rekodieren beschreibt die Verarbeitung von Schriftsymbolen zu der Entsprechung auf der lautlichen Ebene beim Lesen. Hierzu gehört sowohl die Assoziation eines Graphems mit einem Lautereignis als auch die richtige Interpretation der Silben- und Akzentstruktur eines Wortes. Die Übersetzung der visuellen Zeichen in gesprochene Sprache ist beim lauten Lesen am besten vorstellbar. Aber auch beim leisen Lesen findet die sogenannte Subvokalisation statt, also Kehlkopfbewegungen, die typisch wären für die mündliche Artikulation des Textes und die sich auch beim leisen Lesen nachweisen lassen.

Die Rekodierungsleistung ist unabhängig vom Verstehen eines Textes möglich und kann somit auch von jemandem gelernt werden, der/die der zu lesenden Sprache nicht mächtig ist.

Dekodieren beginnt an der Stelle, an der ein/e Leser/in die Bedeutung des Geschriebenen rekonstruiert. Dekodieren erfasst das Erkennen von Wortbausteinen (Silben, Morphemen) und Wörtern sowie das Erkennen der Bedeutung von geschriebenen Wörtern und Sätzen.

Innerhalb der Schriftsysteme, die sich auf das lateinische Alphabet stützen, gibt es unterschiedliche Grade *phonologischer Transparenz*. Zum Beispiel ist Italienisch ein phonologisch sehr viel transparenteres Schriftsystem als Englisch, da im ersten quasi jedes Graphem einem Phonem entspricht. Ein alphabetisches Schriftsystem kann also phonologisch relativ wenig transparent sein, wie das Englische, obwohl die daraus gebildeten Wörter aus Segmenten (Graphemen) gebildet werden, die vornehmlich Phoneme repräsentieren. Phonologische Transparenz ist deswegen ein sehr relativer Begriff. Das zeigt sich auch am Beispiel von zwei logographischen Zeichensystemen wie den chinesischen Hanzi-Zeichen und den japanischen Kanji. Obwohl diese Schriftzeichen keine phonologischen Informationen kodieren, sind chinesische Schriftzeichen (Hanzi) in gewisser Weise phonologisch transparenter als japanische Kanji. Denn chinesische Hanzi werden nur in Bezug auf eine Lesart interpretiert, wohingegen japanische Kanji mehrere Wörter repräsentieren können und nur im Kontext eindeutig verständlich sind (Coulmas 2003: 180f.).

Das deutsche Schriftsystem ist ein im Wesentlichen phonologisches Schriftsystem. Die phonologischen Prinzipien werden allerdings durch silbische, morphologische und morphosyntaktische Prinzipien beeinflusst. Setzt man eine phonologische Interpretation an, wirkt das Schriftsystem deswegen weniger systematisch, wie wenn silbische und morphologische Informationen mitberücksichtig werden.

5.3.2 Das silbische Prinzip

Die Silbe ist eine sprechsprachliche Einheit, die in verschiedenen Sprachen ganz unterschiedlichen Regelhaftigkeiten unterliegt. Der Silbenbau kann unterschiedlich komplex sein (vgl. Kapitel 2.2). Silben werden zudem in unterschiedlichen Sprachen auf spezifische Weisen akzentuiert und können durch Länge oder Tonhöhe Oppositionen ausdrücken. Schreibsilben beruhen auf visuellen Einheiten, die, wie auch Alphabetschriften, vom Leser interpretiert werden müssen, um ein Wort phonologisch zu rekodieren. Als Beispiel für Silbenschriften werden häufig die japanischen Hiragana und Katakana angeführt, die jedoch, präziser, Moren[11] darstellen.

Die Schreibsilbe hat in Alphabetschriften keine direkte Entsprechung, ihr entspricht also kein eigenes Segment. Allerdings sind auch in Alphabetschriften Silbenstrukturen visuell kodiert. Diese graphischen Silbenstrukturen machen die Silbenstruktur von Wortformen für den Leser zugänglich (Eisenberg 1989; Primus 2003).

---

[11] In der Phonologie ist die More eine Einheit für das Silbengewicht (s. Fuhrhop & Peters 2013: 101).

Beispiel

Was das bedeutet, kann man an dem Quatschwort *Frugel* zeigen. Sie haben dieses Wort sicher ohne weiteres als zweisilbiges Wort gelesen und den Silben verschiedene Betonungen zugeordnet (erste Silbe betont, zweite Silbe unbetont), obwohl die Silbengrenze nicht durch ein eigenes Zeichen markiert ist (wie *Fru-gel*). Das Quatschwort *Frugl* dagegen wäre nicht so ohne weiteres als zweisilbig zu rekodieren.

Die Form der Schreibsilbe hilft dem Leser also, Silben und Akzentmuster von Wörtern zu rekodieren und die in der Schrift zugrundeliegende Wortform dadurch möglichst schnell zu erfassen.

5.3.3 Das morphologische Prinzip

Ein Morphem ist die kleinste bedeutungstragende Einheit in einem Sprach- und Schriftsystem. Je nachdem wie die morphologische Struktur einer Sprache aufgebaut ist, kann das morphologische Prinzip einer Schrift sehr verschieden sein. In sogenannten isolierenden Sprachen wie dem Chinesischen sind Wörter invariant in dem Sinne, dass sie keine unterschiedlichen flektierten Wortformen (wie *komme, kommen, kommt*) kennen. In der Schrift werden die lexikalischen Morpheme je durch ein Schriftzeichen ausgedrückt. In flektierenden Sprachen wie dem Spanischen verändern sich Wörter im Satzgefüge durch Endungen (Suffixe), die zum Beispiel die grammatische Kohärenz zwischen Subjekt und Verb ausdrücken. Zum Beispiel drückt die Endung *-o* die erste Person Singular aus. Die Wortform *como* (‚ich esse') besteht also aus dem morphologischen Stamm *com-* (‚ess-') und dem Flexionsmorphem *-o*. In vielen flektierenden Sprachen wie dem Englischen hat eine sprachliche Form mehrere morphologische Bedeutungen, wie zum Beispiel das Morphem /-z/, mit der schriftlichen Entsprechung <-s>. Als Flexionsmorphem von Nomen kann es Plural bedeuten (*tables, cars, houses*), als Flexionsmorphem von Verben bedeutet es dritte Person Singular (*goes, drinks, eats*).

Wenn man von dem morphologischen Prinzip von Schriftsystemen spricht, bedeutet dies, dass die morphologische Struktur visuell repräsentiert ist. Das Morphem ist die grundlegende Einheit von morphembasierten Schriften wie z.B. dem chinesischen Schriftsystem, in dem jeder lexikalisch-semantischen Wortform ein Schriftzeichen zugeordnet ist.

Das morphologische Prinzip kommt auch in sogenannten „tiefen" Alphabetschriften zur Wirkung, wie dem Englischen oder Französischen, und unterscheidet dort z.B. lexikalisch verschiedene aber gleichlautende Wörter (Homophone) optisch voneinander. Im Englischen und Französischen wirkt das morphologisch-lexikalische Prinzip sehr stark. Homophone Lexeme haben in beiden Sprachen häufig drei oder bis zu sechs unterschiedliche Schriftformen.

Siehe für das Englische zum Beispiel die Wörter *right, rite, wright, write* (alle [raɪt]); für das Französische *air, aire, ère, erre* (alle [ɛʁ]). Im Französischen gibt es zusätzlich zahlreiche grammatische Homophone, die ebenfalls schriftlich differenziert werden (Catach 1986).

Auch das deutsche Schriftsystem wird von morphologischen Regularitäten geprägt. Diese überlagern das phonologische Prinzip vor allem bei der sogenannten Stammschreibung. Die Schreibung eines Wortstamms bleibt in der deutschen Orthographie weitgehend erhalten, auch wenn sich die Aussprache der Wortformen verändert. Ein Beispiel ist die Auslautverhärtung, in der der Wortstamm *Rad* in allen Wortformen mit <d> verschriftet wird, obwohl die einsilbige Form mit dem stimmlosen Konsonanten endet (vgl. Kapitel 6.4). Ein zweites Beispiel ist die Umlautschreibung. Diese wird in Beispielen wie *Rad – Räder, Haus – Häuser, kalt – Kälte* realisiert. All diesen Wortformen ist ein morphologischer Stamm gemeinsam, der aber mit unterschiedlichen Vokalen realisiert wird. Um die morphologische Zusammengehörigkeit beim Lesen sichtbar zu machen, wird nicht **Reder*, **Heuser* und **Kelte* geschrieben, sondern der Umlaut genutzt. Während die Konstantschreibung von Wortstämmen die Regel ist, beschränkt sich die explizite Andersschreibung verschiedener Lexeme im Deutschen auf wenige Wörter, wie *Saite-Seite* oder *Lehre-Leere.*

5.3.4 Das grammatische Prinzip

Das französische Schriftsystem ist bekannt dafür, dass es grammatische Formen deutlich graphisch unterscheidet, in der Lautung aber nicht differenziert. Annähernd die gesamte Verbalflexion ist hier orthographisch ausdifferenziert, aber in der Lautung in den meisten Formen homophon. In dem gesprochenen Satz [le gʁɑ̃ ʃa blɑ̃ ʃas le pəti ʃjɛ̃ nwaʁ] (‚Die großen weißen Katzen jagen die kleinen schwarzen Hunde') zeigt nur der Determinant [le] an, dass Subjekt, flektiertes Verb und Objekt im Plural stehen. Im Singular steht hier [lə]: [lə gʁɑ̃ ʃa blɑ̃ ʃas lə pəti ʃjɛ̃n nwaʁ]. In der Schrift hingegen wird jedes Wort mit Plural markiert: *Les grands chats blancs chassent les petits chiens noirs* versus *Le grand chat blanc chasse le petit chien noir.*

Im Deutschen könnte man die satzinterne Groß- und Kleinschreibung unter das grammatische Prinzip fassen. Denn prinzipiell kann im Deutschen jedes Wort zum Kern einer Nominalphrase werden: Nomen (*Tisch, Stuhl, Luft, Gedächtnis*) ebenso wie Adjektive (*weiß, klein, schön*), Verben (*schwimmen, laufen*) oder jedes andere Wort. Als Kern einer Nominalphrase hat das Wort dann die Funktion eines syntaktischen Nomens (Maas 1992) und wird als solches graphisch durch die Anfangsmajuskel gekennzeichnet. Beispiele von Nominalphrasen sind bspw. *das schöne Weiß der Wand; das kleine Zu ging mit dem großen Aber ins Kino.*

In den folgenden Ausführungen liegt der Fokus auf dem phonologischen und silbischen Prinzip des deutschen Schriftsystems. Das morphologische, lexikalische und grammatische Prinzip wird in diesem Band nicht weiter besprochen.

Literatur

Coulmas, Florian (2003). Writing Systems. An Introduction to their Linguistic Analysis. Cambridge: Cambridge University Press. *Das Buch gibt einen Einblick in die Unterschiedlichkeit von Schriftsystemen auf der Welt. Zudem gibt es eine grundlegende Begriffsbestimmung von Skript, Schriftsystem und Orthographie.*

Dürscheid, Chista (2012). Einführung in die Schriftlinguistik (4. Auflage). Göttingen: Vandenhoeck & Ruprecht. *Die Einführung zeigt systematisch die verschiedenen Bereiche der Schriftlinguistik auf, darunter materielle und konzeptionelle Unterschiede der gesprochenen und geschriebenen Sprache. Sie gibt zudem eine klare Unterscheidung in die Bereiche Graphematik und Orthographie.*

Eisenberg, P. (1989). Die Schreibsilbe im Deutschen. In P. Eisenberg & H. Günther (Eds.), Schriftsystem und Orthographie (pp. 57-84). Tübingen: Niemeyer. *Der Beitrag gibt eine sehr klare und anschauliche Definition der Schreibsilbe im Deutschen.*

Fuhrhop, Nanna (2015). Orthografie. Heidelberg: Winter. *Das Buch gibt eine systematische Einführung in die Orthographie des Deutschen.*

Fuhrhop, N. (2011). Grammatik verstehen lernen – Grammatik sehen lernen. In K. M. Köppke & A. Ziegler (Eds.), Grammatik – Lehren, Lernen, Verstehen. Zugänge zur Grammatik des Gegenwartsdeutschen (pp. 307-323). Berlin, Boston: De Gruyter. *Der Beitrag zeigt sehr anschaulich die grammatische Strukturierung in der Schrift auf.*

6. Das deutsche Schriftsystem

Das deutsche Schriftsystem wird häufig als ein phonologisch transparentes bzw. „flaches" Schriftsystem angesehen, in dem eine klare Beziehung zwischen Phonemen und Graphemen besteht (Goswami et al. 2003). Im Folgenden wird gezeigt, dass diese Vorstellung einer direkten Repräsentation von Phonemen und Graphemen falsch ist, und erläutert, wie das deutsche Schriftsystem erschlossen werden kann.

6.1 Das deutsche Schriftsystem: Die segmentale Struktur

Das deutsche Schriftsystem ist ein im Wesentlichen phonographisches System. Sein Kern ist in der Lautstruktur der deutschen Sprache verankert. Das deutsche Schriftsystem folgt also phonologischen Prinzipien, die aber durch silbische, morphologische und morphosyntaktische Prinzipien beeinflusst werden. Obwohl das Schriftsystem phonologisch also relativ transparent ist, müssen andere Prinzipien bei der Analyse berücksichtigt werden, um die Regularitäten des Systems zu erkennen. In den folgenden Abschnitten werden zunächst die Korrespondenzen zwischen Graphemen und Phonemen und deren Schwierigkeit der Ermittlung erläutert. Das Kapitel 6.2 erläutert anschließend die im deutschen Schriftsystem kodierten Silbenstrukturen.

6.1.1 Die transparente Struktur zwischen Graphemen und Phonemen in der „Explizitlautung"

Gesprochene Sprache ist eine sich ständig verändernde Artikulationsbewegung. In dem Lautkontinuum gibt es keine festen Grenzziehungen zwischen den Lauten und somit keine klar abgrenzbare Einheit eines Lautsegments. Schrift zeichnet sich dagegen durch voneinander deutlich abgegrenzte Buchstaben und Wörter sowie durch stabile Wortformen aus. Unabhängig von der Artikulation wird bspw. das Wort *schwimmen* immer <schwimmen> geschrieben. Besonders beim Schreibenlernen zeigt sich, dass die Zuordnung der akustischen und perzeptiven Wahrnehmung der gesprochenen Sprache zu den visuell wahrnehmbaren graphischen Einheiten der Schrift eines Abstraktionsprozesses von der gesprochenen Sprache bedarf. Denn die Schrift bezieht sich nicht auf die aktuell realisierte Sprachform eines Individuums. Sie bezieht sich auch nicht auf die umgangssprachliche Varietät einer Sprechergruppe. Schrift bezieht sich vielmehr auf das Konstrukt der *Explizitlautung*, die in der Phonologie als Bezugsgröße für andere Aussprachevarietäten dienen kann (Eisenberg 2004). Explizitlautung ist nicht gleichzusetzen mit der Standardlautung. Denn standardsprachlich sind Wortformen wie [ˈhaːbm̩] oder [ˈʃvimm̩] völlig akzeptabel. Diese führen in der Zuordnung zu Graphemen aber nicht zur richtigen Schreibung. Demgegenüber ist die Explizitlautung, wie gesagt, ein abstraktes Konstrukt, das die phonologische Struktur eines Wortes in einer möglichst expliziten Realisierung bewusst macht. Explizite Formen der genannten Beispiele wären [ˈhaː.bən] und [ˈʃvɪṃən]. Merkmale dieser Explizitlautung sind folgende (Eisenberg 2005: 51):

- Anders als bei der alltagssprachlichen, zusammenhängenden Rede werden die Wortformen so artikuliert, dass jeder Einzellaut all seine funktionalen artikulatorischen Eigenschaften hat. Die Explizitlautung des Wortes *sanft* ist beispielsweise [zanft], die von der Standardlautung [zamft] abweicht.
- Wörter in Explizitlautung werden so artikuliert, dass alle Silben mit vokalischem Kern realisiert werden. Im Beispiel *reden* ist also [ˈʁeː.dən] als Explizitlautung anzusehen und nicht die Standardlautung [ˈʁeː.dn̩].

Eisenberg bringt zum Ausdruck, wie wichtig es im Lehr/Lernprozess ist, Wortformen explizit, aber ‚normal' und nicht über-explizit zu artikulieren. Denn eine über-explizite Artikulation verfälscht die Wortformen prosodisch. Beispiele für solche über-expliziten verfälschten Formen wären [ˈʁeːdeːn] statt [ˈʁeː.dən] oder [ˈʃviːm.men] statt [ʃvɪṃən]. In diesen Wortformen ist die Akzent- und Silbenstruktur des Deutschen nicht mehr erkennbar. Stattdessen wird in der über-expliziten Lautung versucht, Grapheme und Phoneme direkt und kontextfrei aufeinander zu beziehen: ein unmögliches Unterfangen.

Manche Lehrkräfte möchten Lernenden mit einer über-expliziten Lautung helfen. Sie verhindern damit aber, dass diese die Zusammenhänge zwischen Phonemen und Graphemen erfassen können. Dass die phonologische Rekodierung im Deutschen nur mit Rückgriff auf die Silbenstruktur möglich ist, zeigt sich auch, wenn Lerner mit Leseschwierigkeiten Wörter über-explizit lesen. Dies ist ein Indikator dafür, dass der Lerner das erlesene Wort noch nicht phonologisch rekodieren, das heißt im mentalen Lexikon abrufen kann. Über-explizites Lesen ist deswegen ein Zeichen dafür, dass der Leseprozess noch nicht automatisiert ist.

Beispiel

Die folgende Transkription (aus Noack 2010: 153) gibt das laute Lesen einer Textpassage von zwei Viertklässlern wieder. Es stellt das stockende Lesen von S1 dar, die offensichtlich versucht, die Wörter Graphem für Graphem zu erlesen. S2 dagegen liest die Wörter flüssig unter Beachtung des trochäischen Betonungsmusters. In der Transkription stellen <ˈ> Hauptakzente und <ˌ> Nebenakzente dar.

	Sie	horten	auch	Nüsse,	Bucheckern […],	Pilze, […]
S1:	ˈzi	..ˈhɔʁ.ˌtɛn	ˈʔaʊx	..ˈnʏsə	ˈbuːxn.ˌkɛ.ˌne	..ˈpiːlːˈtseː
S2:	zi	ˈhɔʁ.tn	ʔaʊx	ˈnʏsə	ˈbuːx.ˌʔɛ.kɐn	ˈpɪl.tsə

Viele Studien zeigen, dass die Leseflüssigkeit, also das Re- und Dekodieren eines Textes, deutliche Auswirkungen auf das Textverständnis hat (siehe z.B. Klicpera et al. 2017).

■ Übung 44

Beschreiben Sie, wie die beiden Schüler im obigen Beispiel das Wort *Pilze* artikulieren. Entspricht die prosodische Wortstruktur in beiden Fällen der Struktur deutscher Wörter?

■ Übung 45

In einem Aufsatz schreibt Gabriele Hinney (2004: 79), dass die Explizitlautung „am Ende eines erfolgreichen Schriftspracherwerbs steht." Sie kann von Schulanfängern also nicht als Ressource vorausgesetzt werden. Warum ist das so? Diskutieren Sie diese Aussage.

■ Übung 46

Bitten Sie eine oder mehrere Personen, folgende Sätze zu lesen und in einer gedachten Dialogsituation normal zu sprechen: *„Kommst du mit schwimmen? Nein, ich gehe lieber laufen."* Nehmen Sie die Sätze auf. Transkribieren Sie die Wörter *schwimmen* und *laufen* und vergleichen Sie Ihre Transkription mit der orthographischen Form.

Die Explizitlautung stellt nur für diejenigen eine Bezugsgröße dar, die schon erfolgreich schreiben gelernt haben. Denn erst beim Schrifterwerb erwerben Schreiblerner das metalinguistische Prozesswissen darüber, wie das deutsche Schriftsystem gesprochene Wortformen kodiert. Das Sprachwissen von Kindern vor dem Schrifterwerb bezieht sich dagegen auf die konkreten Ausspracheformen, mit denen sie aufgewachsen sind. Diese sind in der Regel dialekt- und ideolektgeprägt (Hinney 2004).

Schriftgewohnte Schreiber und Leser haben die Explitlautung durch die Auseinandersetzung mit der Schrift verinnerlicht. Sie „hören" die genannten Eigenschaften der Explizitlautung auch dann, wenn sie physikalisch beim Sprechen nicht vorhanden sind. Röber (2009) spricht hier von einer „Schriftbrille", die schriftgewohnte Personen tragen, da ihre Wahrnehmung von Sprache sich grundsätzlich an der geschriebenen Form orientiert. Dadurch unterscheidet sich die Sprachwahrnehmung von erfahrenen Lesern/Schreibern und Schreibanfängern sowie illiteraten Erwachsenen.

Beispiel

Wenn Kinder beginnen, Lautsegmente zu segmentieren, nehmen sie häufig auch den Knacklaut ([ʔ]) wahr, mit dem alle – aus der Perspektive literater Erwachsener – vokalisch anlautenden Wörter beginnen. Literate Erwachsene hören nur aufgrund ihrer ‚Schriftbrille' einen vokalischen Wortanfang. Kinder dagegen nehmen den Konsonanten wahr und verschriften ihn in ihren ersten Schreibungen teilweise auch 7.4.2.

6.1.2 Korrespondenzen zwischen Graphemen und Phonemen

Grapheme lassen sich aus zwei verschiedenen Perspektiven modellieren: Entweder geht man von den Phonemen einer Sprache aus und sucht zu ermitteln, wie Phoneme durch Grapheme dargestellt werden. Oder man geht von Graphemen aus und untersucht die darin kodierten phonologischen Informationen. In diesem Band wird nur die zweite Perspektive gewählt, da Grapheme sehr viel deutlicher aus der Perspektive Graphem-Phonem-Korrespondenzen zu modellieren sind als aus der umgekehrten Phonem-Graphem-Perspektive. Denn „[e]rst wenn man weiß, welche grammatische Information in geschriebenen Wörtern steckt, lassen sich kontrolliert Bezüge zu gesprochenen Wörtern herstellen" (Eisenberg 2004: 302).

Um das Schriftsystem des Deutschen zu analysieren, ist es wesentlich, seinen Graphembestand zu ermitteln. Das Grapheminventar des deutschen Schriftsystems umfasst nur die Grapheme, die regelhafte Korrespondenzen mit dem Phoneminventar des Deutschen aufweisen. Verlässt man diesen Kernbereich, wird es schnell sehr schwierig (bis unmöglich) Regelhaftigkeiten ausfindig zu machen. Diese sind aber wesentlich für das Erforschen des Schriftsystems. Sie sind auch wesentlich, um Kindern die Regelhaftigkeiten und somit die Zusammenhänge eines Schriftsystems verständlich zu machen. Wenn im Unterricht nicht von dem Kernbereich regelhafter Wörter ausgegangen wird, sind Kinder gezwungen, mit den auswendig zu lernenden Ausnahmen zurechtzukommen – und/oder sich die Regelhaftigkeiten des Systems selbst zu erschließen.

Nachfolgend ist der Graphembestand des Deutschen nach Eisenberg (2013: 290) aufgeführt. Die Aufstellung macht deutlich, dass der Graphembestand des Deutschen von dem lateinischen Alphabet abweicht. Das Inventar bildet nur die Grapheme ab, die regelmäßig zur Schreibung deutscher Wörter verwendet werden, also den Kernbereich des deutschen Schriftsystems. Damit umfasst dieses Inventar auch nicht alle Grapheme der deutschen Orthographie, also der amtlichen Rechtschreibung.

● Das Grapheminventar des Deutschen nach Eisenberg (2013:290)

Konsonantengrapheme

<b>, <d>, <f>, <g>, <h>, <j> ,<k> ,<l>, <m>, <n>, <p>, <r>, <s>, <t>, <v>, <w>, <x>, <z>, <ß>, <qu>, <ch>

Vokalgrapheme

<a>, <e>, <i>, <o>, <u>, <ä>, <ö>, <ü>

Grapheme, die nicht regelhaft im deutschen Schriftsystem Verwendung finden, sind nicht im Kernbereich enthalten. Dazu zählen die Graphien von Fremdwörtern. Ebenfalls ausgelassen sind <y>, <c>. Das <y> fehlt, da es nur in Fremdwörtern oder Eigennamen vorkommt (*Typologie, Yvonne, Bayern*). Auch Schreibungen wie *café, resumé* sieht man bisweilen in deutschen Texten. Dennoch ist das Graphem <é> kein Graphem des deutschen Schriftsystems. Die Schreibung ist vielmehr als französische Schreibung markiert. Im Grapheminventar nach Eisenberg fehlt weiterhin das Graphem <c>, da es kein eigenständiges Graphem darstellt, das mit einem anderen Graphem kontrastiert, sondern nur in Verbindung mit <ch> oder <ck> vorkommt. Die Grapheme <x> und <v> wurden in einer früheren Ausgabe (Eisenberg 2004: 306f.) noch nicht aufgeführt. Damals argumentierte der Autor, dass sie im Kernwortschatz „markiert" seien, denn auf der Graphem-Phonem-Ebene werden die Phoneme /ks/ und /f/ regelhaft durch <chs> und <f> repräsentiert (*Dachs, Fisch*). Nur unter bestimmten Bedingungen werden <x> und <v> geschrieben (*Hexe, verlassen, Vater*). Das Vokalgraphem <ie> fehlt in dem Grapheminventar ebenfalls, obwohl es die regelhafte Schreibung des langen/gespannten [i:] im Deutschen repräsentiert. Allerdings gibt es einige Ausnahmen der regelhaften <ie>-Schreibung. Dabei handelt es sich um wenige deutsche Wörter und Eigennamen (*Igel, Tina*), Funktionswörter (*ihr, ihm*) und Fremdwörter (*Maschine, Turbine*) (Bredel 2015).

Das Grapheminventar zeigt, dass dieses im Einzelfall nie ganz und gar eindeutig und unstrittig ist. Je nach theoretischer Perspektive können <x>, <v> und <ie> also entweder ohne weiteres als Teil des deutschen Schriftsystems betrachtet werden oder eben nicht. In jedem Fall aber zeigt sich, dass den ca. 40 Phonemen des Deutschen weniger als 40 Grapheme gegenüberstehen. Von einem direkten Abbildungsverhältnis kann also keine Rede sein. Auch wenn ein Grapheminventar nie ganz eindeutig festgelegt werden kann und die Auswahl der einbezogenen Grapheme immer einer bestimmten Perspektive auf das Schriftsystem unterliegt, ist die Kenntnis darüber, welches die Grundeinheiten eines Systems sind, wesentlich, um die Regelhaftigkeit des Systems zu erfassen. Bei der Aufstellung eines Grapheminventars sind, unabhängig von der theoretischen Herangehensweise, in jedem Fall drei Fragen zu beantworten und zu begründen:

(1) Lässt sich durch den Austausch eines Buchstaben ein Minimalpaar bilden und ein Graphem ermitteln?
(2) Wird das Graphem dazu verwendet, deutsche Wörter zu schreiben? Oder wird es nur zur Schreibung von Fremdwörtern verwendet?
(3) Wie regelhaft und häufig wird die Schreibung verwendet? Handelt es sich also um eine markierte oder unmarkierte Schreibung? (Dürscheid, 2012: 135).

6.1.3 Kontextunabhängige Korrespondenzen zwischen Graphemen und Phonemen

Im Allgemeinen wird unter einer Graphem-Phonem-Korrespondenz eine kontextfreie Ersetzungsregel verstanden, bei der ein Phonem oder eine Folge von Phonemen mit einem Graphem oder einer Folge von Graphemen korrespondiert. Mehrheitlich eindeutige und somit „kontextunabhängige“ Graphem-Phonem-Korrespondenzen befinden sich am Wortanfang bzw. an allen einfachen silbischen Anfangsrändern. Hier trifft es in der Regel zu, dass lautlich-segmentale Strukturen verschriftet werden (Eisenberg, 2004: 311).

Die folgende Aufstellung umfasst alle Grapheme des deutschen Schriftsystems, die eine eindeutige Korrespondenz zu Phonemen aufweisen. Die Grapheme sind hierbei genauso als abstrakte distinktive Einheiten zu verstehen wie die Phoneme. Das Inventar von Korrespondenzen zwischen Graphemen und Phonemen im Deutschen beruht auf Eisenberg (2004: 307-308).

● Das Inventar von Korrespondenzen zwischen Graphemen und Phonemen im Deutschen

Konsonanten

Phonem	Graphem	Beispiel	Phonem	Graphem	Beispiel
/p/	→ <p>	/pɔst/ – <Post>	/ç/	→ <ch>	/mɪlç/ – <Milch>
/t/	→ <t>	/toːn/ – <Ton>	/v/	→ <w>	/vɛʁk/ – <Werk>
/k/	→ <k>	/kalt/ – <kalt>	/ʝ/	→ <j>	/jʊŋ/ – <jung>
/b/	→ <b>	/bʊnt/ – <bunt>	/h/	→ <h>	/haʁt/ – <hart>
/d/	→ <d>	/dʊʁst/ – <Durst>	/m/	→ <m>	/mɪlç/ – <Milch>
/g/	→ <g>	/gʊnst/ – <Gunst>	/n/	→ <n>	/napf/ – <Napf>
/kv/	→ <qu>	/kvaːl/ – <Qual>	/ŋ/	→ <ng>	/jʊŋ/ – <jung>
/f/	→ <f>	/fʁɔʃ/ – <Frosch>	/l/	→ <l>	/lɪçt/ – <Licht>
/s/	→ <ß>	/ʁuːs/ – <Ruß>	/R/	→ <r>	/ʁɛçt/ – <Recht>
/z/	→ <s>	/zamt/ – <Samt>	/ts/	→ <z>	/tsaʁt/ – <zart>
/ʃ/	→ <sch>	/ʃʁoːt/ – <Schrot>			

Gespannte Vokale

/i/	→ <ie>	/kiːl/ – <Kiel>
/y/	→ <ü>	/vyːst/ – <wüst>
/e/	→ <e>	/veːm/- <wem>
/ø/	→ <ö>	/ʃøːn/ – <schön>
/æ/	→ <ä>	/bæʀ/ – <Bär>
/ɑ/	→ <a>	/tʁaːn/ – <Tran>
/o/	→ <o>	/toːn/ – <Ton>
/u/	→ <u>	/muːt/ – <Mut>

Ungespannte Vokale

/ɪ/	→ <i>	/mɪlç/ – <Milch>
/ʏ/	→ <ü>	/hʏpʃ/- <hübsch>
/ɛ/	→ <e>	/vɛlt/ – <Welt>
/œ/	→ <ö>	/kœln/ – <Köln>
/a/	→ <a>	/kalt/ – <kalt>
/ɔ/	→ <o>	/fʁɔst/ – <Frost>
/ʊ/	→ <u>	/gʊʁt/ – <Gurt>

Reduktionsvokal

/ə/	→ <e>	/ˈkɪʁçə/- <Kirche>

Betrachtet man die Korrespondenzen einzelner Grapheme zu Phonemen, so zeigt sich stellenweise eine deutliche Unterdifferenzierung der Grapheme. Im Bereich der Vokale entspricht ein Vokalbuchstabe fast durchgängig mindestens zwei Vokalen, einem kurzen und einem langen Vokal (wie <o> in *Ton* und *Frost*). Die Vokalqualität erschließt sich dabei nur bei einem Rückgriff auf die Silbenstruktur (siehe Kapitel 6.2). Das Zeichen <e> ist besonders mehrdeutig und hat unterschiedlichste Funktionen in der Schrift: In der betonten (prominenten) Silbe kann es den gespannten Vokal /e/ (/veːm/ <wem>) oder den ungespannten Vokal /ɛ/ darstellen (/vɛlt/ *Welt*). Der Buchstabe *e* ist darüberhinaus Teil des Digraphs <ie>, der das gespannte /i/ regelhaft repräsentiert (*Liebe, wiegen*). Zudem ist er in zwei Diphthongen präsent, als <ei> (/aɪ/ *Wein, Hai*), als <eu> (/ɔʏ/ *Häuser, euch*). In der unbetonten (reduzierten) Silbe stellt es zudem regelhaft das Schwa /ə/ wie in *Kirche* dar (/ˈkɪʁçə/) oder, als Digraph <er>, das /ɐ/ wie in *Kater* (/ˈkaːtɐ/).

Zusammenfassend können wir feststellen, dass die Korrespondenzen zwischen Graphemen und Phonemen komplex und tendenziell unpräzise sind und immer der Interpretation theoretischer Prämissen unterliegen. Keinesfalls bilden sich Grapheme und Phoneme wechselseitig ab und die Korrespondenzen zwischen beiden sind keine einfachen Ableitungsregeln. Dies gilt, obwohl im deutschen Schriftsystem zahlreiche Wörter einzig durch Graphem-Phonem-Korrespondenzen orthographisch korrekt geschrieben werden können (<Tisch> /tɪʃ/, <kalt> /kalt/, <Kost> /kɔst/). Allerdings sind Grapheme häufig mehrdeutig (siehe <o> für /o/ und /ɔ/) und verweisen nicht nur auf segmentale Phoneme, sondern unterliegen auch besonderen Bedingungen durch benachbarte Grapheme sowie silbische und morphologische Prinzipien. Um die Strukturen der Schriftsprache richtig zu interpretieren, müssen Leser und Schreiber die Bezüge der geschriebenen Zeichen zu diesen sublexikalischen Ebenen erfasst haben.

Beispiel
Das Wort *Retter* zeigt anschaulich, dass in einem Schriftsystem Grapheme unterschiedliche Bereiche repräsentieren und Buchstaben keine Laute abbilden. Das Wort lässt sich vorwärts und rückwärts lesen, ist also ein Palindrom. Die Buchstaben *r* und *e* repräsentieren aber ganz verschiedene Konsonanten und Vokale /ˈʁɛtɐ/. Untersucht man die Schreibung aus der Perspektive der Schrift, lassen sich die Systematiken des Wortes recht einfach erkennen (vgl. Kapitel 6.2). Ginge man von der phonologischen Repräsentation des Wortes aus, wären diese Systematiken nicht nachvollziehbar.

6.2 Das deutsche Schriftsystem: Die suprasegmentale Struktur der Schriftsilbe

In der Schreibung gibt es graphematische Oppositionen, die nicht nur segmental abgegrenzt sind, sondern suprasegmental wirken. Eine wesentliche suprasegmentale Ebene im deutschen Schriftsystem ist die Silbenstruktur. Die Silbe ist eine Einheit der gesprochenen Sprache, die in der Alphabetschrift keine direkte Entsprechung findet also in geschriebenen Wörtern wie *Hüte, Liebe, Hüfte* nicht direkt ersichtlich ist. Dennoch existiert sie in der Schrift als sogenannte Schrift- oder Schreibsilbe, die die silbischen Strukturen visuell kodiert und die einzelnen Silben sowie die Silbenstruktur von Wortformen für den Leser zugänglich macht. Gezeigt werden soll im Folgenden, wie die Form der Schriftsilbe dem Leser hilft, Silben und Akzentmuster von Wörtern zu **rekodieren** und die in der Schrift zugrundeliegende Wortform dadurch möglichst schnell zu erfassen, das heißt zu **dekodieren**.

6.2.1 Die orthographische Explizitform

Die Struktur der Schriftsilbe eines Wortes lässt sich nicht aus jedweder Wortform erschließen. Das heißt, dass ein Schreibender sich nicht auf die phonologische Kodierung irgendeines konkreten Wortes verlassen darf, um das Wort richtig zu schreiben. Die konkreten Wortformen /kɔmt/, /kɔmst/ sind, rein phonologisch betrachtet, als *<komt> und *<komst> richtig verschriftet. Erst unter Berücksichtigung der phonologischen Form der „orthographischen Explizitform" /ˈkɔṃən/ wird die orthographische Form <kommen> verständlich. Denn die Schreibung *<komen> könnte phonologisch nicht als [ˈkɔṃən] rekodiert werden, sondern würde als *[ˈkoː.mən] artikuliert.

Der Grund dafür, dass die deutsche Orthographie die Schreibungen *kommen, kommt, kommst* mit verdoppeltem Konsonantengraphem erfasst, liegt an dem morphologischen Prinzip der Stammschreibung, die einem Leser das Zuordnen von Wortformen zu einem Lexem erleichtert (vgl. Kapitel 5.3.3).

● Explizitform

Eisenberg (2004: 320) begründet und definiert die Explizitform folgendermaßen: „Bevor man von Stammkonstanz spricht, muss man wissen, welche Stammform in welcher Gestalt der Konstantschreibung zugrunde liegt. Was ist es, was konstant gehalten wird, was diesen Dreh- und Angelpunkt für die Wortschreibung darstellt? Es sind die sog. *Explizitformen*. Explizitformen werden grundsätzlich phonologisch geschrieben. Ihre Schreibung liefert die morphologische Einheit in einer Form, die trotz möglicher phonologischer Variation konstant oder weitgehend konstant bleibt."

Um die orthographische Explizitform eines Wortes zu erfassen, muss eine Wortbildungsanalyse durchgeführt werden, die schriftspezifische, silbische und morphologische Strukturen wesentlich einbezieht. Dabei gilt, dass die phonologische Form der orthographischen Referenzform im Deutschen zweisilbig ist. Sie zeigt eine trochäische Fußstruktur auf, deren erste Silbe betont und deren zweite Silbe unbetont ist. Die unbetonte Silbe (Reduktionssilbe) enthält immer ein Schwa als Silbenkern, das in der Umgangssprache aber oft nicht realisiert wird. Beispiele sind *Füße* /ˈfyː.sə], *Liebe* [ˈliː.bə], *Fische* [ˈfɪʃə], *Affen* [ˈʔaf̣ən], *Kühe* [ˈkyː.ə], *Hühner* [ˈhyː.nɐ] etc. Diese Referenzform ist jeweils die Grundlage für die Schreibung aller weiterer Wortformen eines Lexems; auch wenn, in dieser Wortform, die Schreibung bspw. eines <ß> oder der Schärfung nicht notwendig wäre, um das Wort richtig zu kodieren (vgl. für *Affe* bspw. *nachgeäfft*). Um Wörter zu schreiben, die von dieser Referenzform abgeleitet werden, muss folgendermaßen vorgegangen werden:

Man nehme den Wortstamm aus der Referenzform (<lieb>, <fisch>, <aff>, <kuh/küh>, <huhn/hühn> und verknüpfe ihn mit einer Flexionsendung (und ggf. einem Derivationsmorphem) oder realisiere ihn als einsilbige Form: *lieb, liebst, Fisch, gefischt, affig, nachgeäfft, Kuh, Hühnchen*, etc.

In den folgenden beiden Kapiteln werden die silbischen Strukturen der prosodisch determinierten Explizitformen in der Schreibung erläutert.

6.2.2 Die Prominente Silbe

Das Inventar von Vokalgraphemen (Kap. 6.1.3) zeigt, dass sich ein Vokalgraphem auf mindestens zwei Phoneme bezieht, einen gespannten und einen ungespannten Vokal. Das Graphem <e> bezieht sich zusätzlich auf den Schwa-Laut. Wie ein Vokalgraphem zu rekodieren ist, lässt sich erst dann ersehen, wenn die Silbenstruktur von Wörtern zur Analyse hinzugezogen wird. Dabei wird bei der Analyse von der zweisilbigen orthographischen Explizitform ausgegangen.

6.2.2.1 Die Schreibung des losen Silbenanschlusses

Vergleichen wir zunächst die Schreibung von Wörtern, die einen gespannten bzw. langen Vokal in der betonten Silbe enthalten (a) mit Wörtern, die einen ungespannten bzw. kurzen Vokal in der betonten Silbe enthalten (b).

Beispiel

(a): *Rasen – räkeln – geben – Biene – Hose – böse – kluge – süße*
(b): *fasten – Bänke – beste – Bilder – Hostie – öfters – knuspern – Sülze*

Die betonte Silbe der Beispiele in (a) ist in allen Fällen offen, wie <Rasen> /ˈʁaː.zən]. Die betonte Silbe in (b) ist sämtlich geschlossen, wie <fasten> /ˈfas.tən/. Maas (2006) spricht bei (a) von einem „losen Silbenanschluss“, da der Vokal der betonten Silbe gelängt werden kann und die Vokalqualität im Oszillogramm zum Ende hin abnimmt (Abb. 6.1). Bei (b) spricht Maas (2006) von einem „festen Silbenanschluss“. Hier ist der Vokal der betonten Silbe an einem Punkt seiner Vokalqualität wie abgeschnitten und kann beim Sprechen nicht künstlich gelängt werden, ohne seine Qualität distinktiv zu verändern. Der Vokal ist fest an den Anfangsrand der folgenden unbetonten Silbe angebunden.

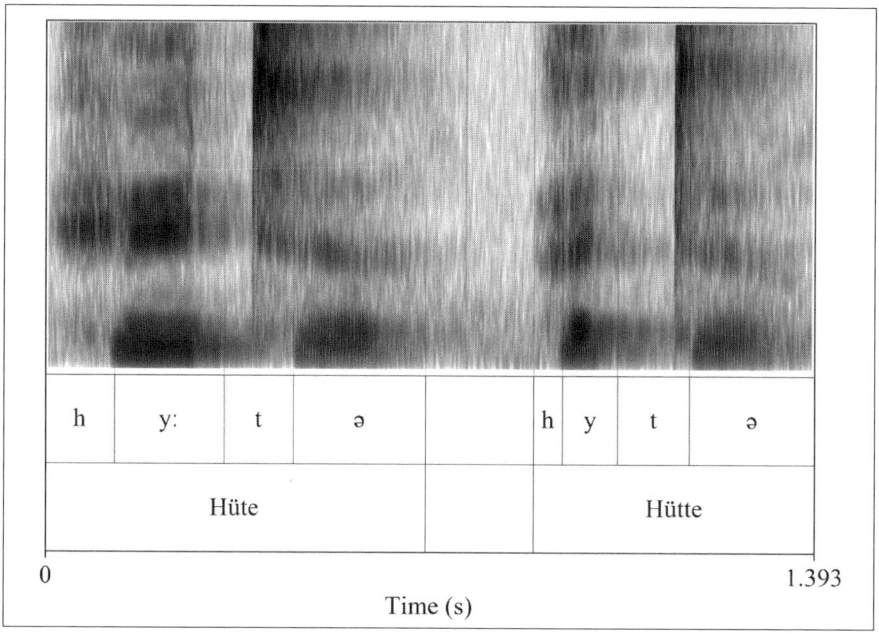

Abb. 6.1: Sonographische Darstellung des Wortpaares *Hüte – Hütte*

Die in Abbildung 6.2 abgebildeten zweisilbigen Wörter stellen die Silbenstruktur für die Wortformen mit losem Silbenanschluss beispielhaft am Wort *rasen* dar. Das Muster der phonologischen Silbe (σ_P) ist links abgebildet, das Muster der Schreibsilbe (σ_G) rechts. In Abbildung 6.3 ist das Muster der Silbenstruktur mit festem Silbenanschluss beispielhaft am Wort *fasten* dargestellt. Diese Darstellung referiert auf Eisenberg (2004: 313).

Abb. 6.2: Silbenstruktur mit losem Anschluss; Wörter mit einem gespannten/langen Vokal in der betonten Silbe wie *rasen*, siehe Beispiele (a) in diesem Kapitel.

Abb. 6.3: Silbenstruktur mit festem Anschluss; Wörter mit einem ungespannten/kurzen Vokal in der betonten Silbe wie *fasten*, siehe Beispiele (b) in diesem Kapitel.

Die Silbenmodelle (Abb. 6.2 und 6.3) zeigen, dass die Vokalqualität durch eine segmentale Analyse von Vokalgraphemen nicht ermittelt werden kann. Nur die Silbenstruktur der prominenten Silbe zeigt an, welche Qualität das jeweilige Vokalgraphem repräsentiert. Einzig die Vokalgrapheme <ie> und <i> referieren in der Segmentstruktur auf den jeweils gespannten bzw. ungespannten Vokal. Das Graphem <ie> repräsentiert an und für sich ein gespanntes, langes /iː/ und ist, in der Regel, differenziert zum <i>, das das ungespannte /ɪ/ repräsentiert. Allerdings gilt auch für das <ie>, dass es nur in der offenen Silbe vorkommt und somit nur in der Silbenposition mit losem Anschluss. Eine Schreibung wie *<Giep.fel> kommt im deutschen Schriftsystem nicht vor.

■ Übung 47

Zeichnen Sie für die Wörter auf Seite 140 in den Beispielen a und b entsprechende Silben: einmal für die phonologische und einmal für die graphische Silbenstruktur.

6.2.2.2 Das „Dehnungs-<h>" oder „Blickfang-<h>" in der Silbe mit losem Anschluss

In einigen Wörtern mit losem Silbenanschluss steht im Endrand der ersten, prominenten Silbe ein <h> (*Höhle, wähnen*). Dieses „Dehnungs"- oder, besser, „Blickfang"-<h> hat keine phonologische Repräsentationsfunktion, da die Wörter auch als <Höle>, <wänen> richtig rekodiert würden. Das <h> kommt nur in Wörtern vor, deren erste Silbe mit losem Anschluss realisiert wird, deren Vokal also gespannt ist und deren zweite Silbe mit dem Sonorantengraphem <r>, <l>, <n> oder <m> beginnt. Allerdings ist die Schreibung mit <h> auch in diesen Fällen nicht durchgängig. Eine Systematik, wann das Blickfang-<h> steht und wann nicht, zeigt sich erst, wenn man den Anfangsrand von Wörtern betrachtet: Wörter mit einfachem Anfangsrand wie (*kühl, fehlen*) enthalten eher dieses <h> als Wörter mit komplexem Anfangsrand (*Schule, Pläne*). Die Bezeichnung „Blickfang"-<h> geht davon aus, dass das <h> bei kurzen bedeutungstragenden Wörtern das Lesen des gespanten/langen Vokals unterstützen soll; bei komplexem Anfangsrand sei das weniger notwendig (Roemheld 1955; Fuhrhop 2013: 225).

Die in der Deutschdidaktik übliche Bezeichung „Dehnungs"-<h> ist irreführend. Denn nicht das <h> ist ausschlaggebend für die Repräsentation des gespannten/langen Vokals, sondern die offene, auf Vokal endende, Schreibsilbe. Deswegen ist es im Unterricht wesentlich, die Silbenstruktur zum Ausgangspunkt zu nehmen, um die Vokalqualität und deren Repräsentation in der Schrift zu erfassen. Erst wenn dies gefestigt ist, können die Lerner ihr silbenstrukturelles Wissen nutzen, um die Bedingungen und Ausschlusskriterien für das Setzen des „Blickfang"-<h> zu nutzen (Blatt 2006).

Beachten Sie, dass das „Blickfang"-<h> nicht mit dem „silbentrennenden" <h> zu verwechseln ist (Kap. 6.2.3.2).

6.2.2.3 Die Schärfungsschreibung des festen Anschluss

Auch die prominenten Silben der Wörter im Beispiel (c) werden mit festem Silbenanschluss realisiert; die Vokale in der betonten Silbe sind somit ungespannt und werden als kurz wahrgenommen. Allerdings enthalten diese phonologischen Wörter nur einen Konsonanten, der als Anfangsrand der zweiten Silbe interpretiert werden kann (Maas 2006) oder als Endrand der ersten und Anfangsrand der zweiten Silbe (Eisenberg 2004). In der orthographischen Repräsentation wird dieser Konsonant verdoppelt.

Beispiele (c): *Ratten – Retter – Mitte – offen – Rösser – knurren – Nüsse*

Abb. 6.4: Silbenstruktur mit festem Anschluss und ambisyllabischem Konsonanten bzw. sogenannter Schärfungsschreibung; Wörter mit einem ungespannten/kurzen Vokal in der betonten Silbe wie *retten*, siehe Beispiele (c) in diesem Kapitel.

Die Silbenstruktur der Abbildung 6.4 ist auf der lautlichen Ebene weniger klar. Anstatt wie in Beispiel (b) (Abb. 6.3) die prominente Silbe mit einem Endrand abzuschließen und die unbetonte Silbe mit einem anderen konsonantischen Anfangsrand zu beginnen, gibt es in Abbildung 6.4 nur ein konsonantisches Element, das beiden Silben zugeordnet ist. Anders als es das Schriftbild suggeriert, ist dieser Konsonant keine Geminate (Langkonsonant), denn das /t/ bspw. in *Hüte* ist ebenso lang wie das /t/ in *Hütte* (beide 0,12 ms, vergleiche Sonagramm Seite 140). Es gibt unterschiedliche phonologische Modellierungen dieses Konsonanten. Unsere Darstellung folgt der Modellierung von Eisenberg, der von einem ambisyllabischen Konsonanten oder einem *Silbengelenk* spricht (Eisenberg 2004: 313).

● Silbengelenk

Phonologisch ist das Silbengelenk folgendermaßen zu beschreiben: Wenn zwischen den Silbenkernen einer betonten und einer unbetonten Silbe ein Konsonant steht, so ist der Silbenkern der ersten Silbe ungespannt (kurz) zu artikulieren (Fuhrhop 2013: 226). Dieser Konsonant nimmt als „Silbengelenk" zwei silbische Positionen ein, einmal den Endrand der betonten sowie den Anfangsrand der unbetonten Silbe. In der Schriftsilbe wird das Silbengelenk durch eine Verdoppelung des entsprechenden Konsonantenbuchstaben repräsentiert.

Die Schrift visualisiert also eindeutig die Silbengrenze, indem ein Konsonantenbuchstabe dem Endrand der ersten und ein Konsonantenbuchstabe dem Anfangsrand der zweiten Silbe zugeordnet wird. Diese Regel gilt systematisch für die sogenannte Schärfungsschreibung. Sie ist regelhafter Bestandteil des deutschen Schriftsystems. In der Transkription wird der ambisyllabische Konsonant mit einem daruntergesetzten Punkt dargestellt (/kɔṃən/ *kommen*).

Die Orthographie des Deutschen hat in einigen Fällen keine Verdoppelung des ambisyllabischen Konsonanten entwickelt. Die Verdoppelung des ambisyllabischen Konsonanten in der Schreibsilbe geschieht nicht, wenn mehrgliedrige Konsonantengrapheme vorliegen. So werden Di- und Trigraphen nicht verdoppelt, wie <ch> /ç/ und <sch> /ʃ/ (*<Küchche>, *<Tischsche>). Ebenfalls keine

Verdoppelung liegt vor, wenn eine Graphemfolge Affrikaten entspricht (etwa <ts> / t͡s/, <pf> / p͡f/). Dann erscheinen die beiden Segmente getrennt im Endrand der ersten und im Anfangsrand der zweiten Schriftsilbe als <Kat-ze>, <Ap-fel>. Dasselbe gilt für die graphematische Repräsentation des velaren Nasalkonsonanten <ng> /ŋ/, der auch nicht verdoppelt wird. Die beiden Elemente des Digraphen werden ebenfalls auf die beiden Silben verteilt, wie in <rin-gen>. Eine nur historisch zu erklärende Besonderheit stellt das <ck> als Verdoppelung des ambisyllabischen /k/ dar. Vorwiegend ästhetisch zu erklären ist, dass ein Wort wie /ˈpak̥ən/ nicht *<pakken>, sondern <packen> geschrieben wird. Bei Worttrennung am Zeilenende kommt die, nach alter Rechtschreibung regelhafte, Schreibung <pak-ken> zum Vorschein.

6.2.3 Die Reduktionssilbe

Die Reduktionssilbe ist auf phonologisch-segmentaler Ebene weniger in der gesprochenen Sprache verankert als die prominente Silbe und wird häufig nicht realisiert. In zweisilbigen Wörtern wie *tanzen* /ˈtan.tsn̩/, *tanzten* /ˈtants.tn̩/, *tanzte* /ˈtants.tə/ ist der Stamm *tanz-* damit besser wahrnehmbar als die reduziert artikulierten Flexionsformen. Graphische Markierungen wie die Repräsentation des Vokals <e> – oder das sogenannte *silbentrennende* <h> (siehe Kapitel 6.2.3.2) – haben hier nicht in erster Linie die Funktion einen Vokal zu repräsentieren. Das <e> macht vielmehr die zweisilbige Struktur des phonologischen Wortes sichtbar und somit rekodierbar.

6.2.3.1 Die Funktion des <e>

In der geschriebenen Form enthält jede Reduktionssilbe ein <e> als Vokalgraphem, das in der Explizitlautung als Schwa-Laut ([ə] oder [ɐ]), in alltagssprachlichen Varianten oft aber nicht realisiert wird. Die möglichen graphischen Formen des Reims der Reduktionssilbe sind <-e> (*Hose* /ˈhoː.zə/; *Katze* /ˈkat.sə), <-er>, <-ern>, <-ert>, <-erst> (*Kater* /ˈkaː.tɐ/; *kümmern* /ˈkym̥ɐn/; *kümmert* /ˈkym̥ɐt/; *kümmerst* /ˈkym̥ɐst/) und <-en>, <-em>, <-el>, <-eln> (*kommen* /ˈkɔm̥ən/, *jedem* /ˈjeː.dəm/, *Löffel* /ˈlœf̥əl/, *wackeln* /ˈvak̥əln/). Die Transkription der Wörter entspricht der Explizitlautung. Die Formen mit <-er> werden als [ɐ] realisiert. In den lautlichen Realisierungen der geschriebenen Wörter, die auf <-en>, <-em>, <-el>, <-eln> enden, wird das Schwa gewöhnlich nicht realisiert, da die Sonoranten die Silbizität in der unbetonten Silbe gewährleisten (Abb. 6.5).

Betrachtet man die obigen Beispiele, hat das <e> in der Reduktionssilbe also nicht so sehr die Funktion, einen bestimmten Vokal abzubilden. Vielmehr markiert es den Kern und somit die Silbigkeit der reduzierten Silbe. Ohne den Vokalbuchstaben <e> als Kern der graphischen Reduktionssilbe wäre die prosodische Struktur der Wörter für den Leser nicht ersichtlich. Das wird beim Vergleich alternativer Schreibungen deutlich. Während die orthographische

Form <Faden> durch die vokalischen Kerne eine zweisilbige Struktur aufzeigt und die Akzentuierung der Silben als betont-unbetont interpretierbar macht (/ˈfaː.dn̩/ oder /ˈfaː.dən/), ist diese Lesart in der alternativen Schreibung *<Fadn> nicht möglich.

Abb. 6.5: Darstellung des <e> in der Reduktionssilbe als Markierung von Silbizität

■ Übung 48

Zeichnen Sie für die Wörter *Rösser, Nüsse, Mitte, fangen, suchen* die entsprechenden Silbenstrukturen: einmal für die phonologische und einmal für die graphische Silbenstruktur.

■ Übung 49

Diskutieren Sie die alternativen Schreibungen <Faden> und *<Fadn> sowie <schwimmen> und *<schwimn> daraufhin, welche silbischen Informationen die Schreibungen jeweils kodieren (oder eben nicht).

6.2.3.2 Die Funktion des silbentrennenden <h>

Auch das <h> ist Markierer für Silbizität und stellt somit vor allem eine Lesehilfe dar. Es steht im Anfangsrand der graphischen Silbe, um das Aufeinandertreffen zweier Vokalgrapheme zu vermeiden und die prominente von der reduzierten Silbe graphisch klar zu trennen. Das Betonungsmuster in den Wörtern *Ruhe, Mühe, gehen* wäre in der Graphie *<Rue>, *<Müe>, *<geen> nicht gegeben. Es gibt diese Formen aber, wie bspw. <Seen>

Abb. 6.6: Darstellung des <h> in der Reduktionssilbe als Markierung von Silbizität

Die Schreibung des silbentrennenden <h> ist in der deutschen Orthographie nicht durchgehend angewendet. Als generelle Regel formuliert Eisenberg:

● **Das silbentrennende <h>**

„Das silbeninitiale <h> steht in den flektierenden Wörtern der offenen Klassen nach sämtlichen Vokalgraphemen außer <i> sowie in einer größeren Zahl von Wörtern mit dem Schreibdiphthong <ei>, z. B. <Reihe>, <Weiher>. Nach den anderen Schreibdiphthongen (<au>, <äu>, <eu>) steht es nicht." (Eisenberg 2004: 315):

Die Regeln für die Schreibung von dem silbentrennenden <h> sind, ebenso wie etwa die Regeln der Schärfungsschreibung, nur auf die zweisilbigen Explizitformen von Wörtern anwendbar. Die in der Explizitform phonologisch transparenten Schreibungen bleiben in den anderen Wortformen enthalten, sind dann aber nicht mehr auf die Darstellung einer Silbenstruktur in der Schrift zurückzuführen. Die Wortform <ruht> wird also mit <h> verschriftet, da sie nur so als eine Wortform der zweisilbigen Explizitform <ruhen> erkannt werden kann.

Das „silbenintiale" <h> ist nicht mit dem „Blickfang" oder „Dehnungs"-<h> zu verwechseln (vgl. Kap. 6.2.2.2).

6.3 Weitere kontextabhängige Grapheme

Das vokalisierte <r>: Das Graphem <r> wird nur als [ʁ] realisiert, wenn der Konsonant im Silbenanfangsrand steht (*rot* [ʁo:t], *Rad* [ʁa:t], *Brot* [bʁo:t], *Ohren* [ˈʔo:.ʁən]). Im Silbenendrand wird das Graphem als eine Art a-Laut rekodiert (*Ohr* [ʔo:ɐ], *Verein* [fɛɐ.ˈʔ aɪn], *Wort* [vɔɐt]; *Kater* [ˈka:.tɐ]). Dabei repräsentiert er in der prominenten Silbe einen Teil eines Diphthongs (*Ohr* [ʔo:ɐ]) oder längt den vorausgehenden Vokal (*Arbeit* [ˈʔa:.baɪt]). In der Reduktionssilbe steht er als Teil des Digraphen <er> für [ɐ]. Wenn sich Kinder auf eine klare und kontextunabhängige Graphem-Phonem-Korrespondenz verlassen, erkennen sie die phonologische Funktion des vokalisierten <r> in der Schrift möglicherweise nicht. Dies führt dann zu Lernerschreibungen wie *<Woat>.

In manchen Varietäten des Deutschen, wie dem in der Region Aachen und in Luxemburg gesprochenen Deutsch, wird das wortmediale <r> als stimmhafter uvularer Frikativ [ʁ] realisiert (*Ohr* [o:ʁ], *Verein* [fɛʁ.ˈʔaɪn], *Wort* [vɔʁt]). Das hat zur Folge, dass Luxemburger Schüler häufig die Schreibungen von <r> und <ch> verwechseln und es zu Realisierungen wie *<Artung> oder *<Achbeit> kommt.

■ **Übung 50**

Erklären Sie die Systematik der <r> Schreibung in dem abgebildeten Text eines Schülers. Wann schreibt er <r>?

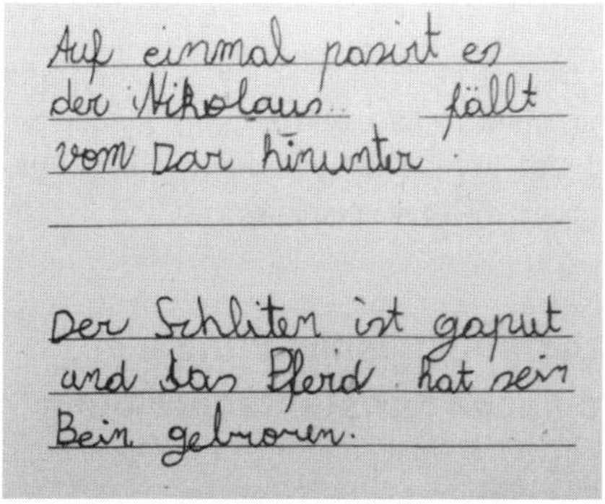
Auf einmal pasirt es
der Nikolaus fällt
vom Dar hinunter.

Der Schliten ist gaput
und das Pferid hat sein
Bein gebroren.

Abb. 6.7: Schülertext mit Unsicherheiten in der r-Schreibung

Die s-Schreibung für /s/ und /z/: Ein weiteres Beispiel für eine kontextabhängige Schreibung ist die Verwendung des Graphems <s>. Im Kernbereich verweist <s> in der Standardlautung auf /s/ wie in *Haus.* Folgt auf das <s> ein Vokalbuchstabe, verweist das Graphem auf /z/ wie *Sonne, Häuser.* Beide Regeln referieren auf die phonographische Basisschreibung von <s>.

Doppeltes <ss> steht im Kontext der sogenannten Schärfungsschreibung (siehe Abbildung 6.4). Die Schreibung mit <ss> in Wörtern wie <küssen> und *lassen* wird auch in allen anderen Wortformen beibehalten, wie *Kuss, geküsst, lässt,* obwohl auch die Formen *<Kus>, *<geküst>, *<läst> phonologisch korrekt rekodierbar wären.

Das Graphem <ß> steht in Wortstämmen der Explizitform, in denen ein stimmloses [s] auf einen gespannten (langen) Vokal oder Diphthong folgt und einem Vokal vorausgeht, wie in *Süße, Muße, weiße.* Nur in diesem Kontext lassen sich Minimalpaare bilden wie /ˈvaɪsə/ – /ˈvaɪzə/ (*weiße-weise*). Von der Explizitform ausgehend wird die <ß>-Schreibung in allen Wortformen beibehalten (*weiß, groß*).

Die Schreibung für /ʃ/ als <sch> oder <st>, <sp>: Die regelhafte Segmentschreibung für /ʃ/ ist <sch>. Diese Schreibung gilt jedoch nicht vor <t> oder <p>, wo die mit /ʃ/ beginnenden Affrikaten als <st> oder <sp> realisiert werden (*Stuhl, sperrig, Stern*). Wenn sich zwischen <s> und <p> oder zwischen <s> und <t> aber eine Silbengrenze befindet, dann verweist <s> wieder auf /s/ (vgl. *Stern* versus *Austern, gestern*). Zudem werden Fremdwörter wie *Stil* standardsprachlich als /stiːl/ realisiert.

■ Übung 51

Reflektieren Sie über die verschiedenen orthographischen Realisierungen von /ʃ/ und finden Sie für jede orthographische Bedingung mindestens zwei Beispiele. Finden Sie außerdem Beispiele für Wörter, die <-sp-> und <-st-> enthalten, aber kein /ʃ/ in der gesprochenen Realisierung. Erläutern Sie die Schreibung Ihrer Beispielwörter.

6.4 Jenseits der Phonologie: das morphologische Prinzip in der Schreibung – die morphologische Konstantschreibung

Die ausgeführten phonologischen und silbischen Regelhaftigkeiten werden an manchen Stellen durch das sogenannte morphologische Prinzip überschrieben. Es geht hierbei vor allem darum, Stammkonstanz zu erreichen, das heißt, den morphologischen Stamm eines Lexems über mehrere Wortformen hinweg möglichst ähnlich zu schreiben. Die orthographische Stammkonstanz erlaubt dem Leser, eine Wortform rasch mit seinem orthographischen mentalen Lexikon abzugleichen und dadurch schneller zu identifizieren. Die Stammkonstanz wird soweit durchgängig angewandt, so lange es die phonologische Rekodierung eines Wortes nicht beeinträchtigt.

Auf der phonologischen Segmentebene fallen vor allem <ä> Schreibungen ins Auge. Bei der Erstellung des graphematischen Kernbereichs des deutschen Schriftsystems wurde gezeigt, dass <e> sowohl gespanntes /e/ als auch ungespanntes /ɛ/ repräsentiert. Wenn der Stamm eine Alternanz von /a/ und /ɛ/ aufweist, wie *Apfel – Äpfel* /ˈʔapfəl/-/ˈʔɛpfəl/, *hatte – hätte* /ˈhatə/ – /ˈhɛtə/, *Fall – Fälle* /fal/ – /ˈfɛlə/, wird /ɛ/ durch <ä> statt <e> repräsentiert. Um auf der visuellen Ebene Stammkonstanz zu erzeugen, wird das Graphem <ä> verwendet, anstatt auf das phonologisch regelkonforme <e> zurückzugreifen. Die Schreibung von <äu> ist ebenfalls morphologisch motiviert, wie *Haus – Häuser* /haʊs/ – /ˈhɔʏzɐ/.

Ebenfalls auf der segmentalen Ebene ist die Repräsentation der Grapheme <d, b, g> am rechten Silben- oder Wortrand angesiedelt. Phonologisch ist die Realisierung von stimmhaften Plosiven wie [b, d, g] am Silbenendrand nicht möglich. Es kommt zur „Auslautverhärtung“ (vgl. Kapitel 5.3.3). Somit alternieren stimmlose und stimmhafte Plosive bei ein- und zweisilbigen phonologischen Wortformen wie /ʁa:t/ – /ˈʁɛ:dɐ/. In der Schrift wird die Alternanz zwischen stimmhaften und stimmlosen Plosiven nicht vollzogen. In allen Wortformen wird hier das Graphem verwendet, das den stimmhaften Plosiv repräsentiert. Somit bleibt die graphische Einheit der Wörter wie *Bad – Bäder* / ba:t/ – /ˈbɛ:dɐ/, *Dieb – Diebe* /di:p/ – /ˈdi:bə/, *Tag-Tage* /ta:k/ – /ˈta:gə/, gewährleistet.

Phonologische Transparenz im Türkischen

In anderen Schriftsystemen wie dem Türkischen wird die phonologisch transparente Schreibung höher gewichtet als die Morphemkonstanz. Auch im Türkischen gibt es die Auslautverhärtung. Deren phonologische Realisierung wird, anders als im Deutschen, auch orthographisch visualisiert. Die Wörter *Buch* und *Handbuch* werden hier als <kitap> [kitap] und <elkitabı> [elkitabı] geschrieben. Aus der Systematik des deutschen Schriftsystems müsste es dagegen *<kitab> und <elkitabı> heißen oder <kitap> und *<elkitapı>.

Auch auf der suprasegmentalen silbischen Ebene beeinflusst das morphologische das silbische Prinzip. Das betrifft die Doppelkonsonanz bei einsilbigen Wortformen wie *kommt, kommst*, die phonologisch plausibel als *<komt>, *<komst> realisiert werden könnten. Die Doppelkonsonanz wird hier nur aufgrund der Morphemkonstanz mit der zweisilbigen orthographischen Referenzform <kommen> realisiert. Nur bei dieser ist die Silbengelenkschreibung prosodisch motiviert. Die einsilbigen Wortformen werden dagegen mit Schärfungsgraphie geschrieben, obwohl diese Sonderschreibung für die phonologische Rekodierung in diesen Wortformen nicht notwendig ist. Den Leser unterstützt die orthographische einheitliche Repräsentation von Wortstämmen, um – wie schon in den obigen Fällen – den Wortstamm möglichst schnell und eindeutig identifizieren zu können.

In einigen Fällen wirkt das phonologische Prinzip stärker als das morphologische Prinzip. Das geschieht in Fällen, in denen eine morphologische Konstantschreibung zu Schwierigkeiten beim Erlesen und beim Verständnis des Wortes führen würde. Beispiele sind starke Verben mit einer großen Variation der Stammformen wie *kommen* (*kam, komm*) und *gehen* (*ging, gang, geh*). In diesen Fällen wird das morphologische Prinzip nicht oder nur auf Teile der zum Lexem gehörenden Wortformen angewandt (*kommen, kommst, kommt*; aber nicht *<kammt>).

Zusammengefasst hat das deutsche Schriftsystem einen deutlichen Bezug zu den Strukturen der gesprochenen Sprache. Geschriebene und gesprochene Sprache erfassen grammatische Informationen aber jeweils anders. In der Schrift sind zudem in mancher Hinsicht mehr grammatische Informationen kodiert als in der gesprochenen Sprache. Ein Beispiel aus Eisenberg (2004: 302) ist die phonologische Form /ˈʁɛçn̩/, der die orthographischen Formen *Rechen* und *rächen* entsprechen. Die schriftlichen Formen tragen mehr grammatische Informationen: Sie unterscheiden zwei Lexeme (*der Rechen, die Rache*) und verweisen auf zwei Wortarten, Nomen und Verb. Diese Informationen werden nur visuell aber nicht akustisch transportiert. Schrift kodiert diese Informationen, weil sie in erster Linie für den Leser konzipiert ist und dazu dient, geschriebene Informationen möglichst schnell zu erfassen.

■ Übung 52

Rekapitulieren Sie, welche Informationen in den folgenden geschriebenen Wörtern kodiert sind: *Rechen – rächen*; *Bad – Bäder*; *Schote – Schotte*

Literatur

Bredel, Ursula, Müller, Astrid, & Hinney, Gabriele (Eds.) (2010). Schriftsystem und Schrifterwerb: linguistisch – didaktisch – empirisch. Berlin, New York: De Gruyter. *Viele Beiträge des Buches beschreiben die strukturellen Grundlagen des deutschen Schriftsystems und setzen diese teils in Bezug zum Schriftspracherwerb.*

Bredel, Ursula (2015). Didaktik der Fremdwortschreibung. In U. Bredel, & Z. Reißig (Eds.), Weiterführender Orthographieunterricht (pp. 355-373). Baltmannsweiler: Schneider Verlag. *Der Artikel zeigt deutlich den Lernprozess der i-Schreibung und erläutert ihn mit Bezug zum Schrifsystem des Deutschen.*

Eisenberg, Peter (2013). Das Wort (4. Auflage). Stuttgart: Metzler. *Das Kapitel „Die Wortschreibung" stellt die graphematischen Grundlagen des deutschen Schriftsystems ausführlich dar.*

Fuhrhop, Nanna & Peters, Jörg. (2013). Einführung in die Phonologie und Graphematik. Weimar: Metzler. *Das Kapitel „Graphematik" gibt eine sehr gute Einführung in die Graphematik des Deutschen, die Unterschiede zwischen Einheiten in der gesprochenen und geschriebenen Sprache verdeutlicht.*

Hinney, Gabriele (2004). Das Ganze ist mehr als die Summe der Teile. Das Konzept der Schreibsilbe und seine didaktische Modellierung. Ein Beitrag zur Schriftaneignung als Problemlösungsprozess. In U. Bredel, G. Siebert-Ott, & T. Thelen (Eds.), Schriftspracherwerb und Orthographie (pp. 72-90). Baltmannsweiler: Schneider Verlag Hohengehren. *Der Beitrag veranschaulicht sehr gut Unterschiede zwischen der Schreib- und Sprechsilbe und macht sie für den Unterricht nutzbar.*

7. Kognitive Grundlagen des Schriftspracherwerbs

Nachdem im letzten Kapitel die Charakteristika geschriebener Sprache und insbesondere des deutschen Schriftsystems Thema waren, beleuchtet dieses Kapitel den Erwerbsprozess des Lesens und Schreibens. Der Schrifterwerb unterscheidet sich sehr von dem der gesprochenen Sprache. Denn Lesen und Schreiben sind Kulturtechniken. Das bedeutet, dass nicht jeder Mensch quasi automatisch schreiben und lesen lernt. Die Anforderungen an das Lesen und Schreiben sind je nach gesellschaftlichen Anforderungen zudem sehr verschieden. In der modernen „Wissens-“ oder „Informationsgesellschaft“ sind Lesen und Schreiben stark mit Textverstehen, das heißt dem er- und verfassen von neuen Informationen verbunden. Die mehrstufigen sogenannten „Literacykompetenzen“ referieren auf generelle Kompetenzen, die als wichtig angesehen werden für die Integration eines Individuums in die verschiedenen Bereiche der Informationsgesellschaft (Arbeit, Gesundheit, lebenslanges Lernen), wie auch die Entwicklung dieser Gesellschaft selbst.

● Literacy

„Literacy“ und die dazugehörigen Kompetenzen sind streitbare Begriffe. Zwei Definitionen aus verschiedenen Diskursen sollen hier stellvertretend zitiert werden.

1. Die Definition der OECD, wie sie in den PISA Studien Verwendung findet, ist auf technisch-funktionale Aspekte beschränkt: „the ability to understand and employ printed information in daily activities, at home, at work and in the community – to achieve one's goals, and to develop one's knowledge and potential“ (OECD 2000, x).
2. Eine Reihe von Wissenschaftler/innen kritisiert dieses Konzept und fordert, Literacy nur im Kontext von sozialen Praktiken zu bestimmen, also an welchem Ort, zu welcher Zeit, mit wem und für wen sprachliche Handlungen mit Schriftbezug ausgeführt werden. Literacykompentenzen sind dann nicht mehr so eindeutig definierbar wie es die Definition der OECD suggeriert (Cook-Gumperz 1986).

Wenn Kinder, oder illiterate Erwachsene, schreiben und lesen lernen, sind sie im Wesentlichen mit drei Dingen konfrontiert (Fayol 2013).

Sie müssen *erstens* ein neues Zeichensystem lernen und erfassen, in welchem Verhältnis die visuellen Zeichen eines Schriftsystems mit der gesprochenen Sprache stehen. In einem alphabetischen Schriftsystem, das relativ transparente und regelhafte Korrespondenzen zwischen Phonemen und Graphemen enthält, zum Beispiel Finnisch oder Italienisch, ist der Erwerb einfacher als beim Erwerb von Schriftsystemen, deren Bezüge zwischen gesprochenem und geschriebenem Code weniger eindeutig sind, wie zum Beispiel dem Englischen oder Französischen. Lernt ein Kind in einer Sprache schreiben, die es noch nicht beherrscht, muss es sowohl die Sprachstrukturen der Zielsprache lernen als auch die Zeichen und Gesetzmäßigkeiten des Schriftsystems, das auf diese verweisen.

Der Schrifterwerb ist *zweitens* mit einer neuen Art der Kommunikation verbunden. Während Gespräche in der gesprochenen Sprache in der Regel interaktiv verlaufen, ist schriftliche Kommunikation in der Regel eine monologische Aktivität. Ein Kind muss deswegen lernen, einen Text so zu verfassen, dass ein – in der Regel unbekannter – Leser den Text möglichst ohne kontextuelle Informationen verstehen kann. Ein schriftlicher Text ist also anders strukturiert als die Äußerungen in einem mündlichen Gespräch.

Drittens beruhen Lesen und Schreiben auf gänzlich anderen Produktions- und Rezeptionsbedingungen als das Sprechen und Zuhören. Beide verlangsamen den Sprachproduktions- und Verstehensprozess, denn das Verfassen und Lesen von Texten sind in der Regel sehr arbeitsaufwändig. Das Leseverstehen und die Textproduktion sind also mit komplexen kognitiven Anforderungen verbunden, die erst dann geleistet werden können, wenn basale Fertigkeiten wie das Lesen und Schreiben von Wörtern erworben wurden und weitgehend automatisiert sind.

Das Kapitel führt zunächst in die Fertigkeiten ein, die erfahrene Leser und Schreiber mitbringen, um zu lesen und zu schreiben. Dieser Teil zeigt das komplexe Zusammenspiel der verschiedenen Kompetenzen auf (7.1). Anschließend wird erläutert, welche Rolle das Arbeitsgedächtnis für das Lesen und Schreiben spielt (7.2). Der folgende Abschnitt (7.3) erläutert, welche Phasen Lerner beim Schrifterwerb durchlaufen. Abschließend geht dieses Kapitel (7.4) auf Fehler beim Schreiben ein und die möglichen Interpretationen dieser Fehler.

7.1 Lesen und Schreiben von literaten Erwachsenen

Geübte Schreiber/innen können ihre Gedächtniskapazität darauf richten, den Inhalt eines Textes produzierend zu strukturieren oder lesend zu erfassen. Sie haben das Schreiben und Lesen von orthographisch regelhaften Wörtern automatisiert, so dass das verbale Arbeitsgedächtnis durch diese Aktivitäten kaum noch beansprucht wird (Bourdin & Fayol 2002). Eine wesentliche Unterscheidung zwischen Schreibanfängern und Schriftexperten ist also, dass letztere frequente Bezüge zwischen Graphemen und Phonemen sowie graphematische Muster automatisiert haben. Je mehr Erfahrung Schreiber/Leser haben, desto schneller können sie Wörter fehlerlos schreiben und lesen. Diese Beobachtung führt zu der Annahme, dass erfahrene Schreiber/Leser nicht nur ein mentales Lexikon in einer Sprache aufgebaut haben, das die sprachlichen Einheiten speichert (z.B. /tɪʃ/ ⇆), sie haben auch ein *orthographisches mentales Lexikon* aufgebaut, das Einheiten des Sprachsystems auf verschiedenen Ebenen speichert. Die geschriebenen Buchstaben werden etwa als Grapheme rekodiert und als größere Einheiten wie Silben, Morpheme und Wörter erfasst. Die verschiedenen Repräsentationsebenen stehen in wechselseitigem Bezug zueinander. Die gespeicherten Einheiten umfassen also nicht nur phonologische Segmente, sondern auch in der Schrift repräsentierte prosodische (z.B. Schärfung), morphologische (z.B. Konstantschreibung), lexikalische (z.B. Zusammen-/Getrenntschreibung) und syntaktische (z.B. Großschreibung, Interpunktion) Informationen. Die Lernenden lernen nach und nach diese Informationen beim Lesen für das Wort-, Satz- und Textverstehen zu nutzen und beim Schreiben zu produzieren.

7.1.1 Lesen

Unabhängig davon, ob ein Text im privaten oder schulischen Umfeld gelesen wird, immer geht es darum, den Text zu verstehen. Dazu müssen zunächst die Wortformen in einem Text verstanden werden: das Rekodieren der phonologischen Form auf Grundlage der orthographischen Form sowie das Verstehen der Bedeutung eines Wortes. Bei der Erforschung der Frage, wie erfahrene Leser lesen, steht die Frage nach dem Lesen schon bekannter oder noch unbekannter Worte im Mittelpunkt. Bekannte und regelhafte Wörter wie *Tisch, Milch, rennen* werden kognitiv anders verarbeitet als unbekannte und morphologisch komplexe Wörter wie *Versorgungsausgleichshärteregelungsgesetz, Lysergsäurediethylamid.* In der Forschung werden entsprechend zwei Wege der sprachlichen Verarbeitung beim Lesen angenommen:

(1) Über einen sogenannten *direkten Weg* des Leseverstehens wird das orthographische Wort als Ganzes verarbeitet, so dass der Leser quasi „direkten" Zugang zum Lexikon hat. Wenn ein Leser ein ihm schriftlich bekanntes Wort liest, wird ein *direkter Weg* bzw. *lexikalischer Weg* zwischen graphischer Worterkennung und semantischer Worterschließung angenommen. Es wird also davon ausgegangen, dass Leser die graphischen Merkmale eines bestimmten Wortes sofort erkennen und quasi automatisch als Bestandteil ihres mentalen Lexikons (*orthographic input lexicon, phonological output lexicon*) identifizieren. Über die semantische Identifizierung ist es möglich, das Wort phonologisch zu *rekodieren* und (laut) zu lesen.

(2) Der sogenannte *indirekte Weg* dagegen unterteilt die visuelle Einheit Wort in kleinere Einheiten wie Buchstabengruppen, Silben und Morpheme. Auf diesem nicht-lexikalischen Weg werden phonologische Repräsentationen ohne einen Rückgriff auf das mentale Lexikon erfasst, indem Graphem-Phonem-Korrespondenzen regelgeleitet aufeinander bezogen werden. Das zu lesende Wort muss also auf Grundlage der regelhaften Graphem-Phonem-Korrespondenzen des verwendeten Schriftsystems analysiert werden. Dieser *indirekte Weg* wird von erfahrenen Lesern immer dann begangen, wenn ihnen das zu lesende Wort nicht bekannt ist (Coltheart 2005).

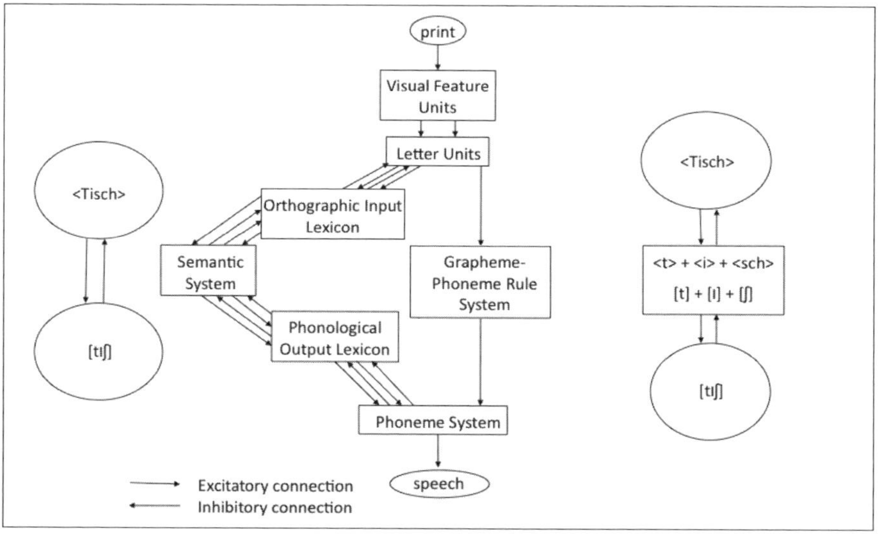

Abb. 7.1: Das Zwei-Wege-Modell (bzw. dual-route cascaded model). Aus: Coltheart, Rastle, Perry, Langdon, & Ziegler (2001: 214) und Veranschaulichung von C.W. am Beispiel *Tisch*.

Das **Zwei-Wege-(Dual Route-)Modell** ist in der neueren Forschung immer noch wegweisend. Allerdings scheint der darin beschriebene *direkte* und *indirekte* Weg nicht so dichotomisch angelegt, wie es das Modell suggeriert. Unser Gehirn scheint keinem großen statischen Speicher zu ähneln, in dem alle bekannten Wörter abgelegt sind. Stattdessen wird angenommen, dass das Gehirn Einheiten unterschiedlicher Größe erkennt und verarbeitet. Kompetente Leser und Schreiber scheinen infralexikalische Einheiten (also graphische Repräsentationen von Phonemen, Silben, Morphemen) zu aktivieren und zu Mustern zu kombinieren. Ein Wort wiederzuerkennen heißt aus dieser Perspektive, die Buchstaben eines Wortes nicht einzeln zu erfassen, sondern in graphemische Einheiten zu gruppieren. Je frequenter diese Grapheme und Graphemcluster in einem Schriftsystem sind und je öfter die Leser diesen Graphemen/Graphemclustern schon begegnet sind, desto schneller erkennen sie das Wort wieder und können es lautlich richtig wiedergeben. Ein Beispiel ist das sehr frequente Trigraphem <sch> im Deutschen, das Kinder schon sehr schnell nicht mehr als <s>+<c>+<h> zu erlesen versuchen. Für das Schreiben gilt dieselbe Aktivierung von frequenten Mustern wie für das Lesen.

Um den gelesenen Text zu verstehen, müssen die erfassten Informationen kohärent in Zusammenhang gebracht werden. Um das zu leisten, stützen sich Leser sowohl auf die Informationen im Text als auch auf anderes, schon vorher erworbenes Wissen. Dieses Vorgehen unterscheidet sich zunächst nicht von anderen Verstehensprozessen, wie dem Verstehen in einer mündlichen Kommunikation oder einer non-verbalen Situation. Beim Leseverstehen müssen die Leser allerdings die Identifikation der schriftsprachlichen Zeichen automatisiert haben. Denn sie müssen zeitgleich die Funktion der schriftlichen Zeichen erkennen, die schon gelesenen Informationen behalten und ihr Vorwissen zur Interpretation des Gelesenen mobilisieren. Dieses gleichzeitige Erfassen unterschiedlicher Informationen gelingt nur, wenn sich unser Arbeitsgedächtnis nicht auf alle Abläufe zugleich konzentrieren muss. Denn das Arbeitsgedächtnis kann nur wenige Informationen speichern. Sobald ein Text unbekannte Wörter enthält oder unleserlich geschrieben ist, müssen sich auch erfahrene Leser auf so grundlegende Dinge wie das Dekodieren einzelner Wörter oder Schriftzeichen konzentrieren. Eine Textpassage muss dann mehrfach gelesen werden, um verstanden zu werden.

■ Übung 53

Lesen Sie einen Ausschnitt aus dem hier abgedruckten deutschen Fachtext und beobachten Sie sich selbst beim Lesen: Wie schnell lesen Sie den Text? Wo stocken Sie? Wo verlangsamen Sie Ihren Lesefluss und gehen gegebenenfalls noch einmal im Text zurück? Was behalten Sie von dem Inhalt des Textes? Können Sie identifizieren, welche Stellen Sie eher auf „direktem Weg" oder eher auf „indirektem Weg" lesen?

Beispieltext: Beginn des Artikels „Buchstabenkomponenten und ihre Grammatik" von Beatrice Primus (2006):

Bei der Erforschung unserer Alphabetschrift im Allgemeinen und der Graphematik des Deutschen im Besonderen dominiert die Auffassung, dass der Buchstabe die kleinste linguistisch relevante Beschreibungseinheit darstellt. Das Kernstück einer Graphematik bilden Laut-Buchstaben-Zuordnungen, die im strengen Sinne keine Regeln sind. Regeln, die Grammatikkomponenten wie die Phonologie, Graphematik oder Syntax definieren, gelten für Klassen von Einheiten und sind keine Einzelfallbestimmungen. Regeln müssen nur einmal erworben werden und sind dann immer wieder auf eine Menge von Einheiten anwendbar. Die uns bekannten Laut-Buchstaben-Zuordnungen sind jedoch auf einzelne Buchstaben und einzelne Laute beschränkt. Listen von Einzelfällen sind schwer lernbar und im Lexikon, dem Ort für einzelfallbezogene Informationen, gespeichert. Die Entwicklung zu einer regelbezogenen Graphematik kann nur gelingen, wenn Buchstaben mit Hilfe ihrer Merkmale zu Klassen zusammengefasst werden. Dieses Ziel verfolgt dieser Beitrag, der sich darin von bisherigen merkmalsbasierten Buchstabenanalysen wesentlich unterscheidet.

Beschreiben Sie, was Ihnen dabei helfen würde, den Text leichter zu verstehen.

Lesen Sie nun den Ausschnitt aus dem englischen Fachtext. Welche Schwierigkeiten kommen beim Lesen in der Fremdsprache hinzu?

Beispieltext: Abstract des Artikels „A feature analysis of the Modern Roman Alphabet" von Beatrice Primus (2004):

The present article shows that the letters of the Modern Roman Alphabet have an internal structure that is highly systematic in both inner-graphematic and functional-pho-

nological terms. The framework of analysis is Optimality Theory. This approach is congenial for the data at issue as many apparently unmotivated exceptions are optimal choices among competing candidates that are evaluated by violable ranked constraints. The results of the present investigation corroborate a branching correspondence model in which general modality-independent constraints such as dependency, compositionality, markedness and iconism are shown to have independent modality-specific instantiations in speech and writing with bidirectional correspondences serving as functional links across modalities.

7.1.2 Schreiben

Von allen Sprachfertigkeiten ist Schreiben das Gebiet, das sich von der dialogischen interaktiven Kommunikation am stärksten unterscheidet. Deswegen benötigt der Schreiberwerb die längste Zeit zur Entwicklung. Drei wesentliche Aspekte sind charakteristisch für das Schreiben.

Es ist *erstens* eine monologische Tätigkeit, denn beim Schreiben ist man in der Regel alleine mit seinem Text. Der Text wird an eine andere Person adressiert, die ihn aber erst zu einem späteren Zeitpunkt lesen wird. Zudem ist die Person dem Schreiber häufig unbekannt, wie zum Beispiel die Leser dieses Buches, eines wissenschaftlichen Artikels oder eines Vertrags. Das bedeutet, dass ein Text so geschrieben sein muss, dass der Text für Leser auch ohne kontextuelle Informationen verständlich ist. Das gelingt, wenn sich der Schreiber möglichst präzise und unmissverständlich ausdrückt, bspw. durch eine explizite Wortwahl und einen sehr hohen Grad an grammatischer Strukturiertheit. Der Beginn von Stefan Zweigs Schachnovelle mag verdeutlichen, wie ein Handlungskontext allein mit sprachlichen Mitteln erschaffen werden kann:

„Auf dem großen Passagierdampfer, der um Mitternacht von New York nach Buenos Aires abgehen sollte, herrschte die übliche Geschäftigkeit und Bewegung der letzten Stunde."

Während die Leser auf die sprachliche Darstellung angewiesen sind, um sich das Treiben auf dem Schiff vorstellen zu können, wäre die Äußerung „Hier ist ja viel los!" völlig ausreichend und eindeutig für eine Person interpretierbar, die sich mit der Hauptperson der Novelle auf dem Schiff befindet. Alle zur Interpretation nötigen Informationen im Text zu versprachlichen bedeutet, dass ein Text geplant und oftmals überarbeitet werden muss, bevor er für Leser wirklich verständlich ist und veröffentlicht wird.

Schreiben ist *zweitens* an eine spezifische Technik gebunden. Schreiber müssen in der Lage sein, die Schriftzeichen flüssig und schnell zu produzieren, sei es mit Papier und Stift oder auf der Tastatur. Dafür müssen sie auf die in ihrem Gedächtnis gespeicherten Graphemfolgen zurückgreifen und diese in Schreibbewegungen umwandeln, die genau diese Graphemfolgen produzieren (Zesiger 1995; van Galen 1991). Dieser Prozess muss völlig automatisiert sein, bevor Schreiber darüber nachdenken können, was sie schreiben möchten. Dennoch ist die Prozedur des Schreibens sehr viel langsamer als die mündliche Sprachproduktion.

Die Verlangsamung des Schreibens scheint *drittens* zur Folge zu haben, dass sich gesprochene und geschriebene Texte wesentlich voneinander unterscheiden. Da Schreiber mehr Zeit für die Planung und Kontrolle eines Textes haben als Sprecher, ist es ihnen möglich, Sätze stärker auszubauen und Informationen somit zu spezifizieren und zu verdichten. In einer mündlichen, dialogischen Kommunikationssituation sind Sprecher und Hörer dagegen immer dem zeitlichen Druck ausgesetzt, sprachlich möglichst schnell zu interagieren.

7.2 Die Rolle des Arbeitsgedächtnis für das Lesen und Schreiben

Schreiben und lesen sind Tätigkeiten, in denen ganz unterschiedliche Informationen verarbeitet werden müssen. Deswegen spielt das Arbeitsgedächtnis hierbei eine wesentliche Rolle. Es speichert und verarbeitet die auf uns einwirkenden Informationen vorübergehend, setzt diese Informationen zueinander in Beziehung und überwacht gleichzeitig diese Prozesse. Wäre das nicht der Fall, hätten wir den Anfang eines Satzes vergessen, wenn wir das Ende erreicht haben. Die Speicherkapazität des Arbeitsgedächtnisses ist allerdings sehr gering und beträgt durchschnittlich nur sechs bis acht Informationseinheiten. Darüber hinaus hat das Arbeitsgedächtnis zusätzlich noch Raum für das Treffen von Entscheidungen und das Lösen von Problemen.

Man geht davon aus, dass das Arbeitsgedächtnis aus verschiedenen Subkomponenten besteht, das Informationen in sehr dynamischer Weise verwaltet und verarbeitet (Baddeley 1986). Es besteht aus mindestens zwei Subsystemen, der Phonologischen Schleife und dem Visuell-räumlichen Notizblock, die von einer zentralen Exekutive kontrolliert werden.

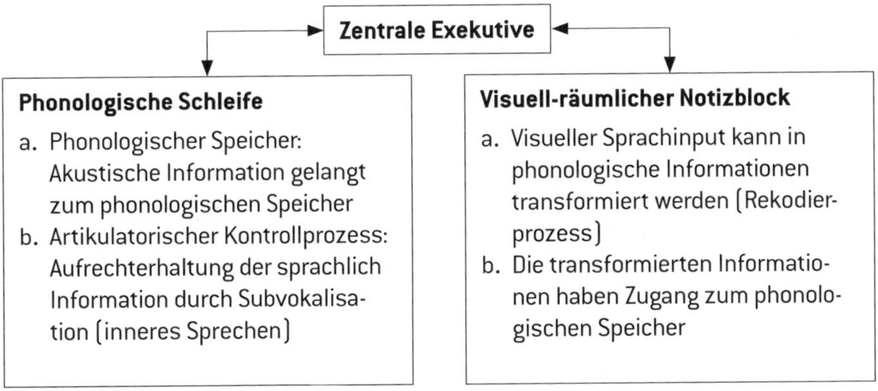

Abb. 7.2: Schema des Arbeitsgedächnisses nach Baddely (1986)

Die **Phonologische Schleife** enthält zwei Komponenten, den **phonologischen Speicher** sowie einen **artikulatorischen Kontrollprozess.** Letzterer basiert auf dem inneren Sprechen, der sogenannten Subvokalisation, die beim (auch leisen) Lesen und Schreiben stattfindet.

Baddeley (1986; 2003) beschreibt die phonologische Schleife und schätzt, dass Gedächtnisspuren innerhalb des phonologischen Speichers nach 1,5 bis 2 Sekunden verblassen und nicht wieder abrufbar sind. Die Informationen können nur dann länger behalten werden, wenn sie durch subvokales Wiederholen aufgefrischt und dadurch erneut gespeichert werden. Dies geschieht in dem artikulatorischen Kontrollprozess. In dem anderen Subsystem des Arbeitsgedächtnisses, dem **Visuell-räumlichen Notizblock** werden diejenigen Informationen verarbeitet, die visuell wahrgenommen werden. Für den Transfer von lautlichen in graphematische Informationen und anders herum ist die phonologische Schleife von höchster Bedeutung (Baddeley 2003).

Beispiel

Wie kann man sich das Zusammenspiel der Phonologischen Schleife und des visuell-räumlichen Notizblocks beim Lesen und Schreiben vorstellen? Die visuelle Information in einem Telefonbuch, etwa eine Telefonnummer von sieben Ziffern (z.B. 4986271), wird während des Leseprozesses in die phonologische Schleife übertragen. Dadurch entsteht aus dem räumlich-visuellen Muster ein Klangmuster. Umgekehrt verläuft der Prozess ebenso, wenn jemand eine Telefonnummer diktiert. Die Telefonnummer lässt sich schon besser merken, wenn sie in größere Einheiten gegliedert wird, wie 49 86 271. Ein bekanntes Wort mit sieben Buchstaben (z.B. *fischen*) lässt sich noch einfacher merken, da es für den kompetenten Leser eine Einheit darstellt. Liest man einen zusammenhängenden Text, beschränken sich die Informationseinheiten also nicht auf sieben Buchstaben. Sie werden stattdessen in größere Einheiten – (komplexe) Grapheme, Silben, Morpheme, Wörter und Wortgruppen – gebündelt.

Personen mit Lese-/Rechtschreibschwäche können eventuell unter Defiziten in der phonologischen Schleife leiden, also dem Bereich des Arbeitsgedächtnisses, der für die Verarbeitung sprachlicher Informationen verantwortlich ist. Sie können möglicherweise auch Schwierigkeiten haben, phonologische Informationen aus dem Langzeitgedächnis abzurufen.

7.3 Der Schrifterwerb

Sollte dieses Kapitel mit *Schrifterwerb* oder *Schriftspracherwerb* überschrieben werden? Beide Begriffe werden in der Literatur häufig und oft synonym verwendet. Allerdings ist der Begriff Schriftsprache sehr viel weiter gefasst als Schrift – und der Erwerb beider kann entsprechend unterschieden werden. *Schrifterwerb* verweist dann auf das Lernen des Mediums Schrift, also die Schriftzeichen, die Motorik des Schreibens sowie das Übertragen von geschriebener in gesprochene Sprache beim Lesen bzw. gesprochener in geschriebene Sprache beim Schreiben. Schriftspracherwerb umfasst zusätzlich all das, was Lerner zu erfahrenen Lesern und Schreibern in einer bestimmten Gesellschaft macht. Über den Schrifterwerb hinaus sind hier die Spezifika geschriebener Texte gemeint, etwa die schon genannte Planung und Kontrolle sowie die grammatische Verdichtung von Texten.

Der Schriftspracherwerb ist gewöhnlich in der Schule angesiedelt und wird somit im institutionellen Rahmen geleistet. Allerdings kommen Kinder schon im frühesten Alter mit Schrift in Kontakt. Entsprechend erwerben sie Schriftkenntnisse und das Wissen über Schriftpraktiken schon lange vor Schulbeginn. Was Schüler vor Schulbeginn über Schrift wissen, ist eng mit den Schreib- und Lesepraktiken im familiären Umfeld verbunden (Heath 1982; Weth 2008; Müller 2012). Das vorliegende Kapitel bezieht diese Aspekte nicht mit ein, sondern behandelt den Schrifterwerb. Er verweist auf die darüber hinausgehenden Aspekte des Schrift*sprach*erwerbs nur, um den Schrifterwerb in Kontext zu setzen.

Bei der Untersuchung der Lernbarkeit von Schriftsystemen haben Johannes Ziegler und Usha Goswami (2005) die sogenannte *Grain Size Theory* vorgelegt. Sie besagt, dass sich die Beziehung zwischen gesprochener und geschriebener Sprache durch drei zentrale Merkmale auszeichnet:

1. Die *Zugänglichkeit* der lautsprachlichen Einheiten, die in einem Schriftsystem repräsentiert sind („availability"): Je zugänglicher Schriftzeichen sind, das heißt, je besser sie mit wahrnehmbaren Einheiten der gesprochenen Sprache korrelieren, desto besser lernbar sind sie.
2. Die *Konsistenz* der Darstellung zwischen gesprochenen und geschriebenen Einheiten (‚consistency'): Hier stellt sich die Frage, ob ein Graphem immer auf dasselbe Phonem verweist und nur dieses abbildet. Dies ist in dem phonologisch relativ transparenten Schriftsystem des Deutschen nicht gegeben. Das zeigt sich am Beispiel von <s>, das je nach Kontext drei Phoneme repräsentiert: /s/, /z/ sowie in Mehrgraphen (<sch>, <st>) /ʃ/.
3. Die *Fein- oder Grobkörnigkeit* des Schriftsystems („granularity"): Ein feinkörniges Schriftsystem bezieht sich auf die kleinsten Einheiten in einem Sprachsystem, die Phoneme. In einem Schriftsystem, das vorwiegend Phoneme repräsentiert, entspricht die Graphemanzahl etwa der Phonemanzahl. Grobkörnigere Schriftsysteme beziehen sich auf größere Einheiten in einem

Schriftsystem wie z.B. Morpheme. Je grobkörniger ein Schriftsystem ist, desto mehr orthographische Einheiten enthält es, die ein Lerner behalten muss. Das Inventar des chinesischen Schriftsystems, das auf morphologischen Einheiten basiert, umfasst insgesamt etwa 70.000 Zeichen (Dürscheid 2012: 70). Auch das Englische Schriftsystem hat einen stark morphologischen Bezug und enthält daher sehr viel mehr Grapheme als das Deutsche.

Die drei Prinzipien der *grain size theory* stehen in Konkurrenz zueinander und müssen im frühen Schriftspracherwerb weitgehend unabhängig voneinander erworben werden. Ein feinkörnigeres Schriftsystem, das Phoneme repräsentiert, hat den Vorteil, dass nur relativ wenige Zeichen gelernt werden müssen (<a> – /a/, <b> – /b/ etc). Allerdings sind Phoneme für den Lerner weniger zugänglich als zum Beispiel Silben. Silben haben aber den Nachteil, dass mehr Einheiten gelernt werden müssen (<ba> – /ba/, <be> – /be/ etc.). In einer Studie untersuchten Yonas Asfaha und Kollegen (2009), wie wesentlich der Aspekt ist, dass die graphischen Einheiten einer Schrift und deren lautliche Repräsentation für die Wahrnehmung der Lernenden zugänglich ist, wenn man demgegenüber die Aspekte der Konsistenz und der Feinkörnigkeit gewichtet. Am Beispiel des Lesenlernens afrikanischer Sprachen untersuchten sie, ob Erstklässler eine Sprache besser mit einem Skript lernen, das Phoneme repräsentiert (lateinisches Skript) oder mit einer silbenbasierten Schrift (der grundlegenden Einheiten im Skript Ge'ez). Die Resultate der Studie zeigten, dass der Unterricht mit der silbenbasierten Schrift signifikant bessere Resultate im Wortlesen und -schreiben ergab als der Unterricht, der auf den Phonem-Graphem-Einheiten des lateinischen Alphabets basiert. Dieser Vorteil zeigte sich aber nur im ersten Jahr des Schrifterwerbs und nivellierte sich bis zum vierten Schuljahr.

7.3.1 Die Phasen des Schrifterwerbs

Während geübte Leser bei der Worterkennung und Wortproduktion semantische, phonologische, orthographische und kontextuelle Faktoren miteinander verknüpfen, haben Schreibanfänger zwar die Komponenten der gesprochenen Sprache erworben, das Spektrum der Schriftsprache ist ihnen hingegen noch weitgehend unbekannt. Im Verlauf des Schrifterwerbs geht es darum, die Systematik der orthographischen Repräsentationen zu erfassen und mit phonologischen, semantischen und weiteren kontextuellen Faktoren in Bezug zu setzen. Dazu wurde der Schrifterwerb in spezifische Phasen unterteilt und in verschiedenen Modellen beschrieben. Das älteste und bis heute verbreitete Modell von Frith (1985) unterscheidet eine logographische, eine alphabetische und eine orthographische Phase. Diese Phasen geben einen Überblick über eine gewisse Chronologie des Schrifterwerbs, dürfen aber nicht als strikt nacheinander verlaufend verstanden werden.

Zum Zeitpunkt der sogenannten **logographischen Phase** können Kinder Beziehungen zwischen graphischen Formen und ihrer Bedeutung herstellen und somit bis zu 100 Wörter graphisch abspeichern (Seymour & Elder 1986). Allerdings gleichen diese ganzheitlich memorierten Wörter dem Memorieren von Bildern und können im weiteren Schrifterwerb nicht genutzt werden, um Regelhaftigkeiten in der Schriftstruktur zu erkennen und neue, noch unbekannte, Wörter zu lesen. Im gleichen Zeitraum beginnen die Kinder Schriftstrukturen nachzuahmen und in ihrer Produktion Schrift von Bild zu unterscheiden.

Die **alphabetische Phase** zeichnet sich dadurch aus, dass die Lerner die Repräsentation von formalen sprachlichen und schriftsprachlichen Einheiten erkennen und Bezüge zwischen Buchstaben und Buchstabengruppen zu Lautsegmenten ziehen, auch wenn sie noch nicht alle Elemente des Schriftsystems kennen und noch nicht die Bezüge zu allen Phonemen erfassen. Die Lerner beginnen in dieser Phase, die sprachliche Form unabhängig vom semantischen Gehalt zu erfassen.

Die Phase, in der sich die Lerner von der direkten Bezugnahme zwischen Buchstaben oder Buchstabengruppen und Lauteinheiten lösen, wird **orthographische Phase** genannt. In dieser Phase geht es darum, lexikalische und grammatische Strukturen zu erfassen, die in der Orthographie kodiert sind. Diese Lernphase ist in sogenannten „flachen“ (bzw. *konsistenten, feinkörnigen*) Schriftsystemen, wie dem Italienischen oder Finnischen, mit einer recht transparenten Repräsentation von Graphemen und Phonemen kürzer als in sogenannten „tiefen“ (*grobkörnigen*) Schriftsystemen, in denen die Repräsentation von Phonemen durch silbische, morphologische und etymologische Bezüge überlagert wird, wie im englischen und französischen Schriftsystem.

Wichtig ist, die genannten Phasen als idealtypisch aufzufassen. Anders als es die Abfolge der Phasen (oft auch „Stufen“ genannt) suggeriert, entwickeln sich diese nicht isoliert voneinander, sondern enthalten Überlappungen und beeinflussen sich im Lernprozess wechselseitig (Bredel et al. 2011).

7.3.2 Die Entdeckung der Schrift

Im Alter bis zu etwa drei Jahren unterscheiden Kinder nicht zwischen malen und schreiben. Sie ordnen den visuellen Zeichen auf dem Papier also noch keine spezifische Bedeutung zu. Allerdings können schon Zweijährige „Briefe schreiben“, indem sie die Form eines Briefes nachahmen. Bei vorgelesenen Büchern ist ihnen zudem oft schon bewusst, dass sprachliche Inhalte schriftlich in konstanter Art festgehalten werden und – beim erneuten Vorlesen – mündlich erneut produziert werden können (Bredel et al., 2011: 75). In dem Beispiel (Abb. 7.3) schreibt eine Vierjährige Notizen in ein Fachbuch und ahmt ihren Großvater beim Arbeiten nach.

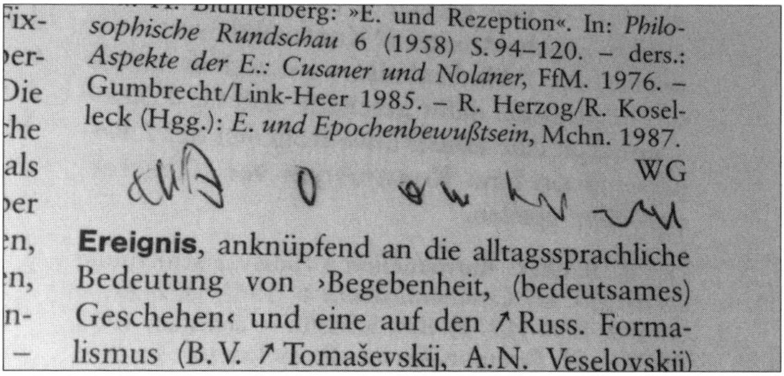

Abb. 7.3: Notizen einer Vierjährigen in ein Lexikon (aus privater Sammlung von Adalbert Wichert).

Vorschulkinder haben oft schon ein Bewusstsein darüber, dass die Tätigkeit des Zeichnens sich vom Schreiben unterscheidet (Schmid-Barkow 2013). Obwohl sich die Produkte – ein geschriebener Text oder eine Zeichnung desselben Kindes – stark ähneln können, unterscheiden sich beide Produktionen doch bei der Erstellung. Kinder wissen, dass Schriftzeichen keine formale Ähnlichkeit mit den repräsentierten Inhalten haben, können erkennen, dass Schreiben und Lesen aufeinander bezogene Tätigkeiten sind und erwarten vom Leser, einen von ihnen geschriebenen Text entschlüsseln zu können. Häufig kennen sie auch formale Strukturen der Schrift und wissen bspw. um deren Linearität. Sie können visuell prägnante Formen von Textsorten unterscheiden (Listen, Poesie, Zeitungen) und wissen, dass Buchstaben ein wesentlicher Bestandteil der Schrift sind. Dennoch ist das Verstehen wie Buchstaben, geschriebene Wörter und Sätze funktionieren, für Kinder zunächst ein großes Mysterium.

Beispiel

Wie fremd Kindern Schrift ist, soll eine Anekdote aus der Biographie „Die gerettete Zunge" des Literaturnobelpreisträgers Elias Canetti veranschaulichen. Darin beschreibt er, dass sein Vater regelmäßig in die Lektüre seiner Zeitung vertieft war. Als Kind konnte Canetti nicht verstehen, was den Vater an dem bedruckten Papier so faszinierte. Er beschreibt seine erfolglosen Versuche: „Ich versuchte herauszubekommen, was es war, das ihn an der Zeitung so fesselte, anfangs dachte ich, es sei der Geruch, und wenn ich allein war und mich niemand sah, kletterte ich auf den Stuhl und roch begierig an der Zeitung. Aber dann beobachtete ich, wie er den Kopf am Blatt entlang bewegte und tat es ihm nach [...]". Von alleine gelang es Canetti nicht, hinter das Geheimnis der Schrift zu kommen. Er benötigte die Hilfe seines Vaters, der ihm die Bezüge zwischen Buchstaben und gesprochener Sprache erklärte (Canetti 1977: 47).

Für vorschulische Kinder ist noch nicht klar, dass Buchstaben oder Buchstabengruppen auf Lautsegmente verweisen, dass also <b> in Beziehung steht mit /b/. Ebenfalls haben Vorschulkinder noch keine klare Vorstellung davon, was ein Wort ist. Verschiedene Untersuchungen haben gezeigt, dass ein Wort für Kinder noch keine formale Einheit ist, sondern auf etwas Gegenständliches referiert. Das zeigt sich zum Beispiel darin, wenn Kinder Schwierigkeiten haben, das Wort *Kuh* (großes Tier) und das Wort *Regenwurm* (kleines Tier) richtig zuzuordnen. In ihrer Vorstellung muss das längere Wort dem größeren Tier entsprechen. In einer Studie hat Emilia Ferreiro (1999) untersucht, welche Hypothesen Kinder darüber entwickeln, was ein Wort sei. Den Kindern wurde ein Satz wie *drei kleine Schweinchen* vorgelesen. Das Vorlesen wurde genau mit dem Finger begleitet und die Korrespondenz zwischen der geschriebenen und der gesprochenen Form somit verdeutlicht. Anschließend wurden die Kinder gebeten, die ersten beiden Wörter (*drei kleine*) zu lesen. Die Antwort der Kinder war generell „zwei kleine Schweinchen". Auf die Bitte hin, jedes der Wörter einzeln zu lesen, antworteten sie „ein Schweinchen, noch ein Schweinchen und noch eins". Das Experiment zeigt, dass ein Wort für die Kinder noch kein abstraktes Zeichen für etwas ist. Vergleichbar mit einer bildlichen Abbildung interpretieren die Kinder in dem Experiement den bildnerisch abgebildeten Gegenstand wie er etwa in einem Bilderbuch vorläge. Lernen müssen sie noch, dass der Verlauf einer gesprochenen Äußerung in der Schrift linear abgebildet werden kann und dass die geschriebenen Zeichen auf bestimmte sprachliche Einheiten verweisen (Nikolajeva 2003; Kümmerling-Meibauer 2011; Gretsch & Weth 2016).

7.3.3 Buchstabenkenntnis von Vorschulkindern

Kinder lernen die ersten Buchstaben gewöhnlich vor Schuleintritt kennen. Meist sind diese Buchstaben verbunden mit ihrem Namen; neben *Mama* und *Papa* ist dies meist das erste Wort, das Kinder schreiben können. Mit diesem ersten Wort lernen Kinder, dass Buchstaben oder Buchstabengruppen in Zusammenhang mit der lautlichen Wahrnehmung stehen bzw. stehen können. Sie lernen diesen Zusammenhang über zwei Wege kennen. Erstens den Buchstabennamen. Ein <b> entspricht [be], ein <k> [ka], ein <m> [ɛm]. Zweitens erfahren sie den Laut, der mit einem Buchstaben (oder einer Buchstabengruppe) korrespondiert. Laute klingen isoliert allerdings anders als in der lautlichen Einheit einer Äußerung. Die isolierte Produktion von Konsonanten geschieht zudem immer in Verbindung mit einem Schwa-Laut, da sich Konsonanten nicht isoliert sprechen lassen. Der Buchstabe <p> wird also als [pə] artikuliert, <b> entspricht [bə]. Die ersten Hypothesen der Kinder darüber, wie Buchstaben funktionieren, bilden die Basis dafür, phonographische Bezüge zwischen Schrift und gesprochener Sprache zu entdecken. Dass Schreib- und Leseanfänger den Buchstabennamen zum Erlesen neuer Wörter nutzen, zeigt sich darin, dass sie neue Wörter einfacher lesen können, wenn deren Anfangsbuchstabe zugleich mit dem Buchstabennamen beginnt, wie zum Beispiel *Besen* (Treiman & Rodriguez 1999; Röber 2009). Da Kinder mit den ersten bekannten Wörtern erste Beziehungen zwischen den Buchstaben und den phonologischen Lautsegmenten etablieren, hat sich die Buchstabenkenntnis in Experimenten als ein zuverlässiger Faktor erwiesen, um den Erfolg des Schriftspracherwerbs innerhalb des ersten Schuljahrs zu messen (Foulin 2009). Die konkreten stabilen Buchstaben unterstützen ohne Zweifel den ersten Leseerwerb, indem sie die Kinder dazu anregen, Lautereignisse mit den visuellen Zeichen in Bezug zu setzen und als Graphem-Phonem-Korrespondenzen zu etablieren. Angeregt von der stabilen Form der Buchstaben wächst die Fähigkeit zur Analyse und Manipulation von Phonemen. Schreiben dagegen ist wesentlich schwieriger, da die lautlichen Stimuli weniger konkret und stabil sind. Zudem handelt es sich um ein Lautkontinuum, dessen Segmentierung nicht von vorne herein als gegeben vorliegt. Es müssen erst durch einen Abstraktionsprozess phonologische Einheiten erkannt werden. Phonem-Graphem-Korrespondenzen sind zunächst also wesentlich schwieriger zu erfassen als Graphem-Phonem-Korrespondenzen.

■ Übung 54

Vollziehen Sie die Bezüge zwischen Graphemen und Phonemen bzw. Phonemen und Graphemen nach.

(1) Lesen und transkribieren Sie dafür folgende Nonsense-Wörter: einmal als seien es deutsche und einmal als seien es englische Wörter: *kosate, gerumer, fulinge*.

(2) Reflektieren Sie in der Gruppe den vollzogenen Transfer von der gesprochenen in die geschriebene Sprache und umgekehrt.

7.3.4 Die Rolle der phonologischen Bewusstheit beim Schrifterwerb

Die Phonologische Bewusstheit wird seit den 1980er Jahren als eine wesentliche Bedingung für gelingenden Schriftspracherwerb angesehen (Bradley & Bryant 1978; Swan & Goswami 1997). Der Begriff beschreibt die Fähigkeit von Sprechern, die Lautstruktur von Wörtern wahrzunehmen und deren zugrundeliegenden phonologischen Einheiten bewusst zu analysieren und zu manipulieren (Schnitzler 2008). Sprecher müssen dafür die formale sprachliche Struktur unabhängig von der Bedeutung des zu analysierenden Wortes bzw. der Äußerung erfassen können.

Die Lautstruktur von Wörtern kann in unterschiedlich große Einheiten segmentiert werden, wie Silben, Reime oder Phoneme. In einem Wort wie *Hut* können entsprechend unterschiedliche Beobachtungen gemacht werden: Es besteht aus einer Silbe (versus *Hüte*), reimt sich mit *Mut*, beginnt wie *Husten*, aber auch *Hund* und *Hase* und besteht aus den Phonemen /h/ /u/ /t/. Es ist wichtig zu erkennen, dass keine dieser formalen Informationen etwas mit der inhaltlichen Information, dem semantischen Konzept *Hut* zu tun hat.

Schon vor der Schule erfassen Kinder größere phonologische und prosodische Strukturen wie die Silbenstrukturen, Reime und Onsets von Wörtern. In der Literatur wird diese oft implizite oder **weite phonologische Bewusstheit** genannt. Die Analyse und Manipulation von Phonemen ist jedoch erst von Kindern durchführbar, die begonnen haben, in einer Alphabetschrift schreiben und lesen zu lernen. Diese segmentale Analysefähigkeit der phonologischen Bewusstheit wird häufig als **eng** oder **explizit** bezeichnet (Schnitzler 2007: 41).

Neuere Studien zeigen, dass die phonologische Bewusstheit zwar eine bedeutsame Komponente für den Schrifterwerb ist, aber für den späteren Lese- und Schreiberwerb weitere Komponenten der Bezüge zwischen Sprach- und Schriftsystem hinzukommen, wie das Erkennen von zum Beispiel morphologischer Markierungen in der Schrift (z.B. die deutliche Markierung des lexikalischen Zusammenhangs von *Haus – Häuser* anstatt /haʊs/ – /ˈhɔʏzɐ/ in der Lautung) und morphosyntaktischer Markierungen (wie die satzinterne Großschreibung). Zudem deuten Untersuchungen darauf hin, dass phonologische Bewusstheit nicht nur eine Bedingung für gelingenden Schrifterwerb („**Voraussetzungshypothese**“), sondern eher eine Folge des Schrifterwerbs ist („**Konsequenzhypothese**“) oder sich erst im Zusammenhang und in Wechselwirkung mit dem Schrifterwerb entwickelt („**Interaktionshypothese**“) (Schnitzler 2008: 57). Für die zweite und dritte Annahme spricht, dass sich eine Bewusstheit von Phonemen nur dann überhaupt zeigt, wenn die Probanden in einer Alphabetschrift schreiben gelernt haben (Bowey & Francis 1991). Der Erwerb von silbischen oder logographischen Schriftsystemen entwickelt hingegen eine Bewusstheit für die im jeweiligen Schriftsystem zentralen linguistischen Kategorien: Silben oder Morpheme.

Die phonologische Bewusstheit ist eine metalinguistische Fähigkeit, das heißt eine Fähigkeit, mit Sprache über Sprache und deren Strukturen zu reflektieren. Die generelle Voraussetzung für diese Sprachbewusstheit ist, wie schon gesagt, die Fähigkeit, inhaltliche und formale Informationen einer sprachlichen Äußerung zu trennen, also bspw. die formalen Eigenschaften des Wortes *Hut* losgelöst von dessen Bedeutung zu erkennen. Diese Fähigkeit entwickelt sich zusammen mit dem Schrifterwerb. Sie ist in gewisser Weise aber zugleich auch dessen Voraussetzung (Andresen 1985; Funke 2005). Denn erst der Schrifterwerb fordert die Trennung der formalen und inhaltlichen bzw. funktionalen Ebene, indem er dazu zwingt, die schon vertrauten (mündlichen) Sprachstrukturen in ein anderes Medium (geschrieben) zu transferieren und dafür die Bezüge zwischen den geschriebenen Formen und den der Schrift zugrundeliegenden Strukturen zu erkennen. Wie schon ausgeführt wurde: Ein Schriftsystem repräsentiert keine unmittelbar zugänglichen Laute, sondern diesen zugrundeliegende, abstrakte Strukturen. Das in Beziehungsetzen der visuellen Symbole zu der gesprochenen Sprache ist damit eine komplexe Abstraktionsleistung. Um die Einheiten der graphisch-visuellen und artikulatorisch-akustischen Strukturen aufeinander zu beziehen, müssen die Lerner aus der unmittelbaren, auf Verständigung ausgerichteten, sprachlichen Kommunikation heraustreten. Nur dann ist es möglich, die sprachlichen Mittel als Objekt zu betrachten und auf ihre Regelhaftigkeiten hin zu untersuchen, sie analytisch zu erfassen und zu manipulieren.

Dass sich die Bezüge zwischen der schriftlichen Form und den zugrundeliegenden Sprachstrukturen nicht – wie im Erwerb der gesprochenen Sprache – quasi automatisch beim Spracherwerb entwickeln, wird deutlich, wenn man bedenkt, dass auch illiterate Erwachsene nicht zwischen der formalen und semantischen Ebene von Wörtern trennen können. Wenn diese Personen in einem schriftgewohnten Umfeld leben, dann kennen sie die sozialen Praktiken und Funktionen geschriebener Sprache und können Schrift von anderen visuellen Zeichen unterscheiden. Ebenso wie Vorschulkinder können sie aber nicht erklären, was Schrift genau repräsentiert und sie verfügen nicht über ein formal-sprachliches Wissen, das sie bewusst anwenden könnten (Kurvers et al. 2009).

7.3.5 Aufmerksamkeit und Schreiben: Materialität der Schrift und Textverstehen

Bei einem Kind ist die Identifikation und Produktion von mündlich realisierten Wörtern zum Zeitpunkt des Schuleintritts weitgehend automatisiert. Das Kind muss beim Sprechen somit nicht mehr auf seine Artikulation achten, sondern kann sich ganz auf den Inhalt konzentrieren, den es ausdrücken möchte. Für den beginnenden Schriftspracherwerb gilt das nicht. Denn zu Beginn des Schrifterwerbs liegt die Konzentration des Schreibers im Wesentlichen auf den graphischen Zeichen und deren motorischer Umsetzung. Zu Beginn der Grundschulzeit sind die schriftlichen Textproduktionen deswegen immer sehr viel kürzer als mündliche Erzählungen.

Beispiel

Die Geschichte in Abbildung 7.4 verdeutlicht, welche Anstrengung das Notieren der graphischen Zeichen bedeutet. Die fünfjährige Merle hat eine Version der Geschichte von Hänsel und Gretel erzählt und den Beginn der Geschichte aufgeschrieben. Mit ihrer Buchstabenkenntnis und der Hilfe ihrer Mutter schreibt sie die Geschichte orthographisch fast richtig. Das Schreiben ist aber so langwierig und anstrengend, dass die Rollen zwischen Mutter und Kind nach den ersten Sätzen verändert werden: Im ersten Teil der Geschichte schreibt Merle und die Mutter assistiert beim Schreibvorgang; hilft bei Buchstabenformen, der Schreibung von Wörtern sowie dabei, den Überblick über die Geschichte nicht zu verlieren. Im zweiten Teil der Geschichte diktiert hingegen Merle die Geschichte ihrer Mutter und kann sich somit ganz auf den Inhalt konzentrieren.

Merle ist dabei, die Schrift zu entdecken. Das zeigt sich unter anderem daran, dass sie einerseits schon Geschichtenanfänge (mit Hilfe einer Erwachsenen) schreibt, andererseits aber mit dem eigenständigen Schreiben ihres Namens noch experimentiert, wie es in den vier Unterschriften auf ihrer Geschichte zu sehen ist (Abb. 7.5).

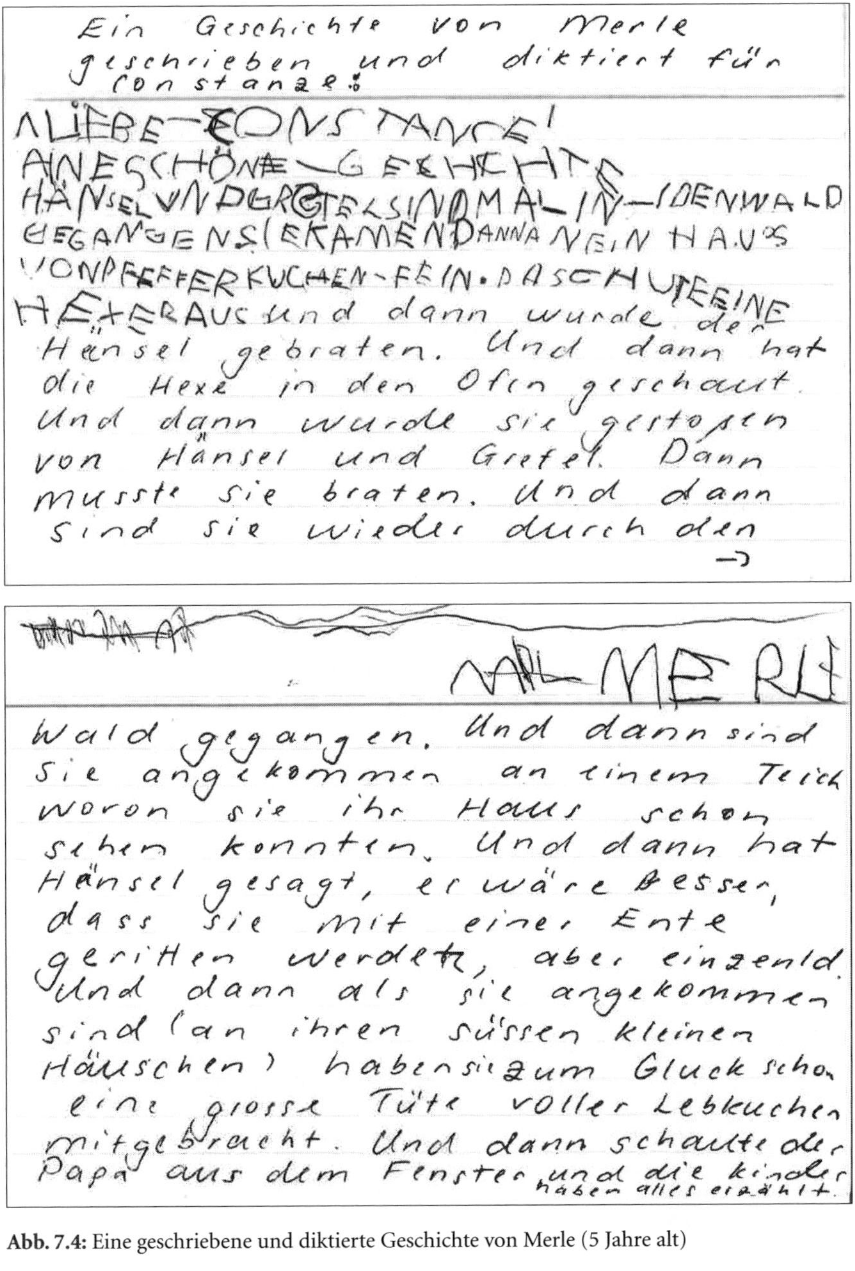

Ein Geschichte von Merle
geschrieben und diktiert für
Constanze:

LIEBE CONSTANCE!
AINE SCHÖNE GESCHICHTE
HÄNSEL UND GRETEL SIND MAL IN DEN WALD
GEGANGEN SIE KAMEN DANN AN EIN HAUS
VON PFEFFERKUCHEN FEIN. DA SCHUTE EINE
HEXE RAUS und dann wurde der
Hänsel gebraten. Und dann hat
die Hexe in den Ofen geschaut.
Und dann wurde sie gestoßen
von Hänsel und Gretel. Dann
musste sie braten. Und dann
sind sie wieder durch den →

MERLE

Wald gegangen. Und dann sind
sie angekommen an einem Teich
woron sie ihr Haus schon
sehen konnten. Und dann hat
Hänsel gesagt, er wäre besser,
dass sie mit einer Ente
geritten werden, aber einzeld.
Und dann als sie angekommen
sind (an ihren süssen kleinen
Häuschen) haben sie zum Glück schon
eine grosse Tüte voller Lebkuchen
mitgebracht. Und dann schaute der
Papa aus dem Fenster und die Kinder
haben alles erzählt.

Abb. 7.4: Eine geschriebene und diktierte Geschichte von Merle (5 Jahre alt)

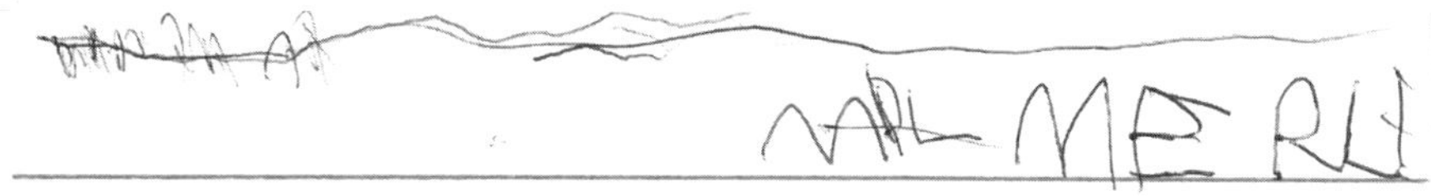

Abb. 7.5: Vier Unterschriften von Merle (5 Jahre alt)

Im Laufe des Schrifterwerbs werden die motorischen Prozesse sowie die im Gedächtnis gespeicherte Erkennung von Wortschreibungen immer weiter automatisiert. Die Lerner haben dann nicht nur die regelhaften Bezüge zwischen Phonemen und Graphemen erworben, sondern Bezüge auf allen Repräsentationsebenen der Schrift, also auch silbische, morphologische und morphosyntaktische Regelbezüge.

Die schematische Abbildung 7.6 modelliert die Verteilung von Aufmerksamkeit von Schreibanfängern und angehenden Schreibexperten (dargestellt an Zwölfjährigen) auf das zu Lesende bzw. zu Schreibende. Die unterschiedlich langen Seiten des Trapezes stellen die je kürzere (links) bzw. längere (rechts) Aufmerksamkeitsspanne von sechs- bzw. zwölfjährigen Kindern im Hinblick auf eine Schreib- oder Leseaufgabe dar. Die Aufteilung des Trapezes in einerseits Rekodieren/Kodieren und andererseits Leseverstehen/Textstrukturierung visualisiert zudem, dass Lerner zu Beginn des Schrifterwerbs ihre Konzentration fast vollständig auf die materiellen Bedingungen der Schrift, also das Rekodieren und Produzieren der Schriftzeichen zu Wörtern und Sätzen richten. Hierbei bleibt kaum Raum, sich auf das Verstehen des Textes zu fokussieren. Am Ende der Grundschule haben viele Lerner diese materiellen Voraussetzungen der Schrift und des Schriftsystems schon so automatisiert, dass sie einen großen Teil ihrer Konzentration auf den Textinhalt richten können, also das Verstehen beim Lesen und die inhaltliche Strukturierung beim Schreiben.

Erfahrene Leser und Schreiber haben die materiellen Aspekte des Schreibens und Lesens automatisiert. Auch langjährige Lese- und Schreibexperten sind jedoch immer wieder gezwungen, einen Teil ihrer Aufmerksamkeit auf das Kodieren oder Rekodieren von einzelnen Wörtern zu richten. Dazu gehören bspw. Fremdwörter oder lange Komposita.

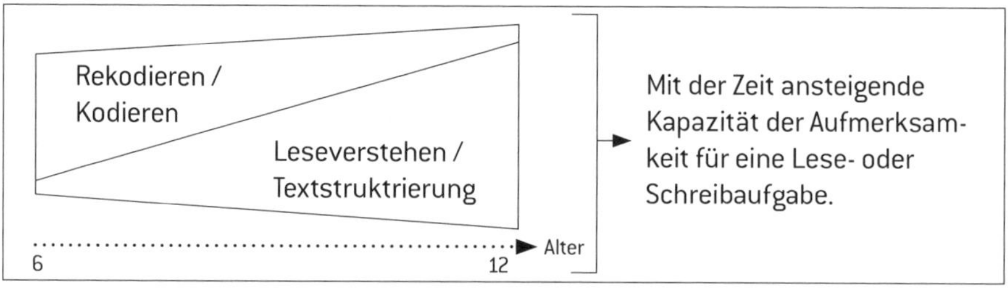

Abb. 7.6: Die Veränderung der Aufmerksamkeit auf die materielle Struktur der Schrift hin zum Leseverstehen und der Textverarbeitung beim Schreiben (modelliert nach Fayol 2017: 101–104).

7.4 Fehler als Hinweis auf Lernfortschritte und als Hinweis auf Lernstörungen

Schwierigkeiten beim Lesen- und Schreibenlernen können sich langfristig auf die Schulleistung, den Bildungsgrad und den beruflichen Werdegang auswirken. In den großen Vergleichsstudien PISA und PIRLS von 2001 wurde festgestellt, dass fast 25% aller 15-Jährigen und nahezu 30% der Viertklässler Schwierigkeiten haben, einfachste Informationen aus Texten zu entnehmen (PISA 2000; Bos et al. 2012). In den jüngsten Studien (PISA 2015) zeigt sich eine deutliche Verbesserung der Leseleistungen. Der Unterschied zwischen den leistungsstärksten und leistungsschwächsten Schülern liegt aber weiterhin deutlich über dem OECD Durchschnitt. In der PISA-Studie von 2015 werden zudem immer noch 16% der 15-jährigen Schüler als äußerst schwach im Lesen eingestuft (PISA 2015). In den Ausbildungsberufen klagen die Industrie- und Handelskammern entsprechend, dass Jugendlichen basale Fertigkeiten im Lesen und Schreiben fehlen (Bredel & Röber 2015).

Schaut man auf die Schreib- und Leseleistungen eines einzelnen, muss eine Lehrkraft entscheiden, wie sie mit Fehlern umgeht. Traditionell werden Fehler als strikt negativ angesehen, als subjektives Fehlverhalten oder Defizit. Rechtschreibfehler werden in dieser Perspektive oft als Konzentrationsfehler, Flüchtigkeitsfehler oder Merkfehler interpretiert. All diese Fehler beziehen sich auf die Defizite eines individuellen Lerners und werden deshalb als *subjektive Fehler* definiert (Bredel et al. 2011). Demgegenüber wird in den letzten Jahren vermehrt darauf hingewiesen, dass Fehler in Bezug zu bestimmten Rechtschreibtypologien stehen. Diese *objektiven Fehlertypologien* unterscheiden Fehlerkategorien: falsche Zuordnungen von Phonemen und Graphemen sind nicht gleichzusetzen mit morphologischen Fehlern, mit Fehlern in der Getrennt-/Zusammenschreibung oder mit syntaktischen Schreibungen. Erst wenn man die Lernerschreibung mit der normativ korrekten Schreibung vergleicht, lässt sich feststellen, auf welcher Ebene der orthographischen Repräsentation ein Lerner noch Schwierigkeiten hat. Außerdem lassen sich mit einer Perspektive, die sich an dem zu lernenden Schriftsystem orientiert, nicht nur die Fehler eines Lerners analysieren (defizitorientiert), sondern auch die Bereiche, die ein Leser schon kann (ressourcenorientiert) und die somit Hinweise auf das Rechtschreibwissen eines Lerners geben. Um zu erkennen, ob ein Fehler ein Zeichen für einen Lernfortschritt ist oder, im Gegenteil, Hinweis auf eine Lernstörung gibt, müssen mehrere Punkte betrachtet werden:

- Es müssen mehrere Texte einzelner Lerner analysiert werden, am besten unterschiedliche Texte (zum Beispiel Diktat, freies Schreiben, Lückentexte, ...).
- Es müssen die gerade im Unterricht thematisierten Rechtschreibformen eruiert werden, um mögliche Hyperkorrekturen zu erkennen.

- Es müssen die Lerngelegenheiten im und außerhalb des Unterrichts einbezogen werden.
- Es muss das Lernalter berücksichtigt werden.

An dieser Stelle sollen einige kurze Beispiele von Kinderschreibungen aufgeführt werden, die einen Einblick in die vorschulische Konzeption von Buchstaben und ihrer Repräsentation geben. Typische Beispiele von Schreibanfängern sind etwa:
- Die Schreibung von Konsonantenrändern wie in <HD> für *Hund*.
- Die falsche Zuordnung von Vokalen zu Vokalgraphemen wie in <Hond> für *Hund*, wobei Kurzvokale besonders schwierig zu erfassen sind.
- Die anfängliche Darstellung der Reduktionssilbe ohne die silbische Markierung des <e> wie <habm>, <gebm>, <gabl>, <kata> für *haben, geben, Gabel, Kater* (viele kommentierte Beispiele von frühen Kinderschreibungen finden sich in Röber 2009).

All diese Schwierigkeiten spiegeln die Auseinandersetzung von Schreibanfängern bei der Segmentierung der gesprochenen Sprache, die für den Lernprozess essentiell sind. Sie zeigen, was Kinder am Schriftanfang schon können. Dieselben Schreibungen in der vierten Klasse wären ein Zeichen für Schreiblernschwierigkeiten. Die obigen Beispiele zeigen, dass die Zuordnung von Phonemen zu Graphemen nicht automatisch geschieht. Kinderschreibungen zeigen, dass Buchstaben/Grapheme nicht mit der lautlichen Information korrelieren, die Kinder wahrnehmen. Frühe Schreibungen machen deutlich, dass Kinder Hypothesen darüber bilden, wie Schrift lautlich wahrgenommene Einheiten abbildet und was in der Schrift als Einheit zu fassen ist. Kinder experimentieren mit Schrift entsprechend ihrer Beobachtung und ihrem zunehmenden Wissen, wie gesprochene und geschriebene Sprache zueinander in Beziehung gesetzt werden müssen. (Eine Fülle an Beispielen und Beschreibungen von Kinderschreibungen sind aufgeführt in Röber 2009 und Bredel et al. 2011). Eine beispielhafte Darstellung von Fehlerschreibungen im Bereich <f> / <v> von verschiedenen idealtypischen Lernern ist in Bredel et al. (2011: 138-140) dargestellt.

7.4.1 Fehler als Hinweis auf Lernfortschritte

Ein Fehler ist immer dann ein Indikator für einen Lernfortschritt, wenn er eine systematische, regelhafte Schreibung übergeneralisiert. So schreiben beispielsweise Kinder, die gelernt haben, dass /iː/ regelhaft mit <ie> repräsentiert wird, die wenigen Ausnahmewörter wie *Biber, Bibel, Igel* und Fremdwörter wie *Maschine, Turbine* häufig als *<Bieber>, *<Biebel>, *<Iegel>, *<Maschiene> und *<Turbiene> (ausführlicher dazu Bredel 2015; Bredel et al. 2011: 140-147). Diese Fehler zeigen, dass die Kinder die regelhaften Strukturen der deutschen Orthographie verinnerlicht haben. Die Wörter, die trotz langem /iː/ mit <i>

geschrieben werden, müssen als Fremdwörter erkannt bzw. als Lernwörter gespeichert werden. Betrachtet man den Erwerb von Fremdwortschreibungen zwischen der dritten und achten Klasse, stellt man entsprechend fest, dass die Fehlerschreibungen in den ersten beiden Jahren zunehmen und sich erst nach der fünften Klasse wieder korrigieren (Bredel 2015: 362).

Beispiel

Die Falschschreibungen in dem Beispiel Abbildung 7.7 tauchten auf, nachdem im Unterricht die ß-Schreibung besonders thematisiert wurde. Der Text eines Viertklässler enthält die Formen <außgesucht> und <auß dem Jahr> nachdem im Unterricht die Formen *außer, außergewöhnlich, draußen* thematisiert worden waren. In der Folge übergeneralisiert er die Schreibung <ß> nach <au>.

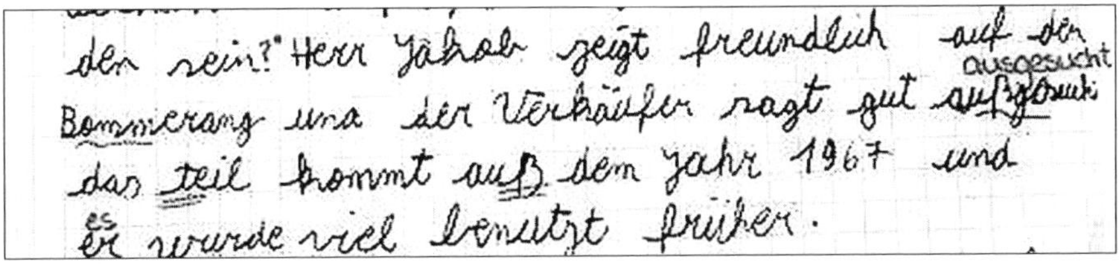

Abb. 7.7: Schülerschreibungen mit Unsicherheiten im Bereich <s> – <ß>

■ Übung 55

Erläutern Sie, wann im Deutschen <ß> geschrieben wird. Referieren Sie in Ihrer Erklärung auch auf die Silbenstruktur. Stellen Sie anschließend dar, was der Viertklässler aus dem Unterricht zum <ß> behalten hat und welchen Aspekt der ß-Schreibung er noch nicht verstanden hat.

7.4.2 Fehler als Hinweis auf Lernschwierigkeiten

Schreib- und Leseschwierigkeiten kommen im Laufe der Grundschule spätestens dann zum Vorschein, wenn die zu bearbeitenden Sätze und Texte komplexer werden. Zugleich werden auch die zu erwerbenden orthographischen Regelhaftigkeiten komplexer, da neben phonologischen und silbischen Repräsentationen komplexere morphologische und morphosyntaktische Bezüge beachtet werden müssen. In Schreibungen von schreibschwachen Viertklässlern zeigt sich, dass manche Schüler noch bis zum Ende der Grundschule (und vermutlich darüber hinaus) versuchen, ihre lautliche Wahrnehmung in der Schrift linear abzubilden. Ein Beispiel dafür sind die unten stehenden Schreibungen von zehn Schülern aus Süddeutschland aus einem Diktat am Ende der vierten Klasse der Hamburger Schreibprobe (HSP 4/5). Die meisten dieser Schreibungen enthalten alle Elemente, die für eine reine Abbildung von Phonemen der geschriebenen Wörter nötig wären. Allerdings zeugen die Schreibungen davon, dass die Schüler viele grundlegende Aspekte des deutschen Schriftsystems noch nicht erfasst haben. Zu einem Zeitpunkt, an dem die Schreibungen komplexer werden und zum Beispiel viele Komposita enthalten, versuchen die Schüler die eigene lautliche Wahrnehmung einer Wortform in der Schrift abzubilden wie bspw. einen stimmhaften Plosiv in <Fehrnsehrbrogram> oder den überartikulierten Nasalkonsonant /m/ in <Schmmeterling>. Hinzu kommen Unsicherheiten in der systematischen Schreibung von <f>/<v> und <ie>, in der Schärfungsschreibung sowie der Getrennt- und Zusammenschreibung. Die Schreibungen zeigen aber auch, dass die Schüler durchaus einige Regelhaftigkeiten des deutschen Schriftsystems verstanden haben. Dies betrifft zum Beispiel die Schreibung von <-er> in der Reduktionssilbe. Anders als viele Erstklässler schreibt keiner der Viertklässler mehr <trega> für *Träger.* Im Testformat der Hamburger Schreibprobe schreiben die Schüler die diktierten Komposita zudem ausnahmslos richtig mit initaler Majuskel.

Briefträger	Schmetterling	Fernsehprogramm
Brieftreger	Schmelierting	Fehrnsehrbrogram
Briefträger	Schmeterling	Fernsehrbrogram
Priefdreger	Schmeterling	Fernehprogram
Brieftreger	Schmmeterling	Vernsebrogram
BriefTräger	Schmetterling	Fehrnsehenprogram
Briftreger	Schmeterling	Fehrnsehrprogramm
Privträger	Schmetteling	Fersehprogramm
Briftrager	Schmeterling	Vermsepagram
Briefträger	Schmetterlling	Fehrnseh Pogram
Priefträger	Schmeterling	Ferns eprogram

Abb. 7.8: Schreibungen aus der Hamburger Schreibprobe (HSP 4/5) von zehn rechtschreibschwachen Viertklässlern

■ Übung 56

Erläutern Sie je zwei Fehlerschreibungen aus Abb. 7.8 in Bezug auf die Rechtschreibung: Einmal als Fehler in Bezug auf Korrespondenzen zwischen einem Phonem und einem Graphem und einmal in Bezug auf eine silbische Regelhaftigkeit.

Auch beim Lesenlernen können Probleme auftreten. Ebenso wie beim Schreiben können auch hier die Schwierigkeiten damit zusammenhängen, dass die Lerner Probleme haben, die schriftsprachlichen Strukturen zu analysieren. Viele Kinder bewältigen diesen Schritt beim Lesen von selbst. Einige Kinder verharren aber in dem Versuch, Buchstaben linear mit Lauten abzubilden. Das Resultat ist ein sehr stockendes Lesen, das weder die phonologischen Segmente noch die prosodische Struktur eines Wortes erkennen lässt. Christina Noack (2010) hat eine Fünftklässlerin beim lauten Lesen aufgenommen und das Lesen der leseschwachen Schülerin analysiert (vgl. Beispiel auf Seite 133). Die Wörter *Pilze* [ˈpɪl.tsə] und *Knospen* [ˈknɔs.pən]/[ˈknɔs.pm̩] eignen sich gut, um zu erläutern, wie die deutsche Orthographie als Leserinstruktion wirkt:

Pilze und *Knospen* sind trochäische Wortformen mit betonter und unbetonter Silbe und einer geschlossenen ersten Silbe. Die zweisilbige Struktur wird durch die beiden Vokale in den Wörtern angezeigt. Die Struktur der ersten Schriftsilbe (*Pil-*, *Knos-*) verweist darauf, dass der Vokal kurz gesprochen wird. Die Struktur der zweiten Silbe mit <e> als vokalischem Kern (*-ze*, *-pen*) verweist auf den Status der Reduktionssilbe. Kompetente Leser nutzen diese Informationen für das Lesen von Wörtern. Das Transkript auf Seite 133 zeigt, dass die protokollierte Fünftklässlerin diese Informationen für ihr Lesen nicht genutzt, sondern sich auf die direkte Abbildung der Buchstaben auf Lautereignisse verlassen hat.

Die **Gründe für Lese-/Rechtschreibstörungen** können sehr unterschiedlich sein. Im Allgemeinen werden zwei verschiedene Lernergruppen unterschieden:

Erstens: **Lerner, die keine Beeinträchtigungen der kognitiven Sprachverarbeitung aufweisen** und dennoch Schwierigkeiten beim Lese-/Schreiberwerb haben. Die Gründe dafür können darin liegen, dass Kinder vor Schuleintritt im familiären Umfeld nicht (ausreichend) mit Schriftsprache in Berührung kommen. Dies ist häufig auf den Bildungsgrad der Eltern zurückzuführen und ist unabhängig davon zu sehen, ob ein Kind zuhause mit der Schulsprache oder einer anderen Sprache aufwächst. Kinder, die allerdings in einem bildungsfernen Milieu aufwachsen und deren Familiensprache zusätzlich nicht gleich der Schulsprache ist, haben ein erheblich höheres Risiko, eine Lese-/Rechtschreibschwäche zu entwickeln als Kinder, die in einem bildungsnahen Umfeld aufwachsen. Diese Ergebnisse werden seit Jahren in den großen Vergleichsstudien wie PIRLS, VERA und PISA herausgestellt.

Eine zweite Lernergruppe entwickelt unabhängig von ihrem sozialen Umfeld Lese- und/oder Rechtschreibstörungen. Diese haben ihre Ursache häufig in einer **Schwäche des Arbeitsgedächtnisses.** Rechtschreibstörungen können zum Beispiel mit einer Beeinträchtigung der sogenannten Phonologischen Schleife zusammenhängen (Brandenburg et al. 2015). Kinder mit Lesestörungen haben dagegen häufig Schwierigkeiten mit der zentralen Exekutive des Arbeitsgedächtnisses (Brandenburg et al. 2015).

Dass Kinder Schwierigkeiten mit dem Lese/Schreiberwerb haben, bleibt in den ersten Schuljahren oft verborgen. Grund dafür ist, dass es Lernern oft gelingt, ihre Schwäche zunächst auszugleichen. Zum Beispiel gibt es Kinder, die sich eine Wortschreibung als Ganzes einprägen, ohne die zugrundeliegende Systematik zu verstehen. Manche dieser Kinder nehmen Einzelbuchstaben oder ein graphisch-charakteristisches Merkmal im Wort zur Hilfe und „lesen", angeregt durch <tt>, *Mutter* statt *Butter.* Andere Kinder verlassen sich auf einzelne Buchstaben, um ein Wort zu „erlesen" und interpretieren zum Beispiel *Salat* für *Sand* (Brinkmann & Brügelmann 1998). Sobald die Komplexität in Sätzen zunimmt, wirken diese Ausgleichsstrategien nicht mehr.

Die Ursachen für die Lese-/Rechtschreibschwäche der beiden beschriebenen Gruppen sind sehr verschieden. Die richtige Zuordnung von Kindern mit Lese/Rechtschreibschwäche ist außerdem schwierig (Grimm & Schulz 2014). Kinder aus beiden Gruppen können aber gefördert werden und ihre Schwächen ausgleichen. Kinder mit der Diagnose einer kognitiv verusachten Lese/Rechtschreibschwäche erhalten traditionell vor allem ein Training in unspezifischen Bereichen wie der Konzentrationsfähigkeit, Motivationstraining und Training der phonologischen Informationsverarbeitung. Untersuchungen weisen jedoch darauf hin, dass auch bei diesen Lernern vor allem die Lernprogramme erfolgsversprechend sind, die am schriftsprachlichen Lernen selbst orientiert sind und neben phonologischen Bezügen von Anfang an silbische und morphologische Strukturen des Schriftsystems in das Training einbeziehen (Scheerer-Neumann 2015). Schüler mit Deutsch als Zweitsprache benötigen zusätzlich Unterstützung in der Sprache, in der sie schreiben und lesen lernen (vgl. Kapitel 9).

Literatur

Bredel, Ursula, Müller, Astrid, & Hinney, Gabriele (Eds.) (2010). Schriftsystem und Schrifterwerb: linguistisch – didaktisch – empirisch. Berlin, New York: De Gruyter. *Die Beiträge des Buches zeigen deutlich, wie der Schriftspracherwerb mit dem Schriftsystem und dem Anfangsunterricht verbunden sind.*

Bredel, Ursula, Furhhop, Nana, & Noack, Christina (Eds.) (2011). Wie Kinder lesen und schreiben lernen. Tübingen: Francke Verlag. *Das Buch gibt eine fundiert Einführung in den Schriftspracherwerb mit sehr anschaulich erklärten Beispielen.*

Fayol, Michel (2013). L'acquisition de l'écrit. Paris : PUF. *Das kleine Buch gibt eine hervorragende Einführung in die psychologisch-kognitiven Grundlagen des Schrifterwerbs – allerdings auf Französisch.*

Röber, Christa & Olfert, Helena (Eds.) (2015). Schriftsprach- und Orthographieerwerb: Erstlesen, Erstschreiben (pp. 11–29). Baltmannsweiler: Schneider Verlag Hohengehren. *Die Beiträ-*

ge in dem Band geben einen Einblick in die theoretischen Grundlagen des Schrifterwerbs im internationalen Vergleich sowie der theoretischen und empirischen Grundlagen des Schriftspracherwerbs am Schulanfang.

Schnitzler, Carola (2008). Phonologische Bewusstheit und Schriftspracherwerb. Stuttgart: Thieme. *Das Buch führt anschaulich und differenziert in das Thema der phonologischen Bewusstheit ein.*

8. Der Schrifterwerb und didaktische Methoden für den Schrifterwerb

Viele Kinder sind in der Lage, sich die komplexen Beziehungen zwischen gesprochener und geschriebener Sprache, unabhängig von den Unterrichtsmethoden, herzuleiten. Dies gilt jedoch nur für erstens phonologisch relativ transparente Schriftsysteme und zweitens Kinder, die schon vor Schulbeginn in ausreichendem Maße mit Schrift und schulähnlichen Schriftpraktiken in Kontakt waren und deren Erstsprache der Schulsprache entspricht. Für Kinder mit Deutsch als Zweitsprache und wenig schulbezogener Schrifterfahrung in den Familien sind auch phonologisch recht transparente Schriftsysteme kognitiv nicht ohne weiteres zugänglich.

Didaktische Ansätze unterscheiden sich vor allem darin, wie der Bezug zwischen geschriebener und gesprochener Sprache gefasst wird und welche Einheiten der gesprochenen Sprache und ihrer Repräsentation in der Schrift im Unterricht als zentral präsentiert werden. Für den Unterricht des deutschen Schriftsystems gibt es im Wesentlichen drei unterschiedliche didaktische Zugänge. Die Ansätze gehen davon aus, dass die gesprochene Sprache die wichtigste Grundlage ist, um das Schriftsystem zu erfassen. Im Folgenden werden die grundlegenden Prinzipien der drei Methoden vorgestellt. Der (1) **synthetische Ansatz** basiert auf der kontextunabhängigen Phonem-Graphem Zuordnung bzw. der „Lautierung" von Buchstaben. Der (2) **analytische Ansatz** oder die Ganzwortmethode vermittelt den Kindern die Wortbilder eines orthographischen Anfangswortschatzes, innerhalb dessen sie lernen, Beziehungen zwischen Lauten und Buchstaben zu analysieren. Da die meisten Fibeln diese beiden Methoden zu dem **analytisch-synthetischen Ansatz** integrieren, werden beide gemeinsam vorgestellt. Der erst in den letzten Jahren stärker beachtete (3) **silbenanalytische Ansatz** nimmt die visuelle Darstellung der prosodischen Information des Trochäus bei der Schreibung deutscher Wörter zum Ausgangspunkt.

8.1 Der analytisch-synthetische Ansatz und die Arbeit mit der Anlauttabelle

Während der synthetische Ansatz von Einzellauten oder -buchstaben ausgeht, die in einem ersten Schritt eingeführt werden und die dann zu größeren Einheiten wie Silben und Wörter „verschmolzen“ werden, ist der Ausgangspunkt des analytischen Ansatzes das inhaltlich erfassbare Wort. Der analytisch-synthetische Ansatz vermittelt in einem ersten Schritt die einzelnen Buchstaben, die anschließend zum Wort zusammengesetzt werden und baut einen orthographischen Anfangswortschatz auf, in dem die ausgewählten Wörter möglichst „lautgetreu“ sind wie *Mama, Papa, Mila, Pilot, Uhu.* Dieser Ansatz beruht im Wesentlichen auf dem Lernen von kontextfreien Korrespondenzbeziehungen zwischen Graphemen und Phonemen und lässt prosodische und morphologische Strukturen unbeachtet. Die wenigsten Wörter im deutschen Schriftsystem folgen jedoch diesen eindeutigen Graphem-Phonem-Korrespondenzen.

■ Übung 57

Welche phonographischen Bezüge können beim Schreiben mit der Anlauttabelle erfasst werden und welche nicht? Schreiben Sie die folgenden Wörter, die hier in einer angenommenen umgangssprachlichen Lautung transkribiert sind, anhand einer Anlauttabelle Ihrer Wahl: [ˈʁɛtɐ], [ˈbiːnə], [ˈhʊnt].

Vergleichen Sie Ihre Schreibungen auf Grundlage der Anlauttabelle mit der korrekten orthographischen Form. Welche Informationen sind in den Schreibungen mit Anlauttabelle enthalten? Welche Informationen sind in den rechtschriftlich geschriebenen Wörtern kodiert?

■ Übung 58

Welche Unterstützung benötigen Kinder, um die Schreibung von <r> im Innern der Wörter *Nashorn, Burg, gern* zu erfassen? Transkribieren Sie die Wörter in der Varietät Ihrer Region. Diskutieren Sie die Darstellung des <r> in der Anlauttabelle im Vergleich mit Ihren Transkriptionen.

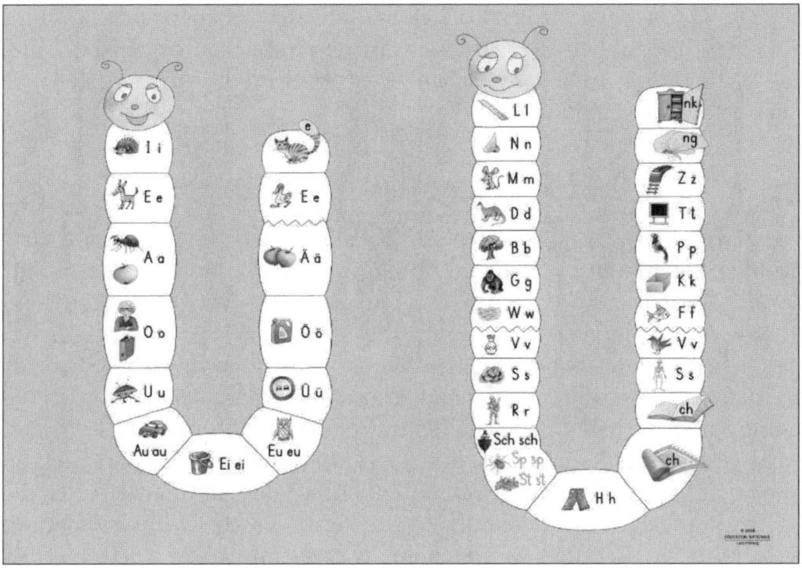

Abb. 8.1: Beispiel einer Anlauttabelle aus der Fibel MILA

Beim Erwerb der Schriftzeichen arbeiten die Fibeln des analytisch-synthetischen Ansatzes mit einer Anlauttabelle. Je nach Fibel unterscheiden sich die Anlauttabellen etwas. Allen ist gemeinsam, dass sie das Erfassen von Buchstaben (und Mehrgraphen) durch den Anlaut eines Wortes verdeutlichen. Deswegen wird jeder Buchstabe mit einem Wort verbunden, welches mit diesem Buchstaben bzw. mit dieser Buchstabenfolge beginnt.

Die fehlende prosodische Kontextsensitivität des analytisch-synthetischen Ansatzes wird besonders deutlich bei dem Graphem <E e>. Obwohl in der Anlauttabelle (Abb. 8.1) drei Bezüge des Buchstaben *e* dargestellt sind (*Esel, Ente, Katze*), darunter auch eine Reduktionssilbe, fehlen alle weiteren Verschriftungen des Reims in der Reduktionssilbe <-el>, <-en>, <-em>, <-es>, <-er>. Die Anlauttabelle verfälscht die Relationen zwischen gesprochener und geschriebener Sprache zusätzlich, da einige in der Anlauttabelle aufgeführte Laute gar nicht im Anlaut vorkommen. Neben sämtlichen Formen von <e> in der Reduktionssilbe sind das z.B. /ŋ/ <ng> und /x/ <ch>. Weiterhin beginnen geschriebene Wörter zwar häufig mit Vokalbuchstaben, alle mit Vokalgraphem beginnenden Wörter oder Silben beginnen aber – ‚eigentlich', das heißt für schriftgewohnte Personen nicht mehr wahrnehmbar – mit einem Konsonanten: dem Glottisverschluss oder Knacklaut (vgl. Kapitel 2.2.1, 4.2.6).

Problematisch ist die Vorgehensweise des synthetischen Ansatzes in mehrfacher Hinsicht: Der Zugang suggeriert, dass Buchstaben eine direkte Entsprechung mit bestimmten Lauten aufweisen. Diese Vorstellung lässt die unterschiedliche Strukturierung der gesprochenen und geschriebenen Sprache außer Acht: Während Buchstaben als Kette von distinkten Zeichen organisiert sind, die linear aneinander gereiht geschriebene Wörter formen können, besteht die gesprochene Sprache nicht aus Einzellauten, sondern aus einem Lautkontinuum. Die Artikulationsbewegungen bei der Produktion eines Lautes sind hier immer beeinflusst von der Artikulationsbewegung der benachbarten Laute. Durch diese Koartikulation wird die Wahrnehmung der Lautsegmente erschwert (vgl. Kapitel 3.2.4, 7.3.4). Die Vorgehensweise des analytischen Ansatzes ist problematisch, wenn sich die im Anfangsunterricht dargebotenen orthographischen Wörter nur an einer 1:1-Entsprechung von lautlichen und orthographischen Einheiten orientieren, die aber nicht der Systematik des deutschen Schriftsystems entspricht wie *Mama, Opa*. In dem analytischen sowie dem methodenintegrierenden analytisch-synthetischen Ansatz werden die prosodische Kontextsensitivität sowie die morphologischen Bezüge der Schrift außer Acht gelassen und suggeriert, dass die Abbildung zwischen Graphemen und Phonemen linear und kontextfrei sei. Zudem werden in Anlauttabellen die dargestellten kontextfreien Schreibungen oft lückenhaft bzw. unsystematisch aufbereitet. Dies wird deutlich, wenn man das Grapheminventar des Deutschen (Kapitel 6.1.3) mit der Anlauttabelle (Abb. 8.1) vergleicht.

■ Übung 59

Betrachten Sie die Darstellung des Graphems <i> in der Anlauttabelle (Abb. 8.1) und vollziehen Sie nach, warum die Darstellung von <I i> zu *Igel* unsystematisch ist.

■ Übung 60

Vergleichen Sie das Grapheminventar der Vokale von Eisenberg (Kapitel 6.1.3) mit den in der Anlauttabelle dargestellten Vokalen (Abb. 8.1).
Welche Vokale fehlen in der Anlauttabelle?
Wie lässt sich das in der Anlauttabelle dargestellte <e> bei *Katze* einordnen? Referieren Sie zur Begründung auf die Schriftsilbe.

Exkurs: Warum glauben viele Erwachsene, dass es eine lineare Beziehung zwischen Buchstaben und Lauten gibt, obwohl das nicht stimmt?

Mit dem Schrifterwerb verändert sich die Wahrnehmung auf Sprache. Anstatt sich – wie vor dem Schrifterwerb – an den unmittelbar wahrnehmbaren lautlichen Einheiten wie z.B. Klangfülle und Akzentuierung zu orientieren, wird die Sprachwahrnehmung von der visuellen Repräsentation des Schriftsystems beeinflusst, zum Beispiel der Buchstabensegmente. Deutschsprachige literate Erwachsene nehmen deswegen häufig fälschlicherweise an, dass z.B. Doppelkonsantschreibungen wie in *schwimmen* auf doppelte oder längere Konsonanten in der Lautung hinwiesen (vgl. Kapitel 6.2.2.3) oder dass der finale Konsonant wie in *Wald, Dieb* stimmhaft artikuliert würde (vgl. Kapitel 6.4). Durch diese „Schriftbrille", können sich auch Studierende und Lehrende oft nur schwer vorstellen, wie Kinder im Kindergarten und am Schulanfang Sprache und Schrift wahrnehmen (ausführlich zu diesem Thema, Röber 2009).

8.2 Die Utopie des freien Schreibens von Anfang an

Den möglichst eindeutigen Korrespondenzen von Phonemen und Graphemen in einer Anlauttabelle und deren Verwendung im Anfangsunterricht liegt ein utopischer pädagogischer Ansatz zugrunde. Er geht von der Maxime aus „Schreib wie du sprichst". Dieser Ansatz ist das europäische Ideal seit Beginn der Verschrifung der Nationalsprachen im 16. Jahrhundert. Schreiben, so der Anspruch, sollte nicht mehr nur auf eine kleine Elite von Schriftgelehrten beschränkt sein, sondern dem ganzen Volk offenstehen. Die Annahme, Schrift sei leicht erlernbar, wenn man sie auf die gesprochene Sprache abbilde, beruht auf einer linguistisch unzulänglichen Modellierung der Schriftstrukturen (Maas 1992; Mattes 2015).

Bis heute steht das lautgetreue Verschriften mithilfe einer Anlauttabelle methodisch im Zentrum. Es soll Kindern beispielsweise ermöglichen, von Beginn des Schrifterwerbs an, freie Texte zu schreiben. Die Popularität dieses Ansatzes steht in Verbindung mit dem Ziel, Unterricht stärker kommunikationsorientiert und an den Interessen des Kindes auszurichten. Am radikalsten wurde dieser Ansatz in den 1980er von Jürgen Reichen mit seiner Methode *Lesen durch Schreiben* propagiert.

Swantje Weinhold (2006) hat in einem Längsschnitt von der ersten bis zur vierten Klasse untersucht, ob ein Unterricht, der die Analyse von Silben in den Mittelpunkt des Erstschriftunterrichts stellt, zu anderen Ergebnissen beim Schrifterwerb kommt, als die Auseinandersetzung mit Lauten und Buchstaben, wie sie im Fibel- bzw. Lesen-durch-Schreiben-Unterricht stattfindet. Die Studie zeigt, dass der Erstschrifterwerb mit Fibeln oder der silbenanalytischen Methode nach vier Jahren Grundschule in allen Leistungsgruppen zu ähnlichen Ergebnissen führt. Die Rechtschreibleistungen variieren zu einzelnen Zeitpunkten der Grundschulzeit, unterscheiden sich an dessen Ende aber nicht wesentlich. Dagegen erwiesen sich die Leseleistungen der Kinder, die mit der silbenanalytischen Methode unterrichtet worden waren, als insgesamt besser als die der Fibel-Klassen. Die Klassen, in denen der Schrifterwerb weitgehend selbstgesteuert im Sinne des *Lesen-durch-Schreiben*-Verfahrens organisiert wurde, schnitten in allen Bereichen signifikant schlechter ab als der Fibel Unterricht und die silbenanalytische Methode (Weinhold, 2006; sehr differenziert in Funke 2014).

8.3 Der silbenanalytische Ansatz

Der wesentliche Gedanke des silbenanalytischen Ansatzes ist, dass die Bezüge zwischen gesprochener und geschriebener Sprache im Deutschen nur erfasst werden können, wenn die prosodisch-kontextsensitiven Merkmale von Anfang an in den Lernprozess einbezogen werden. Diese Merkmale sind wesentlich in der trochäischen Fußstruktur mit dem Rhythmus einer betonten und einer unbetonten Silbe verankert (vgl. Kapitel 6.2). Das von Christa Röber entwickelte Modell fußt auf vier grundlegenden Silbenstrukturen des Deutschen[12] (Maas 2006; Röber 2009). Diese vier prosodischen Formen von zweisilbig trochäischen Wörtern sind in der Wortschreibung jeweils spezifisch repräsentiert, wobei der Vokal in der betonten Silbe gespannt oder ungespannt und die Silbe offen oder geschlossen ist.

1. Betonte Silbe: gespannter Vokal in offener Silbe mit nachfolgender Reduktionssilbe (z.B. *Wagen, Liebe, Löwe*).
2. Betonte Silbe: ungespannter Vokal in geschlossener Silbe mit nachfolgender Reduktionssilbe (z.B. *tanzen, lispeln, Kälte*).
3. Betonte Silbe: ungespannter Vokal in geschlossener Silbe mit ambisyllabischem Konsonanten als „Gelenk" zwischen betonter und reduzierter Silbe. Der ambisyllabische Konsonant wird in der Schrift als „Schärfung" dargestellt (z.B. *Keller, schwimmen, fallen*).
4. Betonte Silbe: gespannter Vokal in offener Silbe bei mit Vokalgraphem beginnender Reduktionssilbe. Der Silbenschnitt wird durch das sogenannte „silbentrennende" <h> visualisiert (*gehen, sehen, rohes*).

Die prosodische Gestalt der Referenzformen wird im Unterricht durch die Darstellung eines Hauses mit Garage visualisiert (vgl. z.B. Röber 2009; Bredel 2010). Das Haus symbolisiert die betonte Silbe während die Garage die unbetonte Silbe repräsentiert. In die jeweils drei Abteilungen („Zimmer") in Haus und Garage werden die graphischen Korrespondenzen der Grundstruktur jeder Silbe eingetragen: Die linke Abteilung enthält den Anfangsrand, die mittlere Abteilung den vokalischen Kern, rechts wird der Endrand eingetragen. Die Abteilungen zwischen Vokal und Endrand sind nicht ganz getrennt, sondern erhalten einen „Durchgang", da beide zusammen den Reim der Silbe bilden. Die Häuschendarstellungen unterscheiden sich je nach Autorin etwas. In den Abbildungen 8.2 bis 8.5 sind die Häuschen für die vier Silbentypen nach Bredel (2010) dargestellt.

---

[12] Im Original sind es fünf Häuserstrukturen. Das fünfte Haus, das die Schreibungen mit Dehungs-h bzw. Blickfang-h modelliert, wird hier nicht berücksichtigt.

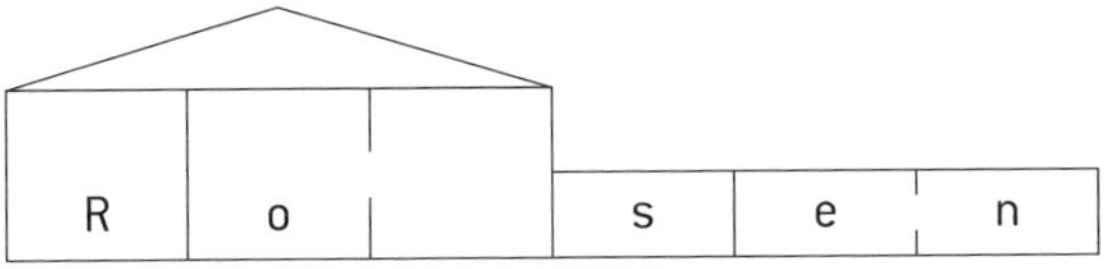

Abb. 8.2: Erstes Häuschenmodell: Betonte Silbe mit gespanntem Vokal in offener Silbe und Reduktionssilbe. Modellierung nach der Form von Bredel (2010)

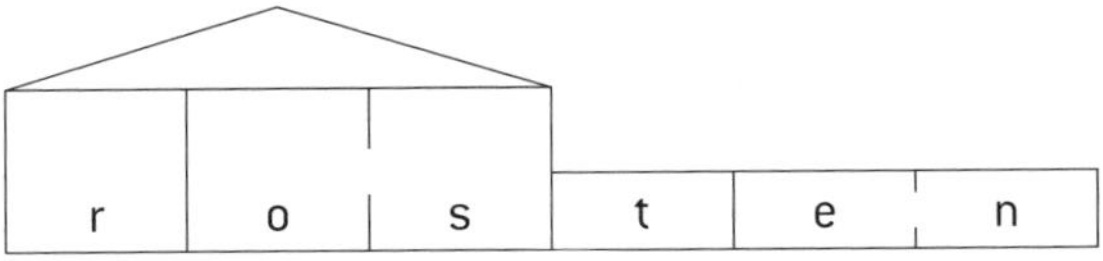

Abb. 8.3: Zweites Häuschenmodell: Betonte Silbe mit ungespanntem Vokal in geschlossener Silbe und Reduktionssilbe. Modellierung nach der Form von Bredel (2010)

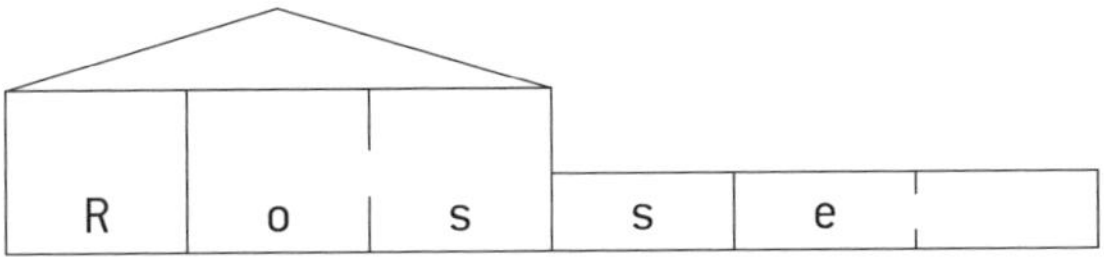

Abb. 8.4: Drittes Häuschenmodell: Betonte Silbe mit ungespanntem Vokal in geschlossener Silbe mit ambisyllabischem Konsonanten als „Gelenk" zwischen betonter und reduzierter Silbe. „Schärfungsschreibung". Modellierung nach der Form von Bredel (2010)

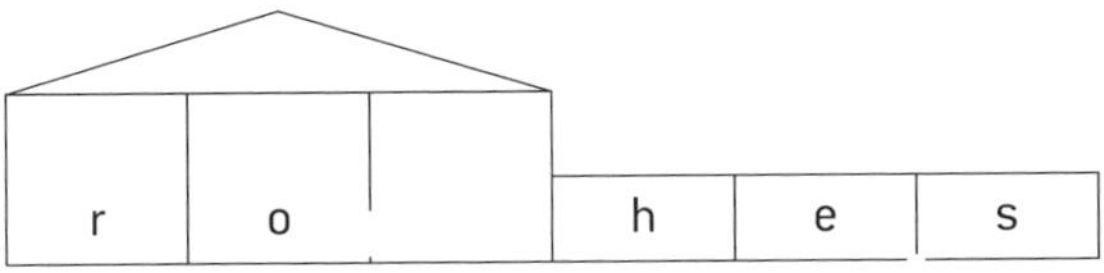

Abb. 8.5: Viertes Häuschenmodell: Betonte Silbe mit gespanntem Vokal in offener Silbe bei mit Vokalgraphem beginnender Reduktionssilbe. Der Silbenschnitt wird durch das sogenannte *silbentrennende* <h> visualisiert. Modellierung nach der Form von Bredel (2010)

Die Darstellung in Häuschen und Garage hebt die Struktur der Schriftsilbe hervor, die im geschriebenen Wort ohne das Wissen über diese Struktur nicht sichtbar würde. Sie verweist zudem auf die *Explizitlautung* (Kapitel 6.1.1), indem sie die phonologische Struktur eines Wortes – und eben nicht die im Alltag verwendete Sprachform oder auch eine einsilbige Wortform – visuell verdeutlicht und somit bewusst macht. Die visuelle Struktur der „Häuschenwörter" lässt sich analysieren und manipulieren, da sie Generalisierungen erlaubt, die in der gesprochenen Sprache nicht möglich und in der Schrift alleine nicht hinreichend deutlich sind. Ein Beispiel ist die visuelle Wahrnehmung der Reduktionssilbe, die in der gesprochenen Umgangssprache oft kaum wahrnehmbar ist oder gar nicht artikuliert wird. In der geschriebenen Form, die hier als „Garage" die graphische Silbenstruktur hervorhebt, steht in der mittleren Abteilung immer ein <e>, unabhängig von der sprachlichen Realisierung.

Ein weiteres Beispiel ist die Wahrnehmung der Un-/Gespanntheit des Vokals (Länge/Kürze) in der prominenten Silbe. Trotz der Unterschiede in der Vokalqualität wird in der Schrift nur jeweils ein Graphem verwendet wie bspw. <o> für /o:/ bzw. /ɔ/, <e> für /e:/ bzw. /ɛ/, <u> für /u:/ bzw. /ʊ/. Erst die bildliche Darstellung des Reims in der Häuschenstruktur „zeigt" den gespannten/langen Vokal an: Der Vokal in der mittleren Abteilung hat genügend Platz, sich in dem „Zimmer" auszubreiten, da die rechte Abteilung frei bleibt. Visualisiert wird hier die Struktur der offenen Silbe. Der im Häuschen dargestellte Reim mit einem Vokal in der mittleren Abteilung sowie einer mit Konsonanten besetzten rechten Abteilung „zeigt" den ungespannten/kurzen Vokal an, der in dem „Durchgangszimmer" bildlich gesprochen weniger Platz hat. Visualisiert wird hier die Struktur der geschlossenen Silbe.

Die silbenanalytische Methode erfordert von den Lehrenden einiges Wissen über Sprachstrukturen. Denn die ersten zu schreibenden und zu lesenden Wörter im Anfangsunterricht sollten nur native Wörter enthalten, die aus zweisilbigen Trochäen bestehen. Sie sollten zudem auf ein silbisches Muster begrenzt sein: auf den ersten Silbentyp mit offener betonter Silbe (Abb. 8.2). Diese Form ist auditiv am besten zu erfassen durch den gespannten Vokal in der offenen Silbe und ein finales Schwa in der Reduktionssilbe wie in *Lupe, Löwe, Liebe, Hase, Hose.* Diese Wörter ermöglichen sowohl die Bezugnahme zwischen einem lautlich wahrnehmbaren und einem geschriebenen Segment als auch die Wahrnehmung der silbischen Struktur.

Der wesentliche Unterschied der silbenanalytischen Methode zur analytisch-synthetischen Methode ist, dass die regelhaften prosodischen Merkmale, die in der Schrift repräsentiert sind, in das orthographische Lernen einbezogen werden. Die Systematik des deutschen Schriftsystems kann über die verschiedenen Silben- (und Häuschen-)typen dann weiter ausgebaut werden. Anders als die Arbeit mit der Anlauttabelle hat das Arbeiten mit Häuschenwörtern nicht den Anspruch, direkt ins freie Schreiben zu führen. Die Methode ist eher vergleichbar mit dem Experimentieren mit einem Technikbaukasten: der Technik, wie das Schriftsystem für das Lesen und Schreiben nutzbar gemacht werden kann.

■ Übung 61

Alle Didaktiken haben den Anspruch, mit „einfachen" Wörtern zu beginnen. Was sind aber „einfache Wörter"? Beschreiben Sie „einfache" Wörter aus der Perspektive des analytisch-synthetischen Ansatzes und aus der Perspektive des silbenanalytischen Ansatzes. Geben Sie dazu jeweils fünf Beispielwörter.

Für Lernende mit Deutsch als Fremd- oder Zweitsprache oder für Lernende, die vor der Schule wenig mit Schriftsprache in Berührung kamen, kann die stabile Form in der Schrift und die Verdeutlichung der schriftsprachlichen Strukturen durch die Häuschenmodelle nicht nur eine Hilfe für den Schreib-/Leseerwerb sein. Sie kann auch helfen, überhaupt die prosodische Struktur des Deutschen besser zu erfassen.

In einer Studie mit analphabeten Erwachsenen mit Deutsch als Zweitsprache hat Pracht (2010, 2012) untersucht, wie sich schriftsprachliche regelhafte Strukturen („Schemata“) im Unterricht aufbauen lassen und wie einzelne Kursteilnehmer diese orthographischen Schemata beim Schreiben verwenden. In der Studie wird deutlich, dass eine in vielen schreibdidaktischen Ansätzen angewandte – und wie gezeigt wurde linguistisch unsachgemäße – Komplexitätsreduktion der Darbietung von Phonem-Graphem-Korrespondenzen als sogenannte erste Lernerstufe keine Lösung für den Aufbau von schriftsprachlichen Kompetenzen ist. Vielmehr plädiert sie für einen Ansatz, der auf der „usage based theory“ (Abbot-Smith & Thomasello 2006; Langacker 2008) basiert und das „funktionale Verstehen schriftsprachlicher Darstellungsmuster“ (Pracht 2010: 245) unterstützt. Damit ist gemeint, dass der Aufbau orthographischer Wörter auf verschiedene sprachliche Ebenen verweist und Grapheme im Hinblick auf ihre prosodischen und morphologischen Informationen hin analysiert werden müssen. Diese prosodischen und morphologischen Sprachstrukturen müssen die Lerner mit Deutsch als Zweitsprache aber auch in der gesprochenen Sprache erst lernen.

Pracht schlägt für die Visualisierung trochäischer Wortformen eine vereinfachte Darstellung des Häuschenmodells mit zwei Kreisen vor. Die betonte Silbe wird im großen Kreis, die Reduktionssilbe im kleinen Kreis dargestellt. Anders als bei den Häuschen werden bei Pracht (2010) Wortmuster generiert, die die erworbenen Vokalgrapheme der prominenten Silbe sowie den Reim der Reduktionssilbe schon enthalten. Anstatt, wie die Häuschen, vier Silbentypen zu visualisieren, beschränken sich die Kreise zudem auf die Darstellung von zwei visuell distinktiven Mustern. Hervorgehoben wird hier die Schärfungsschreibung, um zu verdeutlichen, dass die Schrift keinesfalls zwei Konsonanten, sondern einen ambisyllabischen Konsonanten repräsentiert.

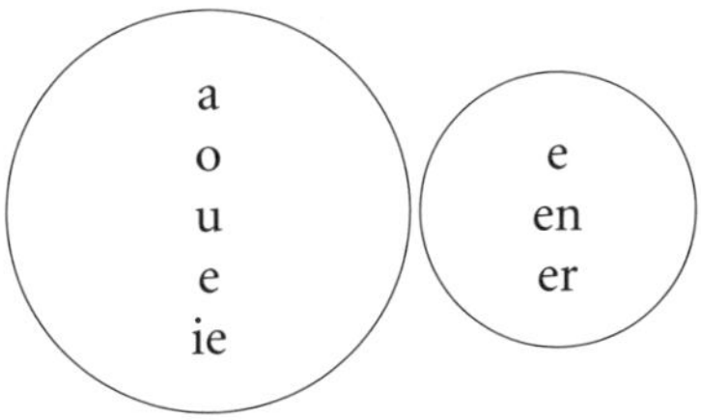

Abb. 8.6: Darstellung des trochäischen Akzentmusters mit der Visualisierung der Vokale in der prominenten und reduzierten Schriftsilbe (unvollständige Darstellung).

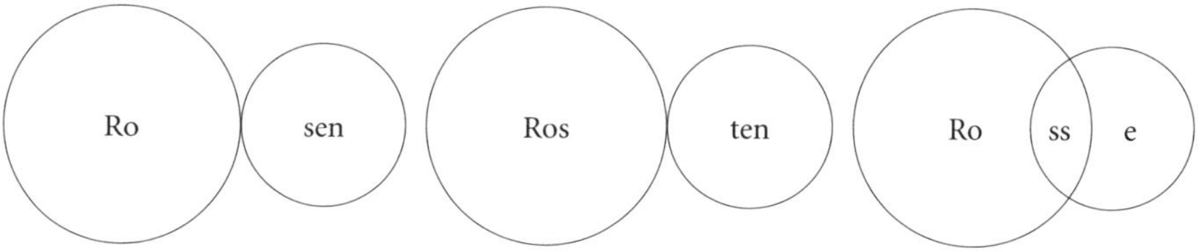

Abb. 8.7: Darstellung des trochäischen Akzentmusters in der Schriftsilbe. Links: loser Anschluss (Ro.sen), Mitte: fester Anschluss mit eindeutig wahrnehmbaren Endrand der betonten Silbe und Anfangsrand der unbetonten Silbe (ros.ten); rechts: fester Anschluss mit ambisyllabischem Konsonant (Ros.se)

Die Darstellung der Kreise und Häuschen unterstützt die Wahrnehmung für das spezifische Betonungsmuster des Deutschen. Der Trochäus kann über die Darstellung von Häuschen und Garage oder die Kreisgrößen – groß entspricht betont, klein unbetont – und über die durchgängige Repräsentation des Schwa als <e> in der unbetonten Silbe erfasst werden. Zudem werden die in der betonten Silbe möglichen Vokalgrapheme sichtbar gemacht. Diese Visualisierung unterstützt auch die Wahrnehmung der akustischen vokalischen Qualität. Das ist besonders hilfreich, da Vokale aufgrund ihrer geringen haptischen Präsenz oft nicht als eigene Einheiten wahrgenommen werden. Lernenden mit geringen Deutschkenntnissen wird die akustische Wahrnehmung über die visuelle Darstellung erleichtert.

Literatur

Funke, Reinold (2014). Erstunterricht nach der Methode Lesen durch Schreiben und Ergebnisse schriftsprachlichen Lernens – eine metaanalytische Bestandsaufnahme. Didaktik Deutsch 36, 21-41. *Der Beitrag stellt eine metaanalytische Bestandsaufnahme empirischer Studien zum Vergleich der schriftsprachlichen Leistungen von Grundschulkindern dar, die im Anfangsunterricht mit der Methode Lesen durch Schreiben oder mit der Fibel unterrichtet wurden.*

Röber, Christa (2009). Grundlagen der Silbenanalytischen Methode: Die Leistungen der Kinder beim Lesen- und Schreibenlernen. Baltmannsweiler: Schneider Verlag. *Das Buch gibt eine umfassende Einführung in die silbenanalytische Methode mit vielen Beispielen sowie theoretischen Bezügen zur Phonologie und dem Schrifterwerb.*

Valtin, Renate (2003). Methoden des basalen Lese- und Schreibunterrichts. In U. Bredel & G. Hartmut (Eds.), Didaktik der deutschen Sprache, Band 22 (pp. 760–771). Paderborn. *Guter Überblick über die Verfahren des Erstlese- und Schreibunterrichts sowie ihrer theoretischer Grundlagen.*

Weinhold, Swantje (2009). Effekte fachdidaktischer Ansätze auf den Schriftspracherwerb in der Grundschule. Lese- und Rechtschreibleistungen in den Jahrgangsstufen 1-4. In Didaktik Deutsch, Heft 27, S. 53-73. Schneider Verlag Hohengehren. *Der Beitrag gibt einen Einblick in die empirische Lehr-/Lernforschung verschiedener Ansätze zum Schrifterwerb.*

9. Der Schrifterwerb in einer Zweit- oder Fremdsprache

Für alle Lerner bedeutet der Erstschrifterwerb eine hohe Abstraktionsleistung, um die symbolischen Beziehungen zwischen den akustischen Informationen der gesprochenen Sprache und den visuellen Informationen der geschriebenen Sprache zu ermitteln und zudem die Informationen im Schriftsystem zu erfassen, die kein gesprochensprachliches Korrelat haben. Für Lernende, die die Sprache, deren Schriftsystem sie lernen sollen, noch nicht oder in geringem Maße beherrschen, ist die Situation noch weitaus komplexer.

9.1 Generelle Unterschiede von Lernern, die in ihrer L1 oder einer L2 schreiben/lesen lernen

Ein wesentlicher Faktor im Zweitschrifterwerb ist, dass die Lerner den strukturellen Zusammenhang zwischen der gesprochenen und geschriebenen Sprache bei ungenügenden Kenntnissen der L2 nicht erkennen können. Sie orientieren sich dann an den Strukturen ihrer Erstsprache, um in der Zweitsprache zu schreiben. In den vorausgehenden Kapiteln wurde gezeigt, dass gute Kompetenzen in der Erstsprache eine wesentliche Voraussetzung für deren Schrifterwerb sind. Dazu gehören die sichere Wahrnehmung der prosodischen Struktur sowie Kompetenzen in den Bereichen Wortschatz, Morphologie und Syntax.

Wie gezeigt wurde, weisen auch Kinder, die in ihrer Erstsprache lesen und schreiben lernen, Schrifterwerbsprobleme auf. Dies ist häufig dann der Fall, wenn die Kinder nicht in einem sprachlich- und schriftsprachlich-anregenden Umfeld aufwachsen. Die Abbildungen 9.1 und 9.2 stellen stark schematisierend den Sprach- und Schriftspracherwerb bis zum Ende der Grundschule dar. Monolingual aufwachsende Kinder (Abb. 9.1) entwickeln bis zum Schulbeginn die Strukturen der gesprochenen Sprache. Kurz vor oder zum Schuleintritt lernen sie die symbolischen Beziehungen zwischen den geschriebenen Zeichen und den bereits beherrschten Sprachstrukturen. Sobald diese Bezüge automatisiert sind, können die Lerner sich darauf konzentrieren, Texte zu verfassen und lesend Texte zu verstehen (Fayol 2014). Kinder, die mit einer oder mehreren Sprachen aufwachsen, die nicht der Schulsprache entsprechen (Abb. 9.2), kommen erst einige Jahre später mit der Zielsprache in Kontakt und haben weniger Zeit, die Kompetenzen in dieser Sprache auszubilden (Berkemeier 1997; Reich 2009).

Zum Zeitpunkt des Erwerbs der Schriftzeichen haben sie deswegen möglicherweise die dem Schriftsystem zugrunde liegenden Strukturen noch nicht in dem Maße erworben, wie es für ein Verständnis der schriftsprachlichen Regelhaftigkeiten nötig wäre. Das Schriftsystem der Zweitsprache kann dann nicht oder nur eingeschränkt vor der Folie der gesprochenen Erstsprache interpretiert werden.

Aktuelle Arbeiten zeigen, dass aber nicht nur der mündliche Spracherwerb den Schriftspracherwerb in der Zweitsprache beeinflusst, sondern auch die geschriebene Wortform einer Zweitsprache Einfluss auf die phonologische Entwicklung der Zweitsprache hat (Cook & Bassetti 2005).

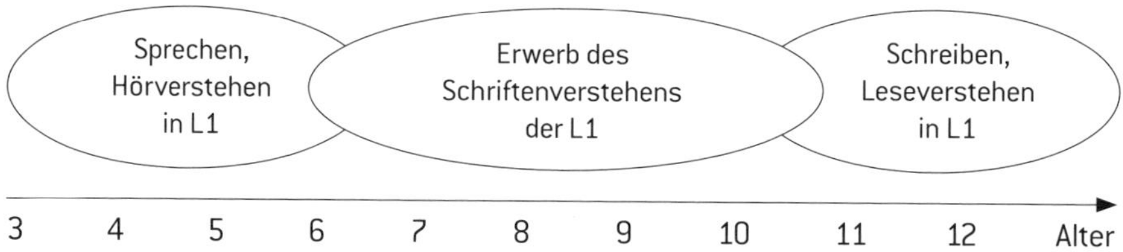

Abb. 9.1: Entwicklung der Komponenten Verstehen im Schrifterwerb in der Erstsprache (vgl. Fayol 2017)

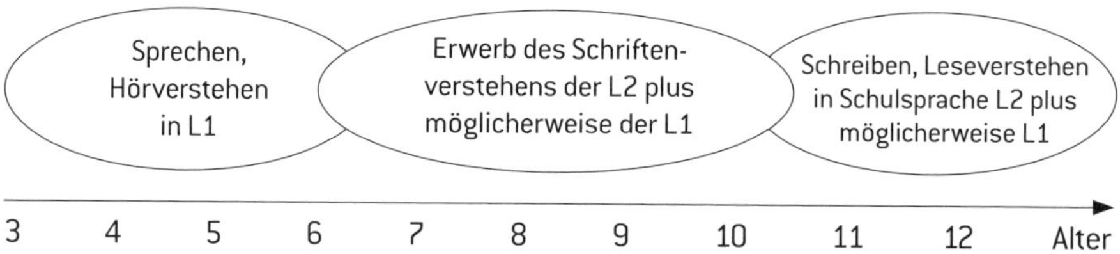

Abb. 9.2: Entwicklung der Komponenten Verstehen im Schrifterwerb in der Zweit- oder Fremdsprache und möglicherweise zusätzlich der Erstsprache

Die Darstellungen der Abbildungen 9.1 und 9.2 sind stark schematisiert. Das lässt sich an drei beispielhaften Biographien eines einsprachigen und zweier mehrsprachiger Kinder verdeutlichen.

Beispiel 1

Anton (11 Jahre) wächst im Raum Freiburg in einer monolingual deutschsprachigen Familie auf, in der der alemannische Dialekt der Umgebung gesprochen wird. Er kommt in seinem Heimatort in die Schule. Anton hat keine Schwierigkeiten den mündlich-interaktiven Teilen des Unterrichts zu folgen. Große Schwierigkeiten hat er jedoch beim Schrifterwerb, da er die ihm vertrauten mündlichen Wortformen nicht in Beziehung zu den geschriebenen Wortformen setzen kann. Er hat keine vorschulische Erfahrung mit der Explizitlautung und müht sich noch am Ende der Grundschule damit, die Standardlautung zu lernen und die geschriebenen Wortformen prosodisch richtig zu re- und dekodieren.

Beispiel 2

Hind (8 Jahre) wächst in einer marokkanischen Familie im Ruhrgebiet auf. Sie spricht zu Hause Tamazight und Marokkanisch-Arabisch. Im Kindergarten kommt sie das erste Mal mit Deutsch in Kontakt. Als sie in die Schule kommt, baut sie ihre mündlichen Sprachkompetenzen aus und lernt auf Deutsch lesen und schreiben. Zu Hause hat sie keine Unterstützung in ihrem Schriftspracherwerb, da ihre Eltern nur geringe Deutschkenntnisse und kaum Lesen gelernt haben.

Beispiel 3

Said (5 Jahre) wächst in einer marokkanischen Familie in Luxemburg auf, in der Marokkanisch-Arabisch und Französisch gesprochen wird. Beide Elternteile haben studiert, sind sehr bildungsbewusst und bilden sich über das Lernen ihres Kindes fortwährend fort. Seine Mutter redet Marokkanisch-Arabisch mit Said, sein Vater Französisch. Im Alter von zwei Jahren besucht Said einen französischsprachigen Kindergarten. Im Alter von vier kommt Said in die Luxemburgische Grundschule, wo er weiter Französisch sprechen kann und Luxemburgisch lernt. Zudem besucht er einmal pro Woche mit seiner Mutter das Moscheezentrum, in dem er erste Erfahrungen mit Standardarabisch und der arabischen Schrift macht. Said wird im Alter von sechs Jahren in der Luxemburgischen Grundschule auf Deutsch alphabetisiert.

Alle Beispiele portraitieren Kinder, die vor der Schule noch nicht mit dem Deutschen oder der Varietät des Deutschen, die Ausgangspunkt für deren schriftliche Repräsentation ist, in Berührung gekommen sind. Die vor der Schule erworbenen Sprachen sind dabei an sich nicht problematisch. Keines der drei Kinder wird aber von sich aus auf Deutsch lesen und schreiben lernen. Alle bedürfen der Unterstützung von Lehrkräften, die die Strukturen des Deutschen und deren Repräsentation in der Orthographie kennen und die den Kindern diese Strukturen sowohl in der gesprochenen als auch in der geschriebenen Sprache vermitteln.

9.2 Wechselseitige Einflüsse zwischen Laut- und Schriftebene

Beim Erwerb der deutschen Aussprache und Orthographie bestehen wechselseitige Einflüsse zwischen Laut- und Schriftebene, die zu Fehlern sowohl in der Sprach- als auch in der Schriftproduktion von Deutschlernenden führen können:

- Das Lautsystem der L1 enthält oft andere Phoneme und phonologische Regeln als das Deutsche. Es kommt also vor, dass die Lernenden (noch) nicht in der Lage sind, die deutschen Phoneme zu unterscheiden, was entsprechend zu Problemen bei der Zuordnung von Graphemen zu Phonemen führt. Ein Beispiel hierfür ist die Schwierigkeit arabischer Lernender, die Grapheme <i> und <e> richtig zuzuordnen, da das arabische Lautsystem keine Unterscheidung zwischen [i] und [e] als Phoneme besitzt, sondern diese Vokale lediglich Aussprachevarianten eines einzigen Phonems /i/ sind. Beispiele für unterschiedliche phonologische Regeln und Muster in der L1 sind unter anderem das Fehlen komplexer Silbenstrukturen (wie im deutschen <Strumpf>, mit zahlreichen Konsonanten in den Silbenrändern) in vielen Sprachen oder die Eigenschaft vieler silbenzählender Sprachen (Kapitel 1.3.3), unbetonte Silben nicht zu reduzieren.
- Meist entsprechen die Beziehungen zwischen Phonemen und Graphemen im Deutschen nicht denen in den Erstsprachen der Lernenden, wenn das Graphem in beiden Schriftsystemen vorhanden ist. Man denke allein an die verschiedenen Phoneme und Allophone, die das Graphem <ch> in unterschiedlichen Sprachen repräsentiert, z.B. [ç] und [x] im Deutschen <ich> und <acht>, /tʃ/ im Englischen <much> und im Spanischen <mucho>, oder /k/ im Italienischen <machina>.
- Das L1-Schriftsystem besitzt oft andere Grapheme für ein Phonem, das in beiden Sprachen vorhanden ist, und/oder andere orthographische Regeln und Markierungen als das Deutsche. Beispielsweise stellt das Deutsche das Phonem /ʃ/ meist durch das Graphem <sch> dar, das Türkische hingegen durch <ş>. Die Lautfolge /aɪt/ wird im Deutschen durch die Graphemfolgen <eit> wie in <breit> oder <eid> wie in <Neid> repräsentiert, im Englischen hingegen durch <ite> wie in <kite> oder <ight> wie in <light>. Hinzu kommen weitere schriftliche Konventionen wie die Schreibrichtung und die generelle typologische Ausrichtung des L1-Schriftsystems (Alphabetschrift, Konsonantenschrift, Silbenschrift oder Logographische Schrift).

Die wechselseitigen Einflüsse von Laut- und Schriftebene, die sich durch diese Unterschiede zwischen den jeweiligen L1- und L2-Systemen ergeben, sind die folgenden:

- **Einfluss Lautebene – Schriftebene:** Fehlerhafte Schreibungen treten auf, wenn die Lernenden Phonemkontraste im Deutschen nicht wahrnehmen und die entsprechenden Grapheme nicht zuordnen können oder die eigene, durch muttersprachliche Muster geprägte Aussprache in die Schrift übertragen.

- **Einfluss L1-Schrift – L2-Schrift:** Zusätzlich können L1-Schriftkonventionen in die L2-Schriftproduktion übertragen werden.
- **Einfluss Schrift – Aussprache:** Lernende leiten Lautbilder im Deutschen auf Basis ihrer muttersprachlichen Orthographiekonventionen aus der Schrift ab, wodurch es zu Aussprachefehlern kommt.

Im Folgenden betrachten wir diese möglichen Problemfelder genauer.

9.2.1 Der Einfluss der gesprochenen Erstsprache auf den Schrifterwerb des Deutschen als Zweitsprache

Der Schrifterwerb in einer Zweit- oder Fremdsprache ist vor allem dann herausfordernd, wenn die Schriftstrukturen auf lautsprachliche Strukturen verweisen, die es in der Erstsprache einer/s Lernenden nicht gibt. Dazu gehören (1) andere Phoneme oder Phonemkontraste in der L1, und (2) andere phonotaktische Regeln in der L1, z.B. eine Silbenstruktur, die keine Konsonantencluster erlaubt.

(1) **Mangelnde Phonemdiskriminierung im Deutschen:** Können die Lernenden Kontraste zwischen deutschen Phonemen nicht wahrnehmen, weil diese in ihrer L1 nicht vorkommen, fällt es schwer, den Phonemen die passenden Grapheme zuzuordnen.

Beispiele für mangelnde Diskrimination von /i/ und /e/ mit dem Resultat willkürlicher Verwendung der Grapheme <i> und <e> finden sich beispielsweise in Schriftproduktionen arabischer Lernender: <kirze> statt <Kerze>, <est> statt <ist>, <cresten> statt <Christen>, etc. (Beispiele aus: Dahmen, 2012). Die Zuordnung der Grapheme erfolgt hier nach dem Zufallsprinzip, da die Lernenden den Unterschied zwischen den beiden Phonemen weder wahrnehmen noch produzieren können (Hörinterferenz).

Ähnliches gilt für die Markierung von Vokallängen bei Sprechern, deren Erstsprache keine Längendistinktion bei Vokalen kennt, z.B. Polnisch, Spanisch oder Türkisch. Lernende mit solchen Muttersprachen sind üblicherweise nicht in der Lage, den Längenunterschied in Wortpaaren wie <Staat – Stadt> (/ʃtaːt – ʃtat/) wahrzunehmen. Entsprechend fällt es ihnen schwer, die orthographischen Regeln zur Markierung von Vokallänge im Deutschen anzuwenden. Hinzu kommt noch, dass die meisten deutschen Lang-Kurz-Vokalpaare sich neben der Quantität auch in der Qualität unterscheiden (vgl. die Vokale in <Beet – Bett> /beːt – bɛt/). Das Schriftsystem spiegelt diese Qualitätsunterschiede nicht wider, wie Beispiele wie <Beet – Bett, Hüte – Hütte, Höhle – Hölle> zeigen. Dieses komplexe System ist intuitiv kaum zugänglich für Kinder mit einer Sprache, die Kurz- und Langvokale oder andere vokalische Eigenschaften nicht unterscheidet. Die Schrift kann die Schulung der akustischen und artikulatorischen Wahrnehmung unterstützen, wenn die prosodischen Informationen der Wortschreibung von Anfang an in den Unterricht miteinbezogen werden: die prominente Schreibsilbe zeigt die Vokalqualität an, indem die offene Silbe (*Ro-se, Hü-te, Ra-sen*) und die geschlossene Silbe (*ros-ten, Hüt-te, fas-ten*) die verschiedenen Vokalqualitäten lang/gespannt vs. kurz/ungespannt systematisch repräsentieren. (Steinig et al., 2009; Röber 2009; Bredel, 2012).

(2) **Übertragung von erstsprachlichen Aussprachegewohnheiten in die L2-Schrift aufgrund anderer phonotaktischer und phonologischer Muster in der L1:** Konsonantencluster mit zwei, drei oder mehr Konsonanten (*spritzt, geplanscht, bestrumpft*) sind im Deutschen häufig anzutreffen, in vielen Sprachen darf eine Silbe aber maximal aus einem Konsonanten im Anlaut und einem Vokalnukleus bestehen, in manchen Sprachen darf dann im Auslaut noch ein einzelner Konsonant auftreten. Wie in Kapitel 3.3.4 beschrieben, führt die Gewohnheit, keine Konsonanten in Folge auszusprechen zu dem Bestreben, im Deutschen die komplexen Cluster zu vereinfachen: entweder durch Auslassen von Konsonanten oder durch das Einfügen von Sprossvokalen. Schreibungen wie <Fereunde, Kereis> statt <Freunde, Kreis> bei Lernenden, deren Erstsprache keine Konsonantenverbindungen im Silbenrand zulässt, wie Türkisch, Arabisch etc., spiegeln die Übertragung der Silbenstruktur aus der Lernersprache in die Schrift wider. Durch diesen Einschub von Vokalen zwischen die Konsonanten, verändert sich die Silbenstruktur der Wörter: Die Form *<Fereunde> entspricht nicht der graphotaktischen Struktur der deutschen Schriftsilbe und würde nicht als trochäische Form [ˈfʁɔʏn.də] realisiert, sondern als die dreisilbige Form [fə.ʁɔʏn.də]. Die eingefügten Vokalbuchstaben zeigen also, dass der Schreiber nicht nur zusätzliche „Laute“ in das Wort einfügt, vielmehr verändert die Schreibung das gesamte graphotaktische und phonotaktische Muster des Wortes. Wenn der Schreiber noch keinen Zugang zur prototypischen Silben- und Akzentstruktur des Deutschen hat, muss er also zunächst die Explizitform des Wortes mit komplexem konsonantischen Anfangsrand lernen. In der gesprochenen Varietät des Deutschen wäre eine Form wie [fə.ʁɔʏn.də] dagegen problemlos zu verstehen.

Eine weitere mögliche Schwierigkeit für Deutschlernende auf der Ebene der Prosodie ist die starke lautliche Reduktion der unbetonten Silben im Deutschen (akzentzählender Rhythmus). Der Reduktionsvokal [ə] wird in vielen grammatischen Silben nicht gesprochen und der nachfolgende Konsonant wird verschliffen (Nasalassimilation), wodurch die unbetonten Silben für Lernende schwer wahrnehmbar und unterscheidbar sind. Vergleichen Sie die natürliche Aussprache des Artikels in den Äußerungen „Ich sehe einen Mann“ und „Ich spreche mit einem Mann“. In der schriftlichen Repräsentation sind die Unterschiede zwischen <einen> und <einem> deutlich zu sehen, in der gesprochenen Form verschmelzen beide zu [aɪm] und sind nicht voneinander zu unterscheiden. Entsprechend sind Schreibungen wie <eim/aim> nicht überraschend, weder bei Anfängern in der Erstschrift noch bei Zweitschriftlernenden. Dieser Bereich zeigt, dass manche Phänomene der Lautebene im Deutschen erst durch die Beschäftigung mit der Schriftebene zugänglich werden. Auch beim oben beschriebenen Beispiel der verschriftlichten Sprossvokale hilft die Beschäftigung mit der Schriftebene dabei, den Lernenden erst ihre Aussprachegewohnheit (das Einfügen von Vokalen) bewusst zu machen. Passende Übungen zur korrekten Aussprache komplexer Silben und zum deutschen Rhythmus führen dann wiederum zu einer Reduktion fehlerhafter Schriftproduktionen.

9.2.2 Der Einfluss zuvor gelernter Schriftsprachen auf den Erwerb des Deutschen als Zweitschriftsprache

Viele Deutschlernende haben vor dem Beginn des Erwerbs des Deutschen als Zweitschriftsprache schon das Schriftsystem ihrer Muttersprache erworben, häufig auch das einer weiteren Sprache, z.B. Englisch. Ebenso wie sich Aussprachegewohnheiten und Muster aus der Erst- in die Zweitsprache übertragen und sich sowohl in der Aussprache als auch in der Schriftproduktion in der Zweitsprache niederschlagen, haben auch zuvor gelernte schriftliche Regeln und Konventionen einen Einfluss auf die Zweitschriftproduktion. Besonderen Einfluss haben dabei (1) Unterschiede in der Korrespondenz von Phonemen und Graphemen bei in beiden Sprachen vorkommenden Phonemen, (2) andere schriftliche Konventionen in der L1 und (3) eventuell Übertragungen von schriftsprachlichen Gewohnheiten aus einer anderen, zuvor gelernten Schriftsprache.

(1) **Unterschiede in der Phonem-Graphem-Korrespondenz:** Entspricht einem deutschen Phonem, das in der Erstsprache der Lernenden und im Deutschen gleichermaßen vorhanden ist, ein anderes Graphem in der Erstsprache als im Deutschen, kann es zur Übertragung des erstsprachlichen Graphems in die deutsche Schrift kommen. Dies geschieht

- in Form von erstsprachlichen Graphemen: z.B. Türkisch <ş>, Tschechisch <š> oder Englisch <sh> für /ʃ/ wie in „Schuh“
- oder in Form von Graphemfolgen, die in der Erstsprache einer ähnlichen Phonemfolge wie im Deutschen entsprechen: z.B. <tsite> statt <Zeit> bei englischen Lernenden

Dies gilt natürlich nur für L1-Schriftsysteme, die ebenso wie das Deutsche dem Grundprinzip der Darstellung von Phonemen durch Grapheme folgen (Alphabetschriften).

(2) **Andere schriftliche Konventionen in der L1:** Neben den eben besprochenen alphabetischen Erstschriften können Lernende aber auch typologisch völlig andere Schriftsysteme zuerst gelernt haben. Im Falle einer Silbenschrift wie im Japanischen oder einer logographischen Schrift wie im Chinesischen können natürlich keine Übertragungen stattfinden. Haben die Lernenden aber zuerst eine Konsonantenschrift gelernt, z.B. Arabisch oder Hebräisch, die üblicherweise keine Vokale verschriftlicht, kann es auch bei der Schriftproduktion im Deutschen zur Auslassung von Vokalgraphemen kommen. In der Analyse

der Schriftproduktion arabischer Lernender (vgl. Dahmen 2012) finden sich beispielsweise Schreibungen wie <Mria> statt <Maria>, <Ursla> statt <Ursula>, <gelsen> statt <gelesen> oder <zurck> statt <zurück>.

Auch eine andere Schreib- und Leserichtung kann sich auf die Schriftproduktion von Lernenden auswirken. Typisch für Lernende, deren Erstschrift von rechts nach links gelesen und geschrieben wird, sind spiegelverkehrt geschriebene Grapheme in deutschen Schriftproduktionen. Besondere Schwierigkeiten bereiten dabei solche Grapheme, die sich im Deutschen ohnehin nur durch eine Achsenspiegelung unterscheiden, also <b – d> und <p – q>. Auch die Grapheme <ei> und <ie>, die sich nur durch die Reihenfolge der Buchstaben unterscheiden, sind bei anderer Schreibrichtung in der L1 eine Hürde, sowohl beim Schreiben als auch beim Lesen (vgl. Dahmen 2012).

(3) **Übertragungen aus anderen zuvor gelernten Schriftsystemen:** Viele Lernende haben vor dem Deutsch schon eine andere Fremdsprache und deren Schrift gelernt. Dies muss beim Umgang mit Zweit- und Fremdsprachenlernenden und bei der Analyse von abweichenden sprachlichen Strukturen stets einbezogen werden. Chinesische Lernende zeigen beispielsweise häufig neben Übertragungen aus dem Chinesischen in die deutsche Aussprache auch eindeutig dem Englischen zuzuordnende Wahrnehmungs- und Aussprachemuster (Hunold 2009, Liu 2015), die sich genauso wie L1-Muster in der Schriftproduktion im Deutschen niederschlagen können wie oben beschrieben.

Bei Fehlern in der Schriftproduktion von Zweitsprachenlernenden, die sich durch die in diesem Abschnitt beschriebenen Einflüsse aus zuvor gelernten Schriftsystemen ergeben, sollte sprachkontrastives Arbeiten im Vordergrund des Unterrichts stehen. Beispielsweise können die einem Phonem entsprechenden Grapheme in verschiedenen Sprachen verglichen werden. Für die beschriebenen Probleme in der Schreibrichtung sind Übungen zur Schulung der Wahrnehmung der Schreib- und Leserichtung sinnvoll, beispielsweise Suchspiele wie „Finde alle <p> und kreise sie ein – qqqpqqpqpppqpppqpqq“. Dies funktioniert auch für <ie> – <ei>, wenn diese als Grapheme (und nicht als einzelne Buchstaben) behandelt werden: (ei)(ei)(ie)(ei)(ie)(ei)(ei)(ie) – finde alle (ie).

9.2.3 Der Einfluss der Schrift auf die L2-Lautebene

Ebenso wie das Wissen über phonologische Strukturen das Schreiben von Lernern beeinflusst, wirkt sich die Analyse der geschriebenen Form auch auf die phonologische Repräsentation eines Wortes in der Fremd-/Zweitsprache aus. Denn die Schrift vermittelt dem Lerner so eine visuelle Analyse der Sprache. Ein Beispiel für einen positiven Effekt der geschriebenen Form auf das Zweit-/Fremdsprachenlernen ist der Englischerwerb von Japanern (Brown 1998; Eckman 2004). Japanische Englisch- (oder Deutschlerner) müssen zunächst mithilfe eins speziellen Aussprachetrainings den Unterschied zwischen /l/ und /r/ lernen. Anschließend müssen sie lernen, wann /l/ und wann /r/ richtig platziert sind. Da die auditive Wahrnehmung die Liquide aber nicht deutlich unterscheidet, kann das Schriftbild hier unterstützend wirken. So wie Kinder im Spracherwerb zunächst einen phonologischen Unterschied wahrnehmen müssen, bevor sie ihn produzieren können, können ältere Zweit-/Fremdsprachenlerner die visuellen und stabilen orthographischen Strukturen zu Hilfe nehmen, um die akustische Analyse zur Hilfe nehmen, um die akustische Analyse zu bewältigen (Bassetti 2008).

Das Schriftbild kann aber auch spezifische Fehlerbereiche in der Aussprache von Zweit-/ Fremdsprachenlernenden verursachen. So können Lerner, die mit einem phonologisch relativ transparenten Alphabetsystem vertraut sind (Italienisch, Spanisch, in Teilen auch Deutsch) ein phonologisch recht intransparentes Schriftsystem wie das Englische falsch interpretieren. Ein Beispiel ist das Wort *salmon* /sɑmən/ (‚Lachs'), das italienische Englischlerner – durch die geschriebene Form ausgelöst – mehrheitlich [sɑlmən] artikulieren (Bassetti 2015).

Experimente mit französischen Englischlernern (Fremdsprachenunterricht der Sekundarstufe) zeigen, dass die Schüler die Funktion von Graphemen im Allgemeinen erkennen (Commissaire, Duncan, & Casalis 2015). Allerdings ordneten sie einfache Grapheme, die auf ein Phonem verweisen (z.B. <a> in *black*) schneller zu als einen Buchstaben, der Teil eines Digraphen ist (z.B. *a* in *beach*). Ebenso konnten sie eine einfache Graphem-Phonem-Zuordnung schneller erlernen als die Zuordnung eines Graphems zu einem Diphthong (wie <a> in *have* vs. *take*).

Diesen Einfluss der Schrift- in die Lautebene beleuchten wir in Bezug auf das Deutsche nun detaillierter, insbesondere (1) Einflüsse durch eine andere Korrespondenz von Graphemen und Phonemen in der L1, (2) die silbenpositionsabhängige Aussprache von Phonemen im Deutschen und (3) Unterschiede in der Funktion orthographischer Markierungen.

(1) Unterschiede in der Korrespondenz von Graphemen und Phonemen in der geschriebenen L1 und L2: In Kapitel 9.2 haben wir betrachtet, wie die Verwendung unterschiedlicher Grapheme für ein Phonem in zwei Sprachen zur Übertragung des L1-Graphems in die L2-Schrift führen kann. Es ist nun nicht schwer, sich vorzustellen, dass bei einem in zwei Sprachen verwendeten Graphem, das in den Sprachen aber unterschiedliche Phoneme repräsentiert, Lernende tendenziell dieses Graphem in der Zweitsprache auf Basis ihrer erstsprachlichen Graphem-Phonem-Korrespondenz interpretieren. Hier soll ein einfaches Beispiel genügen.

Beispiel

Das Graphem <z> repräsentiert im Deutschen /ts/, wie in <Zoo> (/tsoː/), im Englischen hingegen den stimmhaften Sibilanten /z/, wie in <zoo> (/zuː/). Englische Deutschlernende realisieren daher beispielsweise <bezahlt> nicht als [bəˈtsaːlt] sondern als [bəˈzaːlt].

Die vergleichende Betrachtung der Graphem-Phonem-Korrespondenzen in Erst- und Zweitsprache ist auch hier hilfreich, ebenso wie bei Problemen der Übertragung erstsprachlicher Grapheme bei gleichem Lautwert in beiden Sprachen.

Weiterhin ist das Verhältnis von Mehrgraphen zu Phonemen sowie einfachen Graphemen zu komplexen Lautverbindungen von Belang: Im Deutschen können Grapheme aus mehr als einem Buchstaben bestehen, aber nur ein Phonem repräsentieren, beispielsweise <sch> für /ʃ/. Umgekehrt kann ein einfaches Graphem für mehr als ein Phonem stehen, z.B. <x> für /ks/. Sprachen wie Türkisch besitzen hingegen eine recht eindeutige Beziehung zwischen Phonem und Graphem, sodass es für diese Lernenden ungewöhnlich ist, nicht jedes graphische Segment in ein Lautsegment zu übersetzen. Die Folge kann sein, dass die Lernenden versuchen, alle Buchstaben lautlich umzusetzen, was bei zusätzlichem Einfügen von Sprossvokalen dazu führen kann, dass gelesene Wörter gar nicht mehr dekodierbar sind. Im Rahmen eines Aussprachekurses mit türkischen Lernenden durch eine der Autorinnen produzierte eine Schülerin beispielsweise das Wort <Schall> als [sədʒəhələl], wobei sie der Konvention des türkischen Ein-Laut-ein-Buchstaben-Verhältnisses, den türkischen Graphem-Phonem-Beziehungen und der türkischen Silbenstruktur folgte. Dieses Beispiel soll auch zeigen, dass immer mehr als eines der hier getrennt beschriebenen Phänomene gleichzeitig auftreten kann. Das Beispiel zeigt auch, dass es wichtig ist, von Anfang an mit Graphemen zu arbeiten, nicht mit Einzelbuchstaben.

(2) **Silbenpositionsabhängige Aussprache von Phonemen im Deutschen:** Die deutsche Orthographie beruht unter anderem auf dem Prinzip der Morphemkonstanz (vgl. Kapitel 5.3.3) und bildet daher allophonische Variationen von Phonemen, die sich aus der Position des Phonems in der Silbe ergeben, nicht ab. Solche allophonischen Variationen betreffen vor allem die stimmhaften Obstruenten, also /b, d, g, v, z, ʁ/. Diese werden im Silbenauslaut stimmlos, im Fall des /ʁ/ erfolgt eine Abschwächung zum Vokal [ɐ] (Auslautverhärtung und R-Vokalisierung). Diese Phänomene sind in anderen Sprachen eher selten, daher tritt in der Lerneraussprache häufig eine stimmhafte Realisierung der stimmhaften Obstruenten am Silbenende auf, z.B. <Tag> [ta:g], wodurch bei deutschen Hörern der Eindruck einer zusätzlichen Silbe entstehen kann und <Tag> wie „Tage“ klingt. Ebenso sprechen Lernende, deren Erstsprache das Graphem <r> stets als Konsonant realisiert, ein Wort wie <Uhr> mit konsonantischem R-Laut aus. Für solche Lernende muss die silbenpositionsabhängige Aussprache der betreffenden Phoneme explizit geübt werden. Dabei hilft es, generell über den Bau deutscher Silben zu sprechen, da beim Lesen deutscher Texte nur die Silbenposition darüber Auskunft gibt, wie die Grapheme <b, d, g, s, v, r> gesprochen werden. Wie schon in den Kapiteln zur prominenten Silbe und Reduktionssilbe gezeigt, ist die Silbenposition ebenfalls wesentlich, um das Graphem <e> in einem Wort richtig rekodieren zu können (Kapitel 6.2).

(3) **Unterschiede in der Funktion orthographischer Markierungen:** Die deutsche Schrift verwendet zahlreiche Buchstaben, die rein zur orthographi-

schen Markierung phonologischer Strukturen dienen, selber aber keinen eigenen Lautwert besitzen. Doppelkonsonanten wie in <Kanne> markieren zum einen die kurze Aussprache des Vokals, zum anderen machen sie die Silbifizierung mit festem Anschluss sichtbar: <Kan.ne>. Wir sprechen aber keine zwei [n] aus, sondern der Konsonant hat ungefähr die gleiche Länge wie ein einzelnes [n] wie in <Beine> (vgl. Kapitel 2.2.1 und 6.2.2.3 zu ambisyllabischen Konsonanten). In anderen Schriftsystemen, wie z.B. im Italienischen und Schwedischen, in denen es einen bedeutungsunterscheidenden Längenunterschied bei Konsonanten gibt, stehen Doppelkonsonanten für Geminaten, also den Langkonsonanten. Lerner, die in ihrer Erstschrift Doppelkonsonanz als Markierung von Konsonantenlänge statt Vokalkürze kennengelernt haben, interpretieren diese natürlich auf Basis ihrer erstschriftlichen Erfahrung und sprechen Doppelkonsonanten lang aus, also [ˈkanːə] statt [ˈkanə].

Ein weiteres Beispiel für rein orthographische Markierungen ist das Graphem <h>, das als Längenzeichen für Vokale (<Ohr>) und als orthographisches Silbengelenk (<gehen>) dient, ohne in diesen Positionen den Laut /h/ zu repräsentieren (vgl. Kapitel 6.2.2.2 und 6.2.3.2). Auch die Funktion solcher Markierungen muss im Unterricht explizit angesprochen werden, da Lernende ansonsten dazu tendieren, den Buchstaben als [h] umzusetzen.

Wie wir gesehen haben, spiegeln die Schriftproduktionen der Lernenden Übertragungen sowohl aus dem lautsprachlichen als auch dem schriftsprachlichen System ihrer Erstsprache wider: Die Erstsprache besitzt vielleicht andere Phoneme und Phonemkontraste als das Deutsche, so wie Phonotaktik und Rhythmus (also der Umgang mit unbetonten Silben). Auch das Schriftsystem der Erstsprache unterscheidet sich von der Zielsprache Deutsch in der Art, wie es sprachliche Strukturen repräsentiert.

9.3 In zwei Schriften schreiben lernen

Dass schon Grundschulkinder die spezifische funktionale Bedeutung von verschiedenen Schriftsystemen erfassen, zeigen mehrere qualitative Studien, in denen Kinder koordiniert in zwei Sprachen alphabetisiert werden (z.B. Türkisch-Deutsch: Nehr 1988; Griechisch-Deutsch: Berkemeier 1997). Die Untersuchungen machen besonders deutlich, dass Kinder die Funktion von Graphemen in einem spezifischen Zeichensystem – wie dem Deutschen oder Türkischen Schriftsystem – sehr genau erkennen und über die Strukturunterschiede kommunizieren und reflektieren. Die Möglichkeit zwei Schriftsysteme zu vergleichen, scheint den Blick für die sprachspezifische Funktion von Schriftstrukturen also zu schärfen (vgl. die Beiträge in Rosenberg & Schroeder 2016).

In jedem Fall suchen Lerner Lösungen für die Verschriftung einer gesprochenen Sprache und sind äußerst kreativ darin, den Transfer von Graphemen eines ihnen bekannten Schriftsystems zu einem ihnen noch nicht (so) vertrauten System durchzuführen. Dies belegen mehrere Studien zu der spontanen Verschriftung von Marokkanisch-Arabisch im Migrationskontext (Maas & Mehlem 2002; Weth 2008). Die Schüler wuchsen in Deutschland bzw. Frankreich auf und wurden in den entsprechenden Sprachen alphabetisiert. Im Rahmen der Studien schrieben sie das erste Mal ihre Erstsprache – mit den Mitteln der ihnen vertrauten Schriftsprachen Deutsch bzw. Französisch. Die visuelle Strukturierung ihrer Erstsprache war keine triviale Aufgabe, da sich das phonologische System des Marokkanisch-Arabischen stark vom Deutschen bzw. Französischen unterscheidet. Die Schüler mussten auf Grundlage des lateinischen Skripts, mit den Mitteln des ihnen bekannten Schriftsystems quasi ein neues Schriftsystem für ihre Erstsprache finden.

Grundschüler im Fremdsprachenunterricht Französisch waren vor eine ähnliche Aufgabe gestellt als sie gebeten wurden, die Fremdsprache nach vier Jahren Unterricht erstmals zu schreiben (Weth 2010). Dabei zeigte sich, dass sich die Kinder vor allem an phonologischen Parametern orientieren. Anstatt aber eindeutige Bezüge zwischen einem Phonem und einem möglichst eindeutigen Graphem herzustellen, fanden sich in vielen Schreibungen Lösungen, die zunächst keine Phonem-Graphem-Beziehung vermuten lassen. Eine Schülerin schrieb das französische Wort *pantalon* [pɑ̃talɔ̃] zweimal als <portalon>. Die Schwierigkeit der Schreibung liegt in den im Standarddeutschen nicht existierenden Nasalvokalen. Am Ende des Wortes hat Ella normgerecht [ɔ̃] mit <on> verschriftet. Die Schreibung von [ɑ̃] hat sie dagegen mit einem <r> gelöst. Wie kam sie dazu? In Kapitel 2.2.3 wird gezeigt, dass <r> im Endrand einer Silbe keinen Konsonanten, sondern einen Vokal darstellt: Am Endrand der Reduktionssilbe repräsentieren <er> [ɐ], in der prominenten Silbe repräsentiert <r> ein Segment eines Diphthongs oder die Längung des Vollvokals (*Arbeit* /ʔaː.baɪt/). Das Merkmal der Längung verwendet die Schülerin, um im Französischen den Nasalvokal zu markieren.

Mit Mehrsprachigkeit als Ressource im Schrift(sprach)erwerb umzugehen bedarf eines genauen Schauens auf die Schülerproduktionen und eines Bewusstsein seitens der Lehrperson dafür, dass Transferprozesse zwischen verschiedenen Sprachsystemen im Lernprozess völlig normal sind. Das heißt, dass sämtliche sprachlichen Ressourcen der Lerner dazu beitragen, rezeptive und produktive Textkompetenzen zu erwerben. Ein Unterricht, der nur die Defizite im Lernprozess sieht, kann dazu führen, dass die Mehrsprachigkeit der Kinder als eine Ressource in der Schriftlichkeit nicht zum Tragen kommt. Die Studien der letzten dreißig Jahre zu dem Thema zeigen deutlich, dass eine institutionelle Förderung der mehrsprachigen schriftsprachlichen Entwicklung zumindest das Sprachbewusstsein fördern kann. Bestenfalls trägt sie zu einer gegenseitigen positiven Entwicklung in allen beteiligten Sprachen bei, das heißt zu insgesamt besseren schriftsprachlichen Kompetenzen.

Literatur

Berkemeier, A. (1997). Kognitive Prozesse beim Zweitschrifterwerb. Zweitalphabetisierung griechisch-deutsch-bilingualer Kinder. Frankfurt: Peter Lang. *Diese schon ältere aber immer noch aktuelle Studie zeigt eine große Bandbreite von möglichen Schwierigkeiten bei griechisch-deutschsprachigen Kindern auf.*

Dahmen, S. (2012). Orthografiefehler bei DaZ-Lernern. Ursachen, Diagnostik und Training. In: Michalak/Kuchenreuther (Hrsg.). Grundlagen Sprachdidaktik DaZ. Schneider-Verlag. *Der Buchbeitrag erörtert am Beispiel von Lernertexten die Wechselbeziehungen zwischen Laut- und Schriftebene und mögliche daraus entstehende Fehler in den Schriftproduktionen von DaZ-Lernenden.*

Steinig, W., Betzel, D., Geider, F. J., & Herbold, A. (2009). Schreiben von Kindern im diachronen Vergleich. Münster: Waxmann. *In der Studie untersucht ein kurzes, erhellendes Kapitel die Korrelationen von sprachlichen Merkmalen zu sozialer Schicht und Mehrsprachigkeit (S. 366-371).*

Weth, C. (2010). Gesteuert-ungesteuerter Schrifterwerb in der Fremdsprache. IMIS-Beiträge, 37 (Schrifterwerb unter den Bedingungen von Mehrsprachigkeit und Fremdsprachenunterricht), 121–142. *Der Beitrag zeigt auf, wie Viertklässler, die seit 4 Jahren Französisch als Fremdsprache lernen, Französisch schreiben. Dazu untersucht er die Schreibung von Nasalvokalen und dem rechten Wortrand von knapp 60 Kindern und vergleicht die Schreibungen von zwei Schülerinnen.*

Lösungsvorschläge zu den Übungen

Kapitel 1

Übung 1

Die Lösung zu dieser Übung ergibt sich aus dem im Kapitel folgenden Text.

Übung 2

Der Begriff „Halbvokal“ ergibt sich aus der Betrachtung sowohl der phonetischen als auch der phonologischen Eigenschaften: phonetisch/artikulatorisch ist /j/ ein Vokal, da der Luftstrom ungehindert ausströmt, aber phonologisch verhält sich /j/ wie ein Konsonant: es kann nur im linken Silbenrand vor Vokal auftreten.

Übung 3

1. Nach Vorderzungenvokalen wie / ɪ, iː , ɛ, ɛː, yː, ʏ, œ/ und Diphthongen, die auf einen Vorderzungenvokal enden (/aɪ, ɔʏ/) wird <ch> als [ç] realisiert: *Licht, riecht, echt, Nächte, rächen, Bücher, Gerücht, Löcher, leicht, euch*
2. Nach Hinterzungenvokalen wie /uː, ʊ, ɔ, oː, a, aː/ und dem auf einen Hinterzungenvokal endenden Diphthong /aʊ/ wird <ch> als [χ] realisiert: *Buch, Bucht, Loch, hoch, Nacht, nach, auch*
3. Am Wortanfang wird <ch> als [ç] realisiert: *Chemie, China* (auch wenn in manchen Regionen hier eine [k]-Aussprache bevorzugt wird)
4. Am Anfang des Morphems *–chen* wird <ch> als [ç] realisiert: *Mädchen, Beinchen, Pünktchen*
5. Nach [n, l, ʁ/ɐ] wird <ch> als [ç] realisiert: Mönch, *manche, Molch, Dolch, durch, fürchten*

Man kann aber auch eine einfache Regel aufstellen:
Nach Hinterzungenvokalen wird <ch> als [χ] realisiert, sonst als [ç]. Einzige Ausnahme ist das Morphem *–chen* in Wörtern wie *Frauchen* (wie in *Herrchen und Frauchen*).

Übung 4

a. *sprechen* b. *gesprochen* c. *Klavier* d. *Bücherei* e. *Steine* f. *Versuch* g. *Berufung*

Übung 5

1. *Die Schüler haben gelernt.*
2. *Die Schülerinnen haben gelernt.*

Beide Sätze sind beim Sprechen gleich lang, da bei akzentzählenden Sprachen die Anzahl der betonten Silben entscheidet, wie lang ein Satz ist, nicht die Anzahl der Silben insgesamt.

Übung 6

Für die Lautfolge [ba:fa:] müssen die Lippen zuerst geschlossen werden ([b]), dann weit geöffnet, während die Zunge sich zentral absenkt ([a:]). Dann werden die Oberzähne auf die Unterlippe gesetzt und die Luft zischt stimmlos durch die Verengung ([f]). Es folgt die eben schon betrachtete Zungensenkung für [a].

Übung 7

Bei [v] vibrieren die Stimmlippen.

Übung 8

Durch Absenken der Zungenspitze entstehen weitere Vorderzungenvokale wie [e] (wie in *B<u>ee</u>t*) und [ɛ] (wie in *K<u>ä</u>se*)

Übung 9

Die Lösung ergibt sich aus dem im Kapitel folgenden Text.

Übung 10

Zu dieser Übung bieten wir keine Lösung an.

Übung 11

/ŋ/ stimmhafter velarer Nasal, lenis
/ʁ/ stimmhafter uvularer Frikativ, lenis
/z/ stimmhafter alveolarer Frikativ, lenis
/χ/ stimmloser uvularer Frikativ, fortis

Übung 12

stimmhafter alveolarer Nasal, lenis - /n/
stimmloser postalveolarer Frikativ, fortis - /ʃ/
stimmhafter velarer Plosiv, lenis - /g/
stimmhafter palataler Approximant, lenis - /j/

Übung 13

/ʊ/ - kurzer gerundeter geschlossener Hinterzungenvokal
/y:/ - langer gerundeter geschlossener Vorderzungenvokal
/a/ - kurzer ungerundeter offener Zentralvokal
/ɔ/ - kurzer gerundeter halb-offener Hinterzungenvokal

Übung 14

Langer ungerundeter halb-geschlossener Vorderzungenvokal - **/ɛː/**
Kurzer gerundeter halb-offener Vorderzungenvokal - **/œ/**
Kurzer ungerundeter halb-offener bis halb-geschlossener Zentralvokal - /ə/
Langer ungerundeter offener Zentralvokal - /aː/

Übung 15

/aɪ/ - <ei>, <ai> wie in *Bein, Main,* aber auch eingedeutschte Wörtern wie *wi-fi* [ˈvaɪfaɪ]
/au/ - <au> wie in *Baum,* aber auch eingedeutschte Wörter wie *download* [ˈdaʊnloʊt]
/ɔʏ/- <eu>, <**äu**> wie in *euch, Häuser*

Übung 16

a) /baːn/ b) /ˈʃuːlə/ c) /ʃʁaŋk/ d) /ˈʃyːlɐ/
e) /ˈmiːtə/ f) /ˈʃʏtəln/ g) /taɪl/ h) /maʊs/
i) /ˈlɔʏzə/

Kapitel 2

Übung 17

a) /ʃiːf - ʃɪf/ b) /ˈmʊskəl - ˈmʊʃəl/ c) /kaːm – kann/ d) /ʃʁaŋk - ʃtaŋk/
e) /maʊs - miːs/ f) /ˈʔɛŋəl - ˈʔɛŋkəl/ g) /taːk - taːl/ h) /maːl - laːm/

a), d), e), g) sind phonologische Minimalpaare. Im Minimalpaar e) ist anzumerken, dass ein Diphthong als ein einziges Phonem zu betrachten ist, genau wie jeder andere Vokal.
b) und f) sind keine Minimalpaare, weil die Wörter unterschiedlich viele Segmente besitzen.
c) und h) sind keine Minimalpaare, da sich die Wörter in mehr als einem Segment unterscheiden.

Übung 18

a) /m/ - /k/: z.B. mein – kein /maɪn - kaɪn/, lahm – lag /laːm - laːk/
b) /s/ - /z/: Opposition ist nur nach Langvokal bzw. Diphthong möglich, z.B. *reisen – reißen* /ˈʁaɪzən - ˈʁaɪsən/, *Fliesen - fließen* /ˈfliːzən - ˈfliːsən/
c) /oː/ - /ɔ/: z.B. *Ofen – offen* /ˈʔoːfən - ˈʔɔfən/, *bog – Bock* /boːk - bɔk/

Übung 19

a) 2, b) 1, c) 2, d) 3

Übung 20

a) 4, b) 2, c) 3, d) 3, e) 1

Übung 21

a) bedeckte, geschlossene Silbe, b) bedeckte, offene + nackte, offene Silbe, c) bedeckte, offene Silbe, d) bedeckte, offene + bedeckte, geschlossene + bedeckte, geschlossene Silbe

Übung 22

Plosiv/ Affrikat	Frikativ	Nasal	Liquid	Approx.	Vokal	Liquid	Nasal	Frikativ	Plosiv/ Affrikat
pf					aɪ	l			
p			l		ʊ		m		p
	fʁ				ɪ			s	t
	ʃ		l		ʊ		m		pf

Übung 23

b, c, d, f

Übung 24

a) /ˈfrɔʏdənˌfɛst/ b) /klaʊˈzuːɐʔɛɐˌgeːpnɪs/ c) /ˈʔaʊtoˌʁaɪfən/

Übung 25

	Trochäus	**Iambus**	**Daktylus**	**Anapäst**	**Amphibrach**
Kamera			x		
Transkription				x	
Vokale					x
Ofen	x				
Chemie		x			
Iambus	x				
Bäckerei				x	
Figur		x			
Zitrone					x

Übung 26

a) Mandel

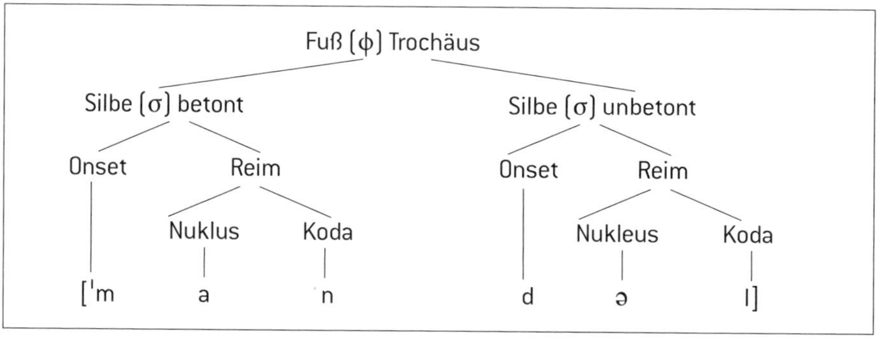

b) *Planet*

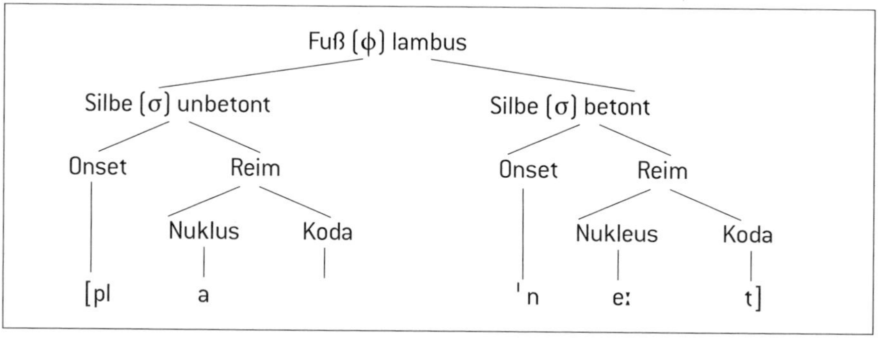

c) *Melone*

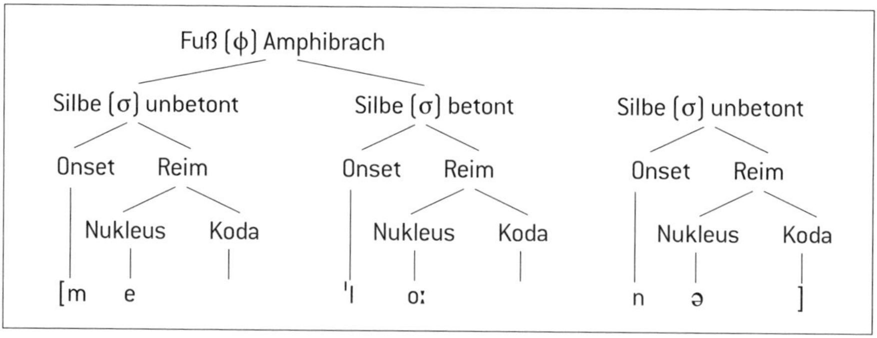

d) *Bäckerei*

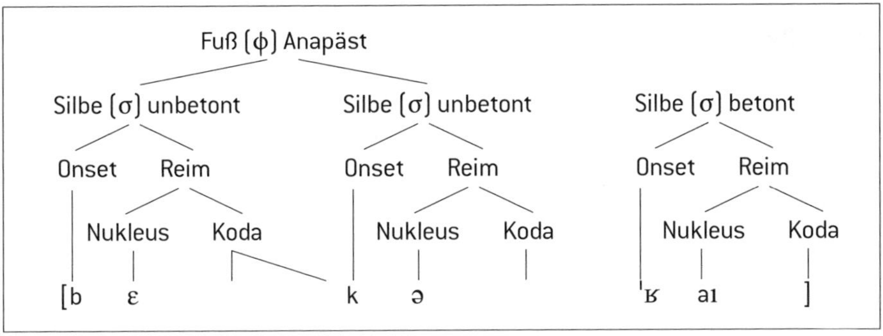
Fuß (ϕ) Anapäst
Silbe (σ) unbetont
Silbe (σ) unbetont
Silbe (σ) betont
Onset
Reim
Onset
Reim
Onset
Reim
Nukleus
Koda
Nukleus
Koda
Nukleus
Koda
[b
ɛ
k
ə
ˈʁ
aɪ
]

Kapitel 3

Übung 27

m/t (ungefähr gleichzeitig), s, g, l, j, ts, kx, ʃ

Übung 28

a, i, u, o, y, ø

Übung 29

Bei /ke/ sind die Lippen gespreizt, weil der Vokal auch mit gespreizten Lippen artikuliert wird. Bei /ku/ sind die Lippen entsprechend gerundet.
Bei /ku/ ist der Verschluss weiter hinten am Gaumen, da /u/ ein Hinterzungenvokal ist, während /e/ ein Vorderzungenvokal ist.

Übung 30

a) Phonemischer Fehler
b) und c) Phonetischer Fehler

Übung 31

Zu dieser Übung bieten wir keine Lösung an.

Übung 32

a) Artikulatorisch bedingter Fehler
b) Hörinterferenz
c) Schriftinterferenz
d) Sprechinterferenz

Kapitel 4

Übung 33

1. *Der 'alte Mann hat sich be'eilt.*
2. *Hanne hat 'einen Brief von 'Ina 'erhalten.*
3. *Der Be'amte 'ist 'ins The'ater gegangen.*
4. *Die 'alte Frau hat 'auch 'einen Brief ge'*öffnet.

Übung 34

a) *Vase* b) *Tisch* c) *rote* d) *du*

Übung 35

Zu dieser Übung bieten wir keine Lösung an.

Übung 36

a) *Hunde haben VIER Beine.*
b) *Tomaten sind ROT.*
c) *Mit einem MESSER kann man Sachen zerschneiden.*
d) *Ein Ball ist RUND.*
e) *Bananen sind GELB.*

Es sind natürlich auch andere Berichtigungen möglich. Betont wird immer das Wort am stärksten, das die Korrektur beinhaltet.

Kapitel 5

Übung 37

Auch wenn mehrere Personen auf dem Bild dargestellt werden, so ist die lesende/schreibende Person doch versunken in den Text und wie abgeschieden von ihrem sozialen Umfeld. Die abgebildeten Situationen würden somit eher als monologisch (in Bezug auf die lesende/schreibende Person) wahrgenommen. Als dialogisch könnte man die Beziehung zwischen Leser/Schreiber und Text fassen.

Übung 38

1) Die Kommunikation per SMS hat häufig eine affektive Komponente. Sie verläuft gewöhnlich stärker synchron, da die Kommunikationspartner innerhalb einer spezifischen Kommunikationssituation direkt auf eine SMS antworten. Fachtexte sind dagegen sachbezogen und darauf ausgelegt, auch in ferner Zukunft noch gelesen zu werden.
2) Fachtexte sind in der Regel zur Bewahrung angelegt versus SMS, die eher flüchtig sind und leichter gelöscht werden. Eine SMS ein Jahr später noch einmal als sinnvollen Text zu lesen, ist wahrscheinlich nur mit der Erinnerung an den sozialen/emotionalen Kontext möglich.
3) Fachtexte sind auf eine fachliche inhaltsbezogene Kommunikation ausgerichtet und enthalten fachspezifisches Vokabular sowie Satzstrukturen, die den Verfasser als Individuum in den Hintergrund rückt (z.B. durch Passivstrukturen). In SMS dagegen stehen individuelle Charakteristika gerade im Vordergrund (z.B. durch dialektbezogene Ausdrücke, Emoticons, orthographische Andersschreibungen).

Übung 39

1) Es fühlt sich zumindest abgehackt an und es fehlen die prosodischen Charakteristika gesprochener Sprache.
2) Nein, so etwas wie [bə – r – o – tə] ist nicht dasselbe wie [bʁoːt] (*Brot*).

Übung 40

1) Die Seite einer Tageszeitung ist u.a. strukturiert durch Spalten, Quer- und Längslinien, Absätze, Überschriften, Bilder, Untertitel; die Texte und Überschriften auf einer Seite heben sich durch verschiedene Schrifttypen, -größen, -farben, Fettdruck voneinander ab.
2) Ein Artikel ist durch Überschrift (fett, größerer Font, ggf. andersfarbig als Text), Absätze, Spalten strukturiert. Beim Vorlesen des Textes könnten Absätze mit Pausen im Sprachfluss korrelieren. Spalten haben dagegen kein

Korrelat im Gesprochenen und dienen nur der leichteren Lesbarkeit des Textes.

Übung 41

Beispieltranskript: [liː.bə.ga.biː.iç.hɔ.fə.dɪɐ.geːts.guːt]. Zunächst ist das gewohnte Schriftsystem schon durch reine Gewohnheit am einfachsten zu schreiben. Allerdings eignet sich IPA auch darüber hinaus nicht zur schriftlichen Kommunikation, da damit nur die lautliche Ebene von Sprache repräsentiert werden kann und keine weiteren Ebenen wie die Ausgrenzung grammatischer Wörter und morphologische Konstanz. Auch historische oder individuelle Charakteristika eines Schriftsystems fehlen, wie die spezifische Graphemwahl für [ʃ] als <sch>, <sh>, <ch>, <ş> je nach Orthographie.

Übung 42

Türkisch wurde bis zur Schriftreform 1928 mit Arabischem Skript geschrieben. Bis dahin war Osmanisch bzw. Osmanisches Türkisch die Amtssprache der Türkei. Siehe dazu: https://de.wikipedia.org/wiki/Osmanische_Sprache (23.07.2017).

Bosnisch kennt seit Jahrhunderten eine Situation der Zweischriftigkeit, Kyrillisch und Lateinisch. Das traditionelle Skript für Bosnisch ist jedoch Kyrillisch. Im 19. Jahrhundert wird Latinisches Skript als „Katholische" Schrift stigmatisiert und dem Reich Österreich-Ungarn assoziiert. Ein Jahrhundert später wandelt sich diese Perspektive und Kyrillisch erscheint als die Schrift des Landes, von dem man sich zu distanzieren sucht. Siehe dazu Bunĉić (2016, 116-120).
Die Verschriftung des Aserbaidschanischen ist abhängig von den Ländern, in denen die Sprecher des Aserbaidschanischen leb(t)en. Aserbaidschanisch wird mit Arabischem, Kyrillischen und Lateinischem Skript verschriftet. Siehe dazu https://de.wikipedia.org/wiki/Aserbaidschanische_Sprache#Geschichte_und_Alphabete (23.07.2017).

Übung 43

Die kaum/nicht zu entziffernden Buchstaben sind unterdifferenziert. Manche Buchstaben sind kaum vorhanden, manche sind an einigen Stellen sehr ähnlich (<u>, <c>; <o>, <r>).

Kapitel 6

Übung 44

S1 artikuliert alle Vokale des Wortes lang und betont die beiden Silben gleich. S2 betont das Wort nach trochäischem Muster des Deutschen mit betonter und unbetonter Silbe und artikuliert das finale <e> als Schwa.

Übung 45

Die Explizitlautung steht am Ende (und nicht am Anfang) des Schrifterwerbs, da sie mit dem abstrakten Wissen über die phonologische Struktur einhergeht, die in der Schrift abgebildet wird. Dieses Wissen wird erst mit dem Schrifterwerb aufgebaut.

Übung 46

Eine mögliche Transkription wäre [kɔmstumɪtʃvɪm] [naɪniçgeəli:bɐlaʊfn]. Unterschiede zur orthographischen Form sind u.a. die Wortausgrenzung, morphologische Konstantschreibung, die explizite Repräsentation der vokalischen Kerne auch in der Reduktionssilbe.

Übung 47

σ_P		σ_P			σ_G		σ_G		
/ʁ	aː	z	ə	n/	<r	ä	k	e	ln>
/g	eː	b	ə	n/	<g	e	b	e	n>
/b	iː	n	ə/		<B	ie	n	e>	
/h	oː	z	ə/		<H	o	s	e>	
/b	øː	z	ə/		<b	ö	s	e>	
/kl	uː	g	ə/		<kl	u	g	e>	
/z	yː	s	ə/		<s	ü	ß	e>	

σ_P			σ_P			σ_G			σ_G		
/b	ɛ	ŋ	k	ə/		<B	ä	n	k	e>	
/b	ɛ	s	t	ə/		<b	e	s	t	e>	
/b	ɪ	l	d	ɐ/		<B	i	l	d	e	r>
/h	ɔ	s	t	jə/		<H	o	s	t	ie>	
/	œ	f	t	ɐ	s/	<	ö	f	t	e	rs>
/kn	ʊ	s	p	ɐ	n/	<kn	u	s	p	e	rn>
/z	y	l	ts	ə/		<S	ü	l	z	e>	

Übung 48

σ_P			σ_P		σ_G			σ_G		
/ʁ	œ	s	ɐ/		<R	ö	s	s	e	r>
/n	y	s	ə/		<N	ü	s	s	e>	
/m	ɪ	t	ə/		<M	i	t	t	e>	
/f	a	ŋ	ə	n/	<f	a	n	g	e	n>

Aber:

σ_P		σ_P			σ_G		σ_G		
/z	uː	x	ə	n/	<s	u	ch	e	n>

Übung 49

Die alternativen Schreibungen <Fadn> und <schwimn> enthalten beide keine Informationen darüber, dass die Wörter zweisilbig sind. Diese Information wird in der Schrift durch den Vokalbuchstaben <e> in der unbetonten Silbe angezeigt.

Übung 50

Der Schüler kommt aus Luxemburg, wo wortmediales <r> als [ʁ] realisiert wird, das dem stimmlosen Frikativ [x] ähnlich ist. Entsprechend übergeneralisiert er <r> in den Schreibungen *Dach* und *gebrochen.*

Übung 51

Schwamm, Schild; Stuhl, Stern; Absperrung, Spannung – Astern, gestern, Angst/ Ängste; Wespen. <sp> und <st> werden nur dann als [ʃp] und [ʃt] realisiert, wenn sie im Anfangs- oder Endrand einer Silbe stehen. Sind <s> und <t> bzw. <p> benachbarte Elemente über eine Silbengrenze hinweg, werden sie als [st] und [sp] realisiert. Dies gilt auch im Rahmen morphologischer Konstantschreibungen für Formen wie *Angst* [aŋst], das wie Ängste [ɛŋs.tə] behandelt wird.

Übung 52

Rechen – rächen: Majuskel/Minuskel für Nomen/Verb, <e>/<ä> für morphologischen Bezug zu *rechen* vs. *Rache*; *Bad – Bäder*: Schreibung <ä> kodiert den Bezug zu *Bad*, <d> in *Bad* [bat] kodiert den Bezug zu *Bäder*; *Schote – Schotte*: <o> ist unterdifferenziert in Bezug auf die vokalische Länge und Qualität [oː]/[ɔ], die durch die folgenden Konsonanten repräsentiert werden.

Kapitel 7

Übung 53

Deutscher Beispieltext: Sie stocken voraussichtlich bei langen, unbekannten Wörtern und komplexen Satzstrukturen. Auf „direktem Weg" lesen Sie demnach eher bekannte, kurze Wörter, auf „indirektem Weg" lange, unbekannte Wörter. Wenn Sie das Fachgebiet des Textes schon kennen, fällt Ihnen das Lesen des Textes leichter als das Lesen eines Textes aus einem unbekannten fachlichen Kontext.
Englischer Beispieltext: Als weitere Schwierigkeiten zum Leseverstehen kommen vermehrt unbekannte Wörter hinzu, möglicherweise unbekannte Satzstrukturen und unbekannte oder ungewohnte orthographische Regelhaftigkeiten.

Übung 54

1) *Kasate, gerumer, fulinge* in der Interpretation als deutsche Wörter [ka.ˈza.tə], [ge.ˈru.mɐ], [ˈfu.lɪ.ŋə]; in der Interpretation als englische Wörter bspw. als [kə.ˈzeɪt], [dʒə.ˈruː.mɐ], [ˈfju.lɪn.dʒə].
2) Deutsch und Englisch haben (zum großen Teil) das gleiche Inventar des Lateinischen Skripts. Allerdings gestalten sich die Regelhaftigkeiten des Deutschen und Englischen Schriftsystems sehr verschieden.

Übung 55

Im Deutschen wird <ß> nur zwischensilbig und nach langem, gespannten Vokal oder Diphthong verwendet. In Opposition zu <s> wird so Stimmhaftigkeit unterschieden, wie in *Muse – Muße; reisen – reißen.* Am Ende von einsilbigen Worten steht <ß> nur, wenn das Wort flektierbar, also nach rechts erweiterbar ist, wie *süß – süße, heiß – heißer.* Wörter und Morpheme, die nicht erweiterbar sind – wie *aus* und *aus-* in *ausgesucht* – werden immer mit <s> geschrieben. Einzige Ausnahme ist die syntaktisch motivierte Unterscheidung von *das* und *dass.*

Übung 56

Ein Fehler in Bezug auf die Korrespondenz zwischen Phonem und Graphem ist z.B. <P> vs. <B> oder <i> vs. <ie> in *Briefträger.* Fehler in Bezug auf eine silbische Regelhaftigkeit ist die Schreibung von *Schmetterling* mit einem <t>.

Kapitel 8

Übung 57

[ˈʁɛtɐ]: <reta, räta> für *Retter*; [ˈbiːnə]: <bine> für *Biene*; [ˈhʊnt]: <hont> für *Hund* (der Kurzvokal [ʊ] fehlt im Paradigma der hier abgebildeten Anlauttabelle, so dass der Buchstabe <o> am ehesten mit dem Vokal in *Hund* korrespondiert). Die Informationen aus der Anlauttabelle setzen nur Anlaute und Buchstaben in Beziehung. Kontextsensitive Informationen sind nicht oder nur unsystematisch und unvollständig in der Anlauttabelle enthalten. Die orthographischen Formen der Wörter *Retter, Biene, Hund* kodieren jedoch auch silbenstrukturelle Merkmale sowie morphologische Merkmale.

Übung 58

Nashorn [nashɔɐn], [nashɔʁn]; *Burg* [bʊɐk], [bʊʁk]; *gern* [gɛɐn], [gɛʁn]. Die erste Transkription bezieht sich auf die Standardlautung. Kinder müssen hier lernen, dass <r> vokalisiert und Teil eines Diphthongs sein kann. Die zweite Transkription bezieht sich auf die Lautung in Luxemburg. Kinder müssen hier unterscheiden lernen, wann <r> und wann <ch> für die Laute [ʁ]/[x] verwendet werden.

Übung 59

Das deutsche Schriftsystem unterscheidet regelhaft langes, gespanntes [iː], repräsentiert durch <ie> von kurzem, ungespannten [ɪ], repräsentiert durch <i>. In diesem Paradigma gibt es als Ausnahmen Fremdwörter und Funktionswörter (vgl. Kapitel 6.1.2). Eine zu lernende Abweichung der Schreibung mit <ie> ist z.B. *Igel* sowie Eigennamen wie *Ina, Omi.*

Übung 60

Neben anderen Problemen fehlen in der Anlauttabelle durchgängig die kurzen, ungespannten Vokale. Das <e> von Katze ist als „Anlaut“ nicht vermittelbar. Stattdessen repräsentiert es den Vokal in der Reduktionssilbe (vgl. Kapitel 6.2.3.1).

Übung 61

Aus der Perspektive des analytisch-synthetischen Ansatzes sind „einfache“ Wörter lautgetreue Wörter, die eine klare Korrespondenz zwischen Graphem und Phonem aufweisen, wie *Luft, Mama, Auto, Kino.* Aus der Perspektive des silbenanalytischen Ansatzes sind „einfache“ Wörter die Wörter, die silbenstrukturell regelhaft sind wie *Rose, Hose, Liebe, Kater.* Wörter mit langem Vokal in der betonten Silbe gelten dabei als einfacher als Wörter mit kurzem Vokal, da der Vokal hier einfacher wahrnehmbar ist.

Literatur

Andresen, H. (1985). Schriftspracherwerb und die Entstehung von Sprachbewusstheit. Opladen: Westdeutscher Verlag.

Asfaha, Y. M., Kurvers, J., & Kroon, S. (2009). Grain size in script and teaching. Literacy acquisition in Ge'ez and Latin. *Applied Psycholinguistics*, *30*(4), 709-724.

Baddeley, A. D. (1986). *Working memory*. Oxford, UK: Oxford University Press.

Baddeley, A. D. (2003). Working memory and language. An overview. *Journal of Communication Disorders*, *36*, 189-208.

Bassetti, B., & Atkinson, N. (2015). Effects of orthographic forms on pronunciation in experienced instructed second language learners. *Applied Psycholinguistics*, *36*, 67-91.

Berkemeier, A. (1997). *Kognitive Prozesse beim Zweitschrifterwerb. Zweitalphabetisierung griechisch-deutsch-bilingualer Kinder*. Frankfurt: Peter Lang.

Berko, J. & Brown, R. (1960). Psycholinguistic Research Methods. In P. Mussen. *Handbook of Research methods in Child Development* (pp. 517-557). New York: John Wiley.

Blatt, I. (2006). Am Dehnungs-h zweifeln, aber nicht verzweifeln. Kinder erforschen, üben und festigen das Dehnungs-h. *Praxis Deutsch*, *33*, 48-53.

Bos, W., Tarelli, I., Bremerich-Vos, A., & Schwippert, K. (Eds.). (2012). *IGLU 2011. Lesekompetenzen von Grundschulkindern in Deutschland im internationalen Vergleich.* Münster: Waxmann.

Bourdin, B., & Fayol, M. (2002). Even in adults, written production is still more costly than oral production. *International Journal of Psychology*, 37(4), 219-227.

Bowey, J. A., & Francis, J. (1991). Phonological analysis as a function of age and exposure to reading instruction. *Applied Psycholinguistics*, *12*(1), 91-121.

Bradley, L., & Bryant, P. (1978). Difficulties in auditory organisation as a possible cause of reading backwardness. *Nature*, *271*, 746-747.

Brandenburg, J., Klesczewski, J., Fischbach, A., Schuchardt, K., Buttner, G., & Hasselhorn, M. (2015). Working memory in children with learning disabilities in reading versus spelling. Searching for overlapping and specific cognitive factors. *Journal of Learning Disabilities*, *48*(6), 622-634.

Bongearts, T., van Summeren, C., Planken, B. & Schils, E. (1995). Age and ultimate attainment in the pronunciation of a foreign language. *Studies in Second Language Acquisition, 19*, 447-465.

Bose, I. et al (2016). *Einführung in die Sprechwissenschaft. Phonetik, Rhetorik, Sprechkunst* (2. Auflage). Tübingen: Narr Francke Attempo.

Bredel, U. (2012). (Verdeckte) Probleme beim Orthographieerwerb des Deutschen in mehrsprachigen Klassenzimmern. In W. Grießhaber, & Z. Kalkavan (Eds.), *Orthographie- und Schriftspracherwerb bei mehrsprachigen Kindern* (pp. 125-142). Freiburg: Fillibach.

Bredel, U. (2015). Didaktik der Fremdwortschreibung. In U. Bredel, & Z. Reißig (Eds.), *Weiterführender Orthographieunterricht* (pp. 355-373). Baltmannsweiler: Schneider Verlag Hohengehren.

Bredel, U., Müller, A., & Hinney, G. (Eds.). (2010). *Schriftsystem und Schrifterwerb. Linguistisch – didaktisch – empirisch*. Berlin, New York: De Gruyter.

Bredel, U., Fuhrhop, N., & Noack, C. (2011). *Wie Kinder lesen und schreiben lernen.* Tübingen: Francke Verlag.

Bredel, U., & Röber, C. (2015). Grundlegende Überlegungen zur Gegenwart des Schriftsprach- und Orthographieunterrichts. In C. Röber, & H. Olfert (Eds.), *Schriftsprach- und Orthogra-*

phieerwerb. Erstlesen, Erstschreiben (pp. 3–10). Baltmannsweiler: Schneider Verlag Hohengehren.

Brügelmann, H., & Brinkmann, E. (1998). *Die Schrift erfinden. Beobachtungshilfen und methodische Ideen für einen offenen Anfangsunterricht*. Lengwil: Libelle.

Bunčić, D. (2016). *Biscriptality. A sociolinguistic typology*. Heidelberg: Winter.

Canetti, E. (1977). *Die gerettete Zunge. Geschichte einer Jugend*. Berlin: Hanser Verlag.

Catach, N. (1986). The grapheme. Its position and its degree of autonomy with respect to the system of the language. In G. Augst (Ed.), *New Trends in graphematics and orthography* (pp. 1-10). Berlin: De Gruyter.

Cenoz, J., & Lecumberri, L. G. (1999). The effect of training on the discrimination of English vowels. *International Review of Applied Linguistics, 37*, 261-275.

Chomsky, N. & Halle, M. (1968). *The sound pattern of English*. New York: Harper & Row.

Coltheart, M. (2005). Modeling reading. The dual route approach. In M. J. Snowling, & C. Hume (Eds.), *Blackwell handbooks of development psychology* (pp. 6-23). Oxford: Blackwell Publishers.

Coltheart, M., Rastle, K., Perry, C., Langdon, R., & Ziegler, J. (2001), DRC. A dual route cascaded model of visual word recognition and reading aloud. *Psychological Review, 108*(1), 204-456.

Commissaire, E., Duncan, L. G., & Casalis, S. (2011). Cross-language transfer of orthographic processing skills. A study of French children who learn English at school. *Journal of Research in Reading, 34*(1), 59-76.

Cook, V. (2004). *The English writing system*. London: Hodder Education.

Cook, V., & Bassetti, B. (Eds.). (2005). *Second language writing systems*. Clevedon: Multilingual Matters.

Cook-Gumperz, J. (1986). *The social construction of literacy*. Cambridge: Cambridge University Press.

Coulmas, F. (2003). *Writing systems. An introduction to their linguistic analysis*. Cambridge: Cambridge University Press.

Cros, R. (1991). *10 kleine Zappelmänner.* München: Klett Edition Deutsch.

Dahmen, S. (2012). Orthografiefehler bei DaZ-Lernern – Ursachen, Diagnostik und Training. In Michalak, M. & Kuchenreuther, M. (Eds.), *Grundlagen der Sprachdidaktik Deutsch als Zweitsprache.* (pp. 143-162). Baltmannsweiler.

Dahmen, S. (2013) *Prosodie oder Segmente? Phonetische Untersuchungen zu Trainingseffekten bei italienischen Deutschlernenden*. Dissertation. Online-Publikation, KUPS. kups.ub.uni-koeln.de/id/eprint/5368

Dahmen, S. & Hirschfeld, H. (Eds.) (2016). Phonetik in der Unterrichtspraxis. Fremdsprache Deutsch 55. Berlin: Erich Schmidt Verlag.

Derwing, T. M., Munro, M. J., & Wiebe, G. E. (1997). Pronunciation instruction for fossilized learners: Can it help? *Applied Language Learning, 8*, 217-235.

Derwing, T.M. & Rossiter, M.J. (2003). The effects of pronunciation instruction on the accuracy, fluency and complexity of L2 accented speech. *Applied Language Learning, 13*, 1-18.

Dieling, H. & Hirschfeld, U. (2000). *Phonetik lehren und lernen*. Berlin: Langenscheidt.

Dürscheid, C. (2012). *Einführung in die Schriftlinguistik* (4. Auflage). Göttingen: Vandenhoeck & Ruprecht.

Eckman, F. R. (2004). From phonemic differences to constraint rankings. Research on second language phonology. *Studies in Second Language Acquisition, 26*(4), 513-549.

Edmondson, W. & House, J. (2006). *Einführung in die Sprachlehrforschung* (3. Auflage). Tübingen, Basel: Francke (UTB).

Eisenberg, P. (1989). Die Schreibsilbe im Deutschen. In P. Eisenberg, & H. Günther (Eds.), *Schriftsystem und Orthographie* (pp. 57-84). Tübingen: Niemeyer.

Eisenberg, P. (2004). *Das Wort* (2., überarb. Auflage). Stuttgart: Metzler.

Eisenberg, P. (2005). Phonem und Graphem. In *Duden die Grammatik*. Mannheim: Brockhaus, 19-94.

Eisenberg, P. (2013). *Das Wort* (4., überarb. und aktual. Auflage). Stuttgart: Metzler.

Elliott, A. R. (1995). On the teaching and acquisition of pronunciation within a communicative approach. *Hispania, 80*, 95-108.

Ellis, R. (1997). *Second Language Acquisition*. Oxford: OUP.

Endt, E. & Hirschfeld, U. (Eds.) (1995). *Die Rhythmuslokomotive. Ausspracheübungen für Kinder*. München: Goethe-Institut.

Fayol, M. (2017). *L'acquisition de l'écrit* [2. Auflage]. Paris: Presses Universitaires de France.

Fayol, M., & Jaffré, J.-P. (2014). *L'orthographe*. Paris: Presses Universitaires de France.

Ferreiro, E. (1999). Oral and written words. Are they the same units? In T. Nunes (Ed.), *Learning to read* (pp. 65-76). Dordrecht: Kluwer Academic Publishers.

Flege, J.E. (1995). Second language speech learning. Theory, findings and problems. In Strange, W. (Ed.). *Speech perception and linguistic experience. Issues in cross-language research* (pp. 233-277). Timonium, MD: York Press.

Foulin, J. N. (2005). Why is letter-name knowledge such a good predictor of learning to read? *Reading and Writing*, *18*(2), 129-155.

Fox, A.V. (2006). Evidence from German-Speaking Children. In Hua, Z. & Dodd, B. (Eds.). *Phonological Development and Disorders in Children. A Multilingual Perspective* (pp.56-80). Clevedon/Buffalo/Toronto: Multilingual Matters Ltd.

Frith, U. (1985). Beneath the surface of developmental dyslexia. In K. E. Patterson, J. C. Marshal, & M. Coltheart (Eds.), *Surface dyslexia* (pp. 301-330). London: L. Erlbaum Associates.

Fuhrhop, N. (2011). Grammatik verstehen lernen – Grammatik sehen lernen. In K. M. Köppke, & A. Ziegler (Eds.), *Grammatik – Lehren, Lernen, Verstehen. Zugänge zur Grammatik des Gegenwartsdeutschen* (pp. 307-323). Berlin, Boston: De Gruyter.

Fuhrhop, N. (2015). *Orthografie*. Heidelberg: Winter.

Fuhrhop, N., & Peters, J. (2013). *Einführung in die Phonologie und Graphematik*. Weimar: Metzler.

Funke, R. (2005). *Sprachliches im Blickfeld des Wissens*. Tübingen: Niemeyer.

Funke, R. (2014). Erstunterricht nach der Methode Lesen durch Schreiben und Ergebnisse schriftsprachlichen Lernens. Eine metaanalytische Bestandsaufnahme. *Didaktik Deutsch*, *36*, 21-41.

Gardner, R.C. (1985). *Social psychology and second language learning. The role of attitudes and motivation*. London: Edward Arnold.

Gretsch, P., & Weth, C. (2016). Visual literacy. In P. Gretsch, & L. Holzäpfel (Eds.), *Lernen mit Visualisierungen. Erkenntnisse aus der Forschung und deren Implikationen für die Fachdidaktik* (pp. 237-252). Münster: Waxmann.

Grice, M. & Baumann, S. (2007). An introduction to intonation – functions and models. In: Trouvain, J. & Gut, U. (Eds.). *Non-Native Prosody. Phonetic Description and Teaching Practice* (pp. 25-52). Berlin/New York: Mouton de Gruyter.

Grimm, A., & Schulz, P. (2014). Specific language impairment and early second language acquisition. The risk of over- and underdiagnosis. *Child Indicators Research*.

Grotlüschen, A., & Riekmann, W. (Eds.), (2012). *Funktionaler Analphabetismus in Deutschland. Ergebnisse der ersten leo.-Level-One Studie Alphabetisierung und Grundbildung.* Münster: Waxmann.

Hall, T.A. (2011). *Phonologie: eine Einführung* (2. Auflage). Berlin: Walter de Gruyter.

Heath, S. B. (1982). What no bedtime story means. Narrative skills. *Language in Society, 11*, 49-76.

Henrici, G., Vollmer, H.J. et al. (2001). Lernen und Lehren von Fremdsprachen: Kognition, Affektion, Interaktion. Ein Forschungsüberblick. *ZFF 12* (2), 1-145.

Hinney, G. (2004). Das Ganze ist mehr als die Summe der Teile. Das Konzept der Schreibsilbe und seine didaktische Modellierung. Ein Beitrag zur Schriftaneignung als Problemlösungsprozess. In U. Bredel, G. Siebert-Ott, & T. Thelen (Eds.), *Schriftspracherwerb und Orthographie* (pp. 72-90). Baltmannsweiler: Schneider Verlag Hohengehren.

Hirschfeld, U. (1994). *Untersuchungen zur phonetischen Verständlichkeit Deutschlernender.* Frankfurt a. Main: Hector.

Hirschfeld, U. (2001). Vermittlung der Phonetik. In Helbig, G. et al. (Eds.): *Deutsch als Fremdsprache. Ein internationales Handbuch. 2. Halbband* (pp. 872-879). Berlin -New York: de Gruyter.

Hirschfeld, U. & Reinke, K. (2016). *Phonetik im Fach Deutsch als Fremd- und Zweitsprache. Unter Berücksichtigung des Verhältnisses von Orthografie und Phonetik*. Berlin: Erich Schmidt Verlag.

Hunold, C. (2009). Untersuchungen zu segmentalen und suprasegmentalen Ausspracheabweichungen chinesischer Deutschlernender. *Hallesche Schriften zur Sprechwissenschaft und Phonetik, 28*. Frankfurt a. M.: Peter Lang.

International Phonetic Association (1999). *Handbook of the International Phonetic Association*. Cambridge University Press.

Jakobson, R. (1969, Erstveröffentlichung 1941). *Kindersprache, Aphasie und allgemeine Lautgesetze*. Frankfurt a. M.: Suhrkamp.

Klicpera, C., Schabmann, A., Gasteiger-Klicpera, B., & Schmidt, B. (2017). *Legasthenie – LRS. Modelle, Diagnose, Therapie und Förderung* (5. Auflage). München: Ernst Reinhardt Verlag.

Kuhl, P. (1991). Human adults and human infants show a "perceptual magnet effect" for the prototypes of speech categories, monkeys do not. *Perception and Psychophysics, 50*, 93-107.

Kuhl, P. (1992). Speech Prototypes. Studies on the nature, function ontogeny and phylogeny of the "centers" of speech categories. In Tohkura, Y. et al. (Eds.): *Speech perception, production and linguistic structure* (pp. 239-264). Tokio, Amsterdam: Ohmsha, IOS Press.

Kümmerling-Meibauer, B. (2011). Emergent literacy and children's literature. In B. Kümmerling-Meibauer (Ed.), *Emergent Literacy. Children's books from 0 to 3* (pp. 1-14). Amsterdam, Philadelphia: John Benjamins Publishing Company.

Künzel, H. J. (1977). Signalphonetische Untersuchung deutsch-französischer Interferenzen im Bereich der Okklusive. *Forum linguisticum, 10*. Frankfurt a.M. etc: Peter Lang.

Kurvers, J., Van Hout, R., & Vallen, T. (2009). Print awareness of adult illiterates. A comparison with young pre-readers and low educated adult readers. *Reading and Writing*, 22, 863-887.

Ladefoged, P. (1975). *A course in phonetics*. Orlando: Harcourt Brace.

Levitt, A.G. (1993). The Acquisition of Prosody: Evidence from French- and English-Learning Infants. In De Boysson-Bardies, B., de Schonen, S., Jusczyk, P., MacNeilage, P., Morton, J. (Eds.). *Developmental Neurocognition: Speech and Face Processing in the First Year of Life* (pp.385-398). Dordrecht: Kluwer Academic Publishers.

Liu, T. (2015). Ich verstehe nur Chinesisch. Kontrastierung der chinesischen und deutschen Phonetik/Phonologie als Basis für die Entwicklung von Lehr- und Lernmaterialien für Deutschlernende chinesischer Muttersprache. Dissertation. Online-Publikation edoc.hu-berlin.de/dissertationen/liu-tong-2015-07-14/PDF/liu.pdf

Maas, U. (1992). *Grundzüge der deutschen Orthographie*. Tübingen: Niemeyer.

Maas, U. (2006). *Phonologie* (2. Auflage). Göttingen: Vandenhoeck & Ruprecht.

Maas, U., & Mehlem, U. (2002). *Schriftkulturelle Probleme der Migration. Kinder marokkanischer Einwanderer in Deutschland*. Osnabrück: Universität Osnabrück, IMIS.

Mangold, M. (2015). *Duden-das Aussprachewörterbuch. Bd. 6.* Berlin: Duden.

Mattes, V. (2015). Die Maxime „Schreib wie du sprichst" als didaktische Instruktion für den Schrifterwerb. In C. Röber, & H. Olfert (Eds.), *Schriftsprach- und Orthographieerwerb. Erstlesen, Erstschreiben* (pp. 11-29). Baltmannsweiler: Schneider Verlag Hohengehren.

Missaglia, F. (1999). *Phonetische Aspekte des Erwerbs von Deutsch als Fremdsprache durch italienische Muttersprachler. Forum phoneticum 68*. Frankfurt/M: Hector.

Moon, C., Lagercrantz, H., & Kuhl, P. K. (2013). Language experienced in utero affects vowel perception after birth: a two-country study. *Acta Paediatrica, 102*(2), 156-160.

Müller, C. (2012). Kindliche Erzählfähigkeiten und (schrift-) sprachsozialisatorische Einflüsse in der Familie. Eine longitudinale Einzelfallstudie mit ein- und mehrsprachigen (Vor-) Schulkindern. Baltmannsweiler: Schneider Verlag Hohengehren.

Munro, M., Flege, J. & MacKay, I. (1996). The effect of age of second-language learning on the production of English vowels. *Applied Psycholinguistics, 17*, 313-334.

Neef, M. (2005). *Die Graphematik des Deutschen*. Tübingen: Niemeyer.

Neef, M. (2014). Graphematics as part of a modular theory of phonographic writing systems. *Writing Systems Research*, 4(1-2), 214-228.

Nikolajeva, M. (2003). Verbal and visual literacy. The role of picturebooks in the reading experience of young children. In N. Hall, J. Larson, & J. Marsh (Eds.), *Handbook of early childhood literacy* (pp. 235-248). London: SAGE Publications.

Noack, C. (2010). *Phonologie (Kurze Einführung in die germanistische Linguistik)*. Heidelberg: Winter.

Noack, C. (2010). Orthographie als Leserinstruktion. Die Leistung schriftsprachlicher Strukturen für den Dekodierprozess. In U. Bredel, A. Müller, & G. Hinney (Eds.), *Schriftsystem und Schrifterwerb. linguistisch – didaktisch – empirisch* (pp. 151-170). Berlin, New York: De Gruyter.

OECD (2000). Literacy in the Information Age. Final report of the International Adult Literacy Survey. *OECD Publications* (Vol. 9). Paris.

Peltzer-Karpf, A. et al. (1997). *Spracherwerb bei hörenden, sehenden, hörgeschädigten, gehörlosen und blinden Kindern.* Tübingen: Narr.

Pennington, M. C. (1994). Recent Research in L2 phonology. Implications for practice. In Morley, J. (Ed.). *Pronunciation pedagogy and theory. New views, new directions* (pp. 92-108). Bloomington, Illinois: Pantagraph Printing.

[PISA 2000] Baumer, J., Artelt, C., Klieme, E., et al. (2002). *PISA – Die Länder der Bundesrepublik Deutschland im Vergleich*. Opladen: Leske + Budrich.

[PISA 2015] Reiss, K., Sälzer, C., Schiepe-Tiska, A., Klieme, E., & Köller, O. (Eds.). (2016). *PISA 2015. Eine Studie zwischen Kontinuität und Innovation*. Münster: Waxmann.

Piske, T., MacKay, I., & Flege, J. (2001). Factors affecting degree of foreign accent in an L2: A review. *Journal of Phonetics, 29*, 191-215.

Pompino-Marschall, B. (2009). *Einführung in die Phonetik* (3. Auflage). Berlin: de Gruyter.

Purcell, E.T. & Suter, R.W. (1980). Predictors of pronunciation accuracy. A reexamination. *Language Learning 30/2*, 271-87.

Pracht, H. (2010). *Alphabetisierung und Grundbildung*. Münster: Waxmann.

Pracht, H. (2012). *Schemabasierte Basisalphabetisierung im Deutschen*. Münster: Waxmann.

Primus, B. (2003). Zum Silbenbegriff in der Schrift-, Laut- und Gebärdensprache. Versuch einer mediumübergreifenden Fundierung. *Zeitschrift Für Sprachwissenschaft*, *22*(1), 3-55.

Primus, B. (2004). A featural analysis of the modern Roman alphabet. *Written Language & Literacy*, *7*(2), 235-274.

Primus, B. (2006). Buchstabenkomponenten und ihre Grammatik. In U. Bredel, & H. Günther (Eds.), *Orthographietheorie und Rechtschreibunterricht* (pp. 5-43). Tübingen: Niemeyer.

Reich, H. H. (2009). *Zweisprachige Kinder. Sprachenaneignung und sprachliche Fortschritte im Kindergartenalter*. Münster: Waxmann.

Röber, C. (2009). *Die Leistungen der Kinder beim Lesen- und Schreibenlernen. Grundlagen der silbenanalytischen Methode*. Baltmannsweiler: Schneider Verlag Hohengehren.

Röber, C., & Olfert, H. (Eds.). (2015). *Schriftsprach- und Orthographieerwerb. Erstlesen, Erstschreiben* (DTP 2). Baltmannsweiler: Schneider Verlag Hohengehren.

Roemheld, F. (1955). Die Längenbezeichnungen in der deutschen Rechtschreibung. *Der Deutschunterricht. 7*, 71-82.

Rosenberg, P., & Schroeder, C. (Eds.). (2016). *Mehrsprachigkeit als Ressource in der Schriftlichkeit*. Berlin: De Gruyter.

Rues, B. et al (2014). *Transkription des Deutschen. Ein Studienbuch* (4. Auflage). Tübingen: Narr Francke.

Scheerer-Neumann, G. (2015). *Lese-Rechtschreib-Schwäche und Legasthenie*. Stuttgart: Kohlhammer.

Schmid-Barkow, I. (2013). *Schreiben vor der Schrift. Frühe Literalität und Kritzeln*. Freiburg, Stuttgart: Fillibach/Klett.

Schnitzler, C. D. (2008). Phonologische Bewusstheit und Schriftspracherwerb. Stuttgart: Thieme.

Scovel, T. (1988). A time to speak. A psycholinguistic inquiry into the critical period for human speech. Cambridge, New York, Philadelphia: Newbury House.

Selinker, L. (1972). Interlanguage. *General Linguistics 9/2*, 671-92.

Selting, M., Auer, P., Barth-Weingarten, D., et al. (2009). Gesprächsanalytisches Transkriptionssystem 2 (GAT 2). *Gesprächsforschung – Online Zeitschrift Zur Verbalen Interaktion, 10*, 353-402.

Settinieri, J. (2011). Soziale Akzeptanz unterschiedlicher Normabweichungen in der L2-Aussprache Deutsch. *Zeitschrift für Interkulturellen Fremdsprachenunterricht 16/2*.

Seymour, P. H. K., & Elder, L. (1986). Beginning reading without phonology. *Cognitive Neuropsychology*, *3*(1), 1-36.

Steinig, W., Betzel, D., Geider, F. J., & Herbold, A. (2009). *Schreiben von Kindern im diachronen Vergleich*. Münster: Waxmann.

Stern, H. (1983). *Fundamental Concepts of Language Teaching*. Oxford: Oxford University Press.

Suter, R. W. (1976). Predictors of pronunciation accuracy in second language learning. *Language Learning 26*, 233-53.

Swan, D., & Goswami, U. (1997). Phonological awareness deficits in developmental dyslexia and the phonological representations hypothesis. *Journal of Experimental Child Psychology*, *66*, 18-41.

Treiman, R., & Rodriguez, K. (1999). Young children use letter names in learning to read words. *Psychological Science*, *10*(4), 334-338.

Trubetzkoy, N.S. (1939/1962). *Grundzüge der Phonologie*. Göttingen: Vandenhoeck & Ruprecht.

Valtin, R. (2003). Methoden des basalen Lese- und Schreibunterrichts. In U. Bredel, & G. Hartmut et al. (Eds.), *Didaktik der deutschen Sprache* (pp. 760-771). Paderborn: Ferdinand Schöning.

Van Galen, G. P. (1991). Handwriting. Issues for a psychomotor theory. *Human Movement Science, 10*, 165-191.
Weinhold, S. (2006). *Schriftspracherwerb empirisch. Konzepte – Diagnostik – Entwicklung*. Baltmannsweiler: Schneider Verlag Hohengehren.
Weinhold, S. (2009). Effekte fachdidaktischer Ansätze auf den Schriftspracherwerb in der Grundschule. Lese- und Rechtschreibleistungen in den Jahrgangsstufen 1-4. *Didaktik Deutsch, 15*, 53-75.
Weinrich, M. & Zehner, H. (2011). *Phonetische und phonologische Störungen bei Kindern*. (4. Auflage). Berlin/Heidelberg: Springer.
Weth, C. (2008). *Mehrsprachige Schriftpraktiken in Frankreich. Eine ethnographische und linguistische Untersuchung zum Umgang mehrsprachiger Grundschüler mit Schrift*. Stuttgart: ibidem-Verlag.
Weth, C. (2010). Gesteuert-ungesteuerter Schrifterwerb in der Fremdsprache. *IMIS-Beiträge, 37*, 121-142.
Wiese, R. (2011). *Phonetik und Phonologie*. Paderborn: Fink.
Zborowska, J. (1997). The acquisition of phonostylistics in a second language: Innateness or self-organization. In Leather J., & James, A. (Eds.) *New Sounds 97: Proceedings of the Third International Symposium on the Acquisition of Second- Language Speech* (pp. 361-369). Klagenfurt: University of Klagenfurt.
Zesiger, P. (1995). *Écrire. Approches cognitive, neuropsychologique et développementale*. Paris: Presses Universitaires de France.
Ziegler, J. C., & Goswami, U. (2005). Reading acquisition, developmental dyslexia, and skilled reading across languages. A psycholinguistic grain size theory. *Psychological Bulletin, 131*(1), 3-29.